I0126770

8° R
15505

257702

R. P.
IMPRIMÉS

DÉPOT LÉGAL
Nord
N° 242
1891

CONFÉRENCES D'ÉTUDES SOCIALES

DE

NOTRE-DAME DU HAUT-MONT

Paraissant tous les deux mois

INSTITUTIONS

PATRONALES et OUVRIÈRES

D'UN

GROUPE D'USINES

DU

DÉPARTEMENT DU NORD

LILLE

IMPRIMERIE VICTOR DUCOULOMBIER

78, rue de l'Hôpital-Militaire, 78

1898

INSTITUTIONS

PATRONALES & OUVRIÈRES

8° R
15505

INSTITUTIONS

PATRONALES et OUVRIÈRES

D'UN

GROUPE D'USINES

DU

DÉPARTEMENT DU NORD

LILLE

IMPRIMERIE VICTOR DUCOULOMBIER

78, rue de l'Hôpital-Militaire, 78

—

1898

PRÉFACE

Le groupe d'usines, dont ce recueil indique les principales institutions, est dirigé par des patrons qui n'ont entre eux d'autre lien que le commun désir de travailler à la moralisation de leurs usines, à l'amélioration du sort de leurs ouvriers et à la paix sociale dans la justice et dans la charité, en prenant pour guide l'enseignement de l'Église.

Leurs institutions, locales ou régionales, ont chacune leur vie propre, indépendante.

Quelques-unes même de celles dont nous publions les statuts ou règlements ne sont pas leur œuvre exclusive ; si elles figurent ici, c'est parce qu'ils en ont pris l'initiative ou qu'ils ont principalement contribué à les soutenir.

Puisse ce recueil, en faisant connaître des institutions fécondes en résultats, susciter des imitateurs et contribuer à la réorganisation chrétienne du monde industriel !

PREMIÈRE PARTIE

INSTITUTIONS DE LILLE

SYNDICAT PROFESSIONNEL DES PATRONS ET OUVRIERS

DE LA

CORPORATION CHRÉTIENNE DE SAINT-NICOLAS

Fondée le 11 mai 1885 pour l'industrie de la filature, du tissage
et de la filterie (1).

Siège social : *rue de Thionville, 11*, à Lille.

STATUTS (2)

CHAPITRE PREMIER

But et Constitution

ARTICLE PREMIER. — Une association professionnelle est formée,
pour la commune de Lille et les communes limitrophes, entre les
patrons et ouvriers de la *Corporation de Saint-Nicolas* qui
adhèrent aux présents statuts.

(1) La Corporation de St-Nicolas comptait, au 1er mai 1808, les six maisons
industrielles suivantes : Boutry-D'oulers (filature de coton), J. Casse et fils
(fabrique de linge de table, rideaux, etc.), L. Delcourt et Cie (tissage
mécanique, toiles), P. Le Blan et fils (filature de lin et d'étoupes), H. et L.
Rogez (fabrique de fil à coudre), Ph. Vrau et Cie (fabrique de fil à coudre).
Le nombre des membres de la corporation était au même jour, de 1.277
dont 1.229 appartenant aux six maisons syndiquées et 48 répartis entre
une quinzaine d'autres maisons industrielles.

(2) Déposés le 2 avril 1885 à la mairie de Lille, conformément à l'article 4
de la loi du 21 mars 1884, révisés et déposés à nouveau le 26 juillet 1889.

Art. 2. — Le but est de poursuivre, conformément à l'article 3 de la loi du 21 mars 1884, les intérêts économiques et professionnels des adhérents. A cette fin, les membres associés s'engagent à contribuer de tout leur pouvoir :

1° A l'établissement et au maintien de la bonne harmonie entre ouvriers et patrons, en soumettant leurs relations réciproques aux règles de la justice et de la charité ;

2° Au développement de la capacité professionnelle et de tout ce qui peut assurer l'honneur de la corporation.

3° A la fondation et à la prospérité de diverses institutions d'assistance et de prévoyance de nature à accroître le bien-être moral et matériel des ouvriers (1).

Art. 3. — L'association est composée de deux groupes, *groupe des patrons et employés — groupe des ouvriers ;* leur réunion forme la corporation. Les personnes de l'un et l'autre sexe sont également admises dans l'un et l'autre groupe. La corporation ainsi constituée, s'assure le concours de souscripteurs et bienfaiteurs qui, sans faire partie de l'association, sont disposés à l'aider en lui apportant, avec leurs souscriptions, l'appui de leurs lumières, de leur influence et de leurs services. Ces protecteurs peuvent concourir, dans la mesure autorisée par la législation, à l'administration des institutions économiques établies en faveur des associés. Ils sont recrutés par les soins du comité local de l'Œuvre des Cercles catholiques d'ouvriers qui les groupe et choisit parmi eux les éléments d'un comité dit: *Comité protecteur de la Corporation.*

En cas de désaccord dans les délibérations des deux groupes corporatifs, le comité protecteur est appelé à les concilier, et, au besoin, à les départager.

Art. 4. — L'association, trouvant dans les habitudes religieuses et morales de ses membres les plus sûres garanties pour atteindre

(1) Pour travailler à ce but la maison Ph. Vrau et Cⁱᵉ a organisé 3 *Conseils d'usines,* qui se réunissent une fois par mois :

1° Un *Conseil patronal* composé des patrons, des directeurs et employés principaux, d'un employé délégué élu par les employés et de l'aumônier.

2° Un *Conseil intérieur d'ouvriers* composé de dix-neuf membres : deux patrons, l'aumônier, deux employés, six contremaîtres, le syndic ouvrier de l'établissement et sept délégués des divers ateliers.

3° Un *Conseil intérieur d'ouvrières* composé de vingt membres : deux dames patronnes, l'aumônier, la supérieure des sœurs attachées à l'établissement, neuf contredames, et sept déléguées d'ateliers.

Les membres de ces derniers conseils sont élus au suffrage universel. Pour être éligible il faut avoir au moins dix ans de séjour dans la maison.

le but qu'elle se propose, en fait une condition d'admission. La corporation est donc chrétienne dans son esprit : elle se place sous la tutelle de l'évêque du diocèse, qui est représenté auprès d'elle par un prêtre chargé d'exercer les fonctions spirituelles d'aumônier. Elle célèbre religieusement la fête du patron (1) et fait dire tous les ans un obit pour les confrères défunts.

ART. 5. — Il sera pourvu à l'acquisition, par location ou achat, d'un local destiné à servir de siège social à la corporation. C'est au siège social que se tiendront les assemblées et réunions de fêtes ou autres, que pourront s'établir les bibliothèques, cours et conférences institués en faveur des associés ; c'est là aussi que seront installées les administrations des diverses institutions économiques de la corporation.

CHAPITRE II

Administration

ART. 6 — L'administration disciplinaire et économique du syndicat est confiée à un *conseil syndical* ou *comité corporatif* et à un *bureau* chargé de l'exécution des décisions prises par le conseil.

ART. 7. — Le groupe des ouvriers et celui des patrons sont représentés dans la constitution du conseil syndical et y jouissent d'une part égale d'influence. Dans les délibérations, les suffrages sont appréciés par groupe, quel que soit le nombre des membres qui le composent. En cas de désaccord, la question est portée devant le comité protecteur qui a mission pour départager les groupes, conformément à l'article 3.

ART. 8. — Chaque établissement industriel relié à la corporation par un nombre d'adhésions reconnu suffisant est appelé à élire lui-même un syndic patron et un syndic ouvrier chargés de le représenter au conseil syndical. La durée des fonctions de chaque syndic est de trois ans. Les syndics sortants sont toujours rééligibles.

ART. 9. — Les élections ont lieu soit dans chaque maison industrielle reliée à la corporation, soit à une assemblée générale pour les membres répartis dans diverses maisons non reliées à la

(1) La fête patronale, dite du *Broquelet* (petite broche), est célébrée le lundi qui suit immédiatement le 9 mai, jour de la fête de Saint-Nicolas d'été.

corporation. Elles se font par groupes, à la majorité des voix, sur une liste agréée par le conseil syndical et présentant un nombre de candidats au moins double du nombre des syndics à élire.

ART. 10. — Le *bureau* du conseil syndical se compose d'un président, de deux vice-présidents, d'un secrétaire, d'un trésorier et d'un trésorier-adjoint.

Le président surveille et assure l'observation des statuts et coutumes de la corporation ; il préside les assemblées générales ou particulières, signe tous les actes, arrêtés ou délibérations, et représente la corporation dans tous ses rapports officiels.

Les vice-présidents suppléent le président qui peut leur déléguer tous ses pouvoirs.

Le secrétaire est chargé de la rédaction des procès-verbaux, des inscriptions, de la correspondance et des archives.

Le trésorier assisté du trésorier-adjoint, a le recouvrement des souscriptions et cotisations ainsi que la gestion du patrimoine corporatif sous le contrôle du conseil syndical et de l'assemblée corporative.

ART. 11. — Le président est nommé par le conseil syndical d'accord avec les divers éléments actifs et protecteurs de la corporation. Les autres membres du bureau sont élus chaque année par le conseil syndical et pris parmi les membres qui le composent. Le président et le trésorier sont nommés : le premier, pour trois ans, et le deuxième pour deux ans ; ils appartiennent de droit au groupe syndical des patrons. L'un des vice-présidents et le trésorier-adjoint doivent être choisis dans le groupe syndical des ouvriers. Les membres sortants sont toujours rééligibles

ART. 12. — Chaque année, lors de la fête patronale, il est procédé à la constitution du bureau qui doit être présenté, à cette occasion, à l'assemblée plénière de la corporation.

ART. 13. — Le conseil syndical représente l'association professionnelle ; il statue, en s'informant et s'inspirant de ses besoins et de ses justes aspirations, sur ce qui concerne l'administration intérieure et les intérêts professionnels de la corporation ; il pourvoit, par le bureau, à l'exécution des décisions prises. Il peut se faire aider de dignitaires nommés par lui et investis de diverses fonctions dans la corporation.

Art. 14. — Les principales attributions du conseil et du bureau sont :

1° L'admission et l'exclusion des membres actifs ou participants ;

2° La constatation de la capacité professionnelle et la concession faite, à l'occasion, du diplôme attestant cette capacité ;

3° L'organisation et la haute surveillance des institutions diverses établies en faveur des membres de l'association ;

4° L'arbitrage, en cas de conflits professionnels entre patrons, ouvriers et apprentis, avant tout recours soit au comité protecteur, soit à aucun tribunal extérieur ;

5° L'adoption de toutes les mesures concernant l'observation des statuts et coutumes consacrés dans l'association ;

6° L'étude pratique de toutes les questions relatives à la fin poursuivie par la corporation;

7° Le vote et le contrôle des recettes et dépenses.

CHAPITRE III

Réunions et assemblées

Art. 15. — Le conseil syndical se réunit régulièrement chaque mois. Le président peut toujours le convoquer, en séance extraordinaire, soit plénière des deux groupes réunis ensemble, soit particulière du groupe ouvrier ou du groupe patronal réunis séparément.

Il peut convier à ces séances, à titre consultatif, les directeurs des institutions économiques, quelque dignitaire, même toute autre personne dont il peut espérer des renseignements utiles.

L'aumônier est convié de droit à toutes les réunions.

Art. 16. — Les membres de la corporation sont convoqués, au moins une fois tous les trois mois, en assemblée générale.

Il est rendu compte, à ces assemblées, du fonctionnement de la corporation : admission des nouveaux adhérents, état des diverses institutions, situation financière ; l'association y est tenue au courant des décisions prises et des mesures projetées par le conseil.

Les femmes ne sont admises à aucune assemblée délibérante ou électorale autre que celles qui pourraient être organisées spécialement pour elles. Elles ne peuvent non plus faire partie du conseil syndical.

ART. 17. — Tous les ans, une assemblée plénière plus solennelle et obligatoire pour tous les membres, est tenue à l'occasion de la fête patronale.

ART. 18. — La présidence de toutes les assemblées générales ou particulières revient de droit au président du conseil syndical qui peut déléguer à sa place un autre membre du conseil.

CHAPITRE IV

Patrimoine corporatif

ART. 19. — Une caisse corporative est établie dans la corporation ; elle est destinée à l'acquisition et à l'entretien du local où est établi le siège social de la corporation, à couvrir les frais généraux d'administration, à contribuer aux dépenses diverses des fêtes corporatives, et à subvenir, dans la plus large mesure possible, aux intérêts des membres de la famille professionnelle.

ART. 20. — L'administration de ce patrimoine corporatif est confiée au conseil syndical, sous sa responsabilité et sous le contrôle de l'assemblée corpative.

Le trésorier fait les recettes, les paiements et les placements de fonds. Il paie sur mandats visés par le président. Il inscrit régulièrement les recettes et les dépenses sur un livre de compte coté et paraphé par le président. A chaque assemblée générale il présente le compte-rendu de la situation financière.

ART. 21. — Les ressources de la corporation sont alimentées par les cotisations de ses membres actifs, par les souscriptions de ses protecteurs, par les dons et legs qui peuvent lui advenir et par les profits provenant des institutions d'économat ou de coopération établies pour les membres de l'association.

ART. 22. — Les cotisations des membres adhérents sont fixées ainsi :

Pour les protecteurs. . . . un minimum de 20 fr. par an.
Pour les membres patrons. . un minimum de 10 fr. par an.
Pour les membres ouvriers. . . . . 3 fr. par an.
plus un droit d'inscription de 50 centimes.

Pour les ouvrières, la cotisation est réduite à 15 centimes par mois.

ART. 23. — Pour les ouvriers et ouvrières, le recouvrement de la cotisation se fait par mois. Des receveurs particuliers désignés pour les divers quartiers ou établissements perçoivent les cotisations au cours de chaque mois, les marquent sur leur carnet et versent chaque mois le montant des sommes perçues au trésorier de la corporation qui paraphe la colonne dont il reçoit le versement.

CHAPITRE V

Institutions économiques

ART. 24. — Le conseil syndical a pour mission principale de travailler au développement et à la prospérité des diverses institutions économiques destinées à assurer et à accroître le bien-être des membres de la corporation. Il trouve pour ce travail un puissant appui dans le concours des patrons et des protecteurs de l'association.

ART. 25. — Les principales institutions établies ou élaborées en vue des intérêts matériels et professionnels de l'association sont : la confrérie de piété ; — une société de secours mutuels avec caisse annexe de subsides et de pensions ; — l'économat domestique ; — une caisse de chômage établie entre les ouvriers donnant garantie de capacité professionnelle ; — agence de placement, de renseignements et de consultations ; — formation des apprentis et développement de l'instruction professionnelle ; — assistance des veuves et orphelins, — sans préjudice des autres institutions jugées opportunes.

ART. 26. — Une même institution économique pourra fonctionner simultanément pour l'avantage de diverses corporations, similaires et fédérées. Les syndicats respectifs se concerteront sur le mode d'accord.

ART. 27. — Chacune des diverses institutions économiques, annexes de la corporation, sera régie par un règlement spécial délibéré et décidé en conseil corporatif ; l'administration en sera confiée à un président agréé par le conseil. Dans l'élaboration de ces règlements, le syndicat s'inspirera toujours des principes énoncés dans l'article 2 des présents statuts ; il s'efforcera de fortifier l'unité de la famille ouvrière et d'harmoniser ses intérêts avec celle de la famille professionnelle.

CHAPITRE VI

Admission et radiation

Art. 28. — Le conseil syndical statue sur l'admission et l'exclusion des membres de la corporation.

Art. 29. — Les conditions à remplir pour être admis à titre de membre actif sont : 1° avoir seize ans accomplis ; 2° appartenir, comme ouvrier, employé ou patron, à la profession et y jouir d'une honorabilité parfaite ; 3° dépendre, soit par le domicile, soit par la maison industrielle où l'on travaille, de la commune de Lille, ou d'une commune limitrophe ; 4° souscrire l'engagement d'accepter les principes, règlements et coutumes de l'association, conformément aux articles 2 et 3 des présents statuts.

Art. 30. — Toute demande d'admission doit être déposée par écrit au siège de l'association pour être présentée au conseil ; elle sera appuyée soit par un membre de la corporation, soit par toute autre personne honorable pouvant attester que les conditions assignées dans l'article précédent sont remplies.

Art. 31. — Le conseil, saisi de la proposition, prend les informations convenables et prononce l'admission, s'il y a lieu. Le nom du nouveau membre est transmis au secrétaire qui l'inscrit et se charge de faire percevoir le droit d'inscription et les cotisations réglementaires.

Art. 32. — Un livret marqué à son nom et à son numéro d'ordre est remis au nouveau sociétaire ; ce livret contenant les présents statuts et les règlements en vigueur demeure, dans tous les cas, la propriété exclusive de la société et doit lui être remis en cas de départ.

Ce livret, souscrit du nom du titulaire et de celui du secrétaire, tient lieu de diplôme. Pour demeurer valide, il doit porter, chaque année, le renouvellement du visa attestant la permanence dans la corporation et la régularité dans le versement des cotisations (1).

(1) Une médaille à l'effigie de Saint-Nicolas est donnée à chaque membre après cinq ans de participation.

Art. 33. — Les cas d'exclusion sont : l'inconduite ou l'irréligion notoires ; — l'infraction grave ou habituelle aux statuts et règlements de l'association ; — l'abstention prolongée des assemblées obligatoires ; — le retard de trois mois dans le paiement des cotisations ; — l'affiliation à des sociétés manifestement opposées par leurs tendances aux principes de la corporation.

Art. 34. — Les exclusions nécessitées par les causes ci-dessus énumérées sont prononcées, après enquête sincère et sérieuse, par le conseil syndical.

Art. 35. — Tout membre de la corporation peut toujours s'en retirer et donner sa démission. Le démissionnaire, comme le membre rayé, n'a aucun droit de revendication sur les cotisations versées par lui à la caisse corporative.

Art. 36. — Indépendamment des cas de force majeure, la corporation peut être dissoute ou subdivisée sur la demande des deux groupes qui la composent ou même sur la demande d'un seul groupe, pourvu que, dans ce cas, le groupe soit d'accord avec le comité protecteur. La demande pour être valide doit être adoptée par les deux tiers au moins des membres présents du groupe convoqué pour en délibérer.

En cas de dissolution, par force majeure ou autrement, le conseil syndical statuera sur l'emploi du patrimoine corporatif. Cet emploi sera réglé de la manière qui paraîtra la meilleure, soit par voie de distribution entre les membres, soit par voie de disposition. La décision du conseil devra être soumise à la délibération des groupes et recevoir leur approbation. En cas de désaccord dans cette délibération, le comité protecteur est appelé à concilier les groupes et, au besoin, à les départager.

Art. 37. — Les présents statuts, révisés en 1889, ne pourront pas subir de modification avant trois années au moins ; et ces modifications ne seront valables qu'après l'approbation de l'assemblée générale, et si elles réunissent les deux tiers des suffrages exprimés.

SOCIÉTÉ DE SECOURS MUTUELS

Fondée le 14 mai 1888 (1).

STATUTS

CHAPITRE PREMIER

But et composition de la société

ARTICLE PREMIER. — Une société de secours mutuels est établie au sein de la Corporation chrétienne de Saint-Nicolas et parmi ses membres, conformément aux principes et prescriptions des statuts de ladite corporation (art. 3 et 24). Elle a pour but :

1º de procurer aux sociétaires blessés ou malades les soins du médecin et les médicaments ;

2º de leur assurer une indemnité pendant la durée de leur maladie ;

3º de ménager à ses membres, dans l'avenir, d'autres avantages en rapport avec le développement de ses ressources.

ART. 2. — La société se compose de membres participants et de membres honoraires.

ART. 3. — Les membres participants sont ceux qui, ayant souscrit l'engagement de se conformer aux statuts et règlements de la société, participent à tous ses avantages.

ART. 4. — Les membres honoraires sont ceux qui, par leurs soins, leurs conseils et leurs souscriptions, contribuent à la prospérité de l'association, sans participer à ses avantages.

ART. 5. — Tout sociétaire est censé bien connaître les engagements qu'il a acceptés, et ne pourra, en aucun cas, prendre prétexte de son ignorance.

CHAPITRE II

Condition et mode d'admission et d'exclusion

ART. 6. — Pour être admis membre participant, les candidats

(1) Du 14 mai 1888 au 1er mai 1898, la moyenne des membres de cette société a été de 276. Il a été distribué 25.096 fr. 85 de secours.

devront présenter leur demande au conseil de la société et justifier des conditions suivantes :

1° Etre membre de la corporation ;

2° Etre valide ;

3° N'avoir pas moins de seize ans, ni plus de trente-cinq ans.

ART. 7. — Si l'admission est prononcée, le sociétaire est soumis à un stage de treize semaines, pendant lesquelles il est astreint à verser les cotisations sans avoir droit aux avantages de la société.

ART. 8. — L'admission devient définitive seulement après la proclamation en assemblée générale et six mois au moins après les trois mois de stage.

Si l'admission définitive est refusée, on rembourse les cotisations versées, déduction faite des frais occasionnés par le membre provisoirement admis. Celui-ci n'aura toutefois aucun apport à effectuer pour l'excédant de frais qu'il aurait occasionnés.

ART. 9. — Les sociétaires admis en assemblée générale reçoivent un livret auquel sont annexés les présents statuts et les règlements en vigueur, et qui demeure dans tous les cas la propriété exclusive de la société.

ART. 10. — Les membres honoraires sont admis par le président sans aucune condition, sous réserve de l'approbation du conseil syndical de la corporation.

ART. 11. — Sont exclus de la société les membres qui volontairement auront causé préjudice à la société, soit dans ses intérêts matériels, soit dans son honneur, ou encore ceux dont la conduite aurait été notoirement irréligieuse et immorale.

ART. 12. — Tout membre, qui cessant volontairement de faire partie de la corporation, n'a pas, dans un délai de quinze jours, fait connaître par écrit au président de la société son intention de demeurer membre de la présente société de secours mutuels, sera considéré comme démissionnaire et rayé de plein droit.

ART. 13. — Tout sociétaire, dont la radiation ou l'exclusion est proposée, sera invité à se présenter devant le conseil, et à lui soumettre ses observations. Si, au jour indiqué, il ne se rend pas à cet appel, il sera passé outre et statué tel que de droit.

ART. 14. — La radiation ou l'exclusion ne donne droit à aucun remboursement.

Art. 15. — Si l'absence d'un membre. ou son éloignement de la société a duré moins de six mois, le conseil pourra, sur sa demande, après un stage de quatre semaines et pourvu qu'il ne soit pas en état de maladie, le réintégrer dans ses droits de sociétaire, sans le soumettre aux formalités de l'article 6.

Si le même fait se représentait, il ne pourrait rentrer que dans les conditions de l'article 17.

Art. 16. — Sont dispensés du stage imposé par l'article précédent, les sociétaires que le service militaire oblige à quitter Lille, pourvu que, dès leur rentrée dans la vie civile, ils reviennent à la corporation et versent leurs cotisations. Toutefois, même pour un service militaire de 28 jours, ils seront astreints à se présenter devant le médecin pour faire constater qu'ils ne sont pas en état de maladie.

Art. 17. — Tout membre qui a donné sa démission ou qui s'est absenté pendant plus de six mois, devra pour rentrer dans la société, se soumettre à toutes les formalités imposées aux membres nouveaux. Si toutefois il remplissait encore, sauf en ce qui concerne l'âge, toutes les conditions d'admission prévues par l'article 6, et qu'il eût toujours exactement satisfait à ses obligations de membre participant, il pourra sur l'avis favorable du bureau rentrer dans la société moyennant le paiement intégral des cotisations échues depuis son départ.

CHAPITRE III

Administration, service médical et pharmaceutique

Art. 18. — Le conseil de la société est composé d'un président, d'un vice-président, d'un secrétaire, d'un trésorier, et d'administrateurs dans les proportions déterminées ci-après par l'article 23.

Art. 19. — Le président et le vice-président sont nommés par le conseil syndical de la corporation ; tous les autres membres le sont par l'assemblée.

Le président est nommé pour cinq ans ; le vice-président, le secrétaire et le trésorier pour trois ; ils peuvent être choisis parmi les membres honoraires et ils sont rééligibles. Les administrateurs sont nommés également pour trois ans et rééligibles ; ils sont choisis exclusivement parmi les membres participants.

Art. 20. — Le bureau est composé du président, du vice-président, du secrétaire et du trésorier; il dirige l'administration de la société, confère et retire le livret mentionné dans l'article 9 et prend toutes les mesures nécessaires au bien de la société, sauf à en rendre compte au conseil et, s'il y a lieu, à l'assemblée générale.

Le conseil syndical de la corporation désigne chaque année un de ses membres pour le représenter dans les réunions du conseil.

Art. 21. — Le président surveille et assure l'exécution des statuts; il fait chaque année un rapport sur la situation de la société.

Art. 22. — Le vice-président supplée le président et, à son défaut, le remplace de plein droit.

Le secrétaire est chargé de la rédaction des procès-verbaux, de la correspondance et des archives.

Le trésorier fait les recettes et les paiements. Il inscrit régulièrement les recettes et dépenses sur un livre de caisse coté et paraphé par le président. Il paie sur mandats visés par le président. A chaque assemblée générale ou mensuelle, il présente le compte-rendu de la situation financière. Il tient également le registre matricule d'inscription des sociétaires avec la date de leur entrée dans la société.

Le trésorier est assisté d'un agent spécial qui pourvoit au recouvrement des cotisations et exécute sous la surveillance du trésorier toutes les opérations de caisse en entrée ou en sortie occasionnées par le fonctionnement de la société.

Art. 23. — Le bureau pourvoit à ce qu'il y ait un administrateur par cinquante sociétaires, sans toutefois que leur nombre puisse être inférieur à quatre. La mission des administrateurs consiste à visiter les malades, à porter l'indemnité qui leur est due, à s'assurer qu'ils reçoivent exactement les visites du médecin et les médicaments, à signaler tous les abus et infractions aux règlements, enfin à procurer aux malades les soins et les consolations que comporte leur état. Ces fonctions, comme celles des membres du bureau, sont gratuites.

Les femmes et les jeunes filles malades qui font partie de la société reçoivent les visites des religieuses ou de l'aumônier qui remplissent auprès d'elles les fonctions de l'administrateur.

Art. 24. — L'assemblée générale se réunit au moins une fois

par an, pour entendre le rapport. Le président peut aussi convoquer l'assemblée générale d'office.

ART. 25. — Le conseil se réunit une fois par mois, et toutes les fois qu'il est convoqué par le président.

ART. 26. — Le service médical et pharmaceutique est réglé par le conseil qui s'entend à cet effet avec l'association de Saint-Côme.

CHAPITRE IV

Des obligations envers la société

ART. 27. — Les sociétaires s'engagent à payer une cotisation hebdomadaire et à s'acquitter avec zèle et exactitude des fonctions qui leur seraient déléguées par le conseil ou l'assemblée.

ART. 28. — Ils s'interdisent, sous peine de radiation, le droit de faire partie d'une autre société de secours mutuels sans l'autorisation du conseil.

ART. 29. — La cotisation est fixée à 0,20 centimes par semaine.

Les membres participants sont admis, avec l'agrément du conseil, à verser une cotisation double, en vue de recevoir, en cas de maladie, des avantages plus considérables comme il est ci-dessous indiqué.

ART. 30. — La recette des cotisations se fait tous les dimanches par les moyens auxquels devra pourvoir le conseil. Tout sociétaire qui, sans motif reconnu légitime par le conseil, sera plus de deux semaines sans payer sa cotisation, sera considéré comme démissionnaire sans pouvoir prétendre à aucun déboursement. Tout sociétaire qui deviendrait malade pendant qu'il se trouverait en dette vis-à-vis de la société, devra abandonner l'indemnité à laquelle il pouvait prétendre jusqu'à complète régularisation de son compte.

ART. 31. — Les membres honoraires paient une cotisation annuelle dont le minimum est fixé à 10 francs.

CHAPITRE V

Des obligations de la société envers ses membres

ART. 32. — Les soins du médecin et les médicaments sont

donnés gratuitement aux sociétaires blessés ou malades pendant tout le temps où ils ne peuvent travailler, sauf les exceptions prévenues au cinquième paragraphe du présent article, et aux articles 33, 34 et 35.

Le sociétaire habitant une commune dans laquelle il ne se trouve pas de médecin reconnu par la société, n'aura droit qu'à l'indemnité, laquelle lui sera versée sur certificat délivré par le médecin qui le soigne et légalisé par le maire de la commune.

L'indemnité à payer au sociétaire malade est fixée à 1 franc par jour de travail pendant les trois premiers mois, et à 0,50 centimes pendant les trois mois suivants.

La valeur de ces indemnités sera doublée pour les participants qui auront versé depuis au moins un an la cotisation double, selon l'article 29.

Si l'incapacité de travail se prolonge au-delà de six mois, le sociétaire n'a plus droit à aucun secours. Toutefois un accord pourra être passé avec la caisse d'assistance de la corporation, en vue de lui assurer une continuation de secours.

L'indemnité n'est due qu'après deux jours de maladie.

L'accouchement des femmes mariées, cotisant depuis dix mois au moins, donne droit à un secours de *six francs* pour une période de dix jours ; si l'incapacité de travail se prolonge au-delà de ce temps, les secours seront régulièrement accordés comme pour les malades.

En cas de décès d'un sociétaire, une indemnité à fixer chaque année pour l'année suivante et qui ne saurait être inférieure à 20 francs sera versée à la famille.

Art. 33. — Toute maladie se confond avec celle qui l'a précédée depuis moins de douze mois, de manière que le malade ne puisse jamais dans l'espace de douze mois, recevoir plus de six mois de secours comme il est dit à l'article précédent.

Art. 34. — Tout sociétaire faisant partie du corps des pompiers ou des gardes de nuit qui serait blessé pour cause de service n'aurait droit à aucune indemnité de la société.

Art. 35. — Toute maladie occasionnée par la débauche ou l'intempérance, et toutes blessures reçus dans une rixe ou une émeute à laquelle le sociétaire aura pris une part volontaire, ne donnent lieu à aucune indemnité, ni à aucun des avantages de la société. Il peut en outre y avoir lieu d'examiner si le sociétaire ne se trouverait pas dans l'un des cas d'exclusion prévus par les statuts.

ART. 36. — Un règlement adopté par le conseil est remis à chaque sociétaire. Il détermine le mode de constatation des maladies et la surveillance à exercer par les médecins et les membres du conseil de la société.

CHAPITRE VI

ART. 37. — Le fonds social se compose :

1° Des cotisations des sociétaires et des membres honoraires ;
2° Des dons et legs particuliers ;
3° Des intérêts des fonds placés.

ART. 38. — A la fin de chaque année, la situation financière de la société est établie par le bureau pour être présentée au conseil de la société de secours mutuels et au conseil syndical de la corporation. Les deux conseils s'entendent pour proposer à l'assemblée, soit les modifications à apporter dans la nature et l'importance des secours supplémentaires pour l'année suivante, soit la subvention à concéder à la caisse d'assistance corporative en reconnaissance de la charge prise par elle des malades et infirmes de la corporation.

CHAPITRE VII

ART. 39. — Tout projet de modification aux statuts et règlements sera soumis d'abord au bureau, qui décide d'accord avec le conseil syndical, s'il y a lieu d'y donner suite. S'il est agréé, il sera proposé au conseil, puis à l'approbation de l'assemblée générale.

ART. 40. — La société ne peut se dissoudre d'elle-même qu'en cas d'insuffisance constatée de ses ressources. Dans ce cas la situation est communiquée au conseil syndical de la corporation, qui opère, s'il y a lieu, la liquidation.

ART. 41. — Les contestations qui s'élèveraient au sein de la société seront soumises au conseil syndical de la corporation, qui statuera en dernier ressort et sans appel.

ART. 42. — Les présents statuts pourront être revisés à l'expiration de la cinquième année.

RÉGLEMENT DU SERVICE MÉDICAL

ADOPTÉ PAR LE BUREAU DE LA SOCIÉTÉ DE SECOURS MUTUELS

Conformément aux articles 26 et 28 des statuts

1° Déclaration de maladie

ARTICLE PREMIER. — En cas de maladie, le sociétaire doit se présenter avec son livret chez un médecin dont il a fait choix, conformément aux formalités prescrites par le bureau (1), de 1 heure à 3 heures, les dimanches exceptés. S'il ne peut se transporter chez le médecin il doit le faire demander en lui envoyant son livret avant 8 heures du matin, pour être visité dans la matinée. — Dans les cas pressants, le sociétaire enverra immédiatement son livret.

ART. 2. — Le sociétaire doit, pour la régularité du service médical, avoir toujours son domicile fidèlement inscrit sur son livret. Il aura donc soin, quand il changera de demeure, de prier le receveur de faire aussi le changement sur son livret.

ART. 3. — Le médecin fera une feuille de visite qu'il conservera, ainsi que le livret. Il fera au malade, s'il y a lieu, une ordonnance qui devra être présentée chez l'un des pharmaciens de la société, lequel la conservera pour sa comptabilité.

2° Règlement de l'indemnité

ART. 4. — Chaque samedi, le visiteur spécial recueille chez MM. les médecins les livrets et toutes les feuilles de visite qui s'y trouvent déposées. Il prépare le règlement de l'indemnité qui est comptée au malade par le visiteur de service, au plus tard le dimanche.

ART. 5. — La feuille de visite est remise en même temps au malade, qui doit la représenter à son médecin lors de sa première visite. Le médecin vise la feuille, qu'il conserve de nouveau jusqu'au samedi.

(1) Chacun choisit librement, autant que possible dans son quartier, l'un des médecins agréés par la société. Le médecin choisi signe le livret du sociétaire à la dernière page, et cette signature, accompagnée de la date du jour, oblige le sociétaire à demeurer fidèle, pendant toute une année au moins, au médecin de son choix.

Art. 6. — Toute feuille de visite qui serait présentée au visiteur spécial, le samedi, sans porter les visas du médecin, serait considérée comme nulle, et l'indemnité ne serait réglée qu'à la fin de la semaine suivante.

Art. 7. — Le sociétaire habitant une localité où ne se trouve pas de médecin engagé avec la société devra pour recevoir les secours auxquels il a droit, faire connaître au receveur de sa section (cercle ou atelier corporatif) par certificats signés du médecin qui le soigne, les détails relatifs au commencement, à la prolongation et à la fin de la maladie. Conformément à l'article 32 des statuts, il prendra à sa charge les frais médicaux et pharmaceutiques ; toutefois, comme compensation, l'indemnité de travail sera augmentée des 2/3 de sa valeur.

Art. 8. — Le sociétaire malade qui a recours volontairement à un médecin autre que celui qui est offert par la société, prend à sa charge, sans avoir droit à aucune compensation de la société, les honoraires de ce médecin et les frais des médicaments prescrits par lui. Toutefois il conservera le droit à l'indemnité, s'il a soin de prévenir immédiatement le visiteur spécial qui, d'accord avec le trésorier ou le membre du bureau désigné, s'assurera de l'observation des articles du règlement.

Art. 9. — Le sociétaire malade qui se fait soigner à l'hôpital n'a droit qu'à l'indemnité de travail qui lui sera versée moyennant les mêmes formalités

3° **Visites**

Art. 10. — Le médecin doit visiter le malade aussi souvent que l'intensité de la maladie l'exige. — Si le malade peut sortir, il se rendra chez le médecin, aux heures indiquées, autant de fois qu'il en sentira le besoin, ou que le médecin le lui prescrira.

Art. 11. — A chaque visite, le malade fera viser sa feuille par le médecin. Le porteur d'une feuille non visée par le médecin n'a droit à aucune indemnité.

Art. 12. — Les membres du bureau pourront, toutes les fois qu'ils le jugeront convenable, visiter le malade et constater son état.

4° **Reprise du travail**

Art. 13. — Tout sociétaire, après une maladie, doit, avant de reprendre son travail, avoir fait signer sa feuille de visite par le médecin.

ART. 14. — Il ne peut, sous peine de radiation, reprendre ses travaux à l'atelier, ni s'occuper chez lui à un travail quelconque sans en avoir prévenu le médecin et reçu son autorisation.

ART. 15. — Tout malade sortant de l'hôpital, ou soigné par un médecin étranger, est tenu de se présenter le lendemain au plus tard chez le médecin de la société, et de lui faire viser sa feuille de convalescence, s'il en a une. Cette feuille devra être remise dans les vingt-quatre heures au bureau de la société, 5, rue des Poissonceaux.

5° Décès

En cas de décès d'un sociétaire, la famille doit en donner immédiatement avis, tant à l'agent de la société, 5, rue des Poissonceaux, pour recevoir l'indemnité des funérailles mentionnée à l'article 32 des statuts, qu'au siège social de la corporation, 41, rue de Thionville, pour recevoir les divers avantages offerts par l'œuvre des funérailles.

6° Désordres et fausses déclarations

ART. 16. — Tout sociétaire qui reçoit l'indemnité ne peut se promener, séjourner au cabaret ni même se rendre au cercle ou à tout autre lieu de réunion qu'autant qu'il en a sollicité et obtenu l'agrément du médecin. Dans ce cas il doit être rentré à la maison avant neuf heures du soir.

ART. 17. — La peine de la radiation sera infligée à quiconque serait reconnu avoir trompé la société, soit en faisant des déclarations inexactes, soit en recevant indûment des indemnités.

7° Réclamation et demandes de renseignements

ART. 18. — Les sociétaires peuvent toujours s'adresser, pour toute réclamation et pour toute demande de renseignements, rue des Poissonceaux, 5, où ils seront entendus et recevront autant que possible satisfaction. Les décisions de quelque gravité sont prises par le conseil de la société.

CAISSE D'ASSISTANCE

Fondée le 6 novembre 1885 (1)

STATUTS [2]

CHAPITRE PREMIER

But

ARTICLE PREMIER. — Il est constitué une caisse d'assistance en faveur des divers membres, hommes et femmes, qui font partie de la Corporation chrétienne de Saint-Nicolas établie à Lille.

ART. 2. — Cette institution a pour but de suppléer et de compléter les secours offerts par la société de secours mutuels établie dans la corporation.

ART. 3. — La caisse d'assistance se propose surtout de donner des indemnités de travail dans les cas de maladie ; elle tient à la fois, par son organisation, des formes de la mutualité et de la charité, en ce qu'elle offre à ses participants des avantages supérieurs aux droits acquis par la valeur des cotisations versées.

Les secours alloués par elle, en tant qu'ils sont hors de proportion avec les cotisations, ne peuvent être l'objet d'aucun droit strict.

Le conseil d'administration peut même, en cas de trop lourdes charges, plus ou moins réduire ou suspendre certains secours.

CHAPITRE II

Condition d'admission

ART. 4. — Toute personne, homme ou femme, régulièrement reçue dans la Corporation de Saint-Nicolas, et incapable, à raison de son âge ou de son état de santé, d'être reçue ou de demeurer dans la société de secours mutuels de la corporation, peut être admise à participer à la caisse d'assistance.

(1) Du 6 novembre 1885 au 1er mai 1898, la moyenne des membres participant aux secours de cette caisse a été de 335. Il a été distribué 24.160 fr. 90.

(2) Revisés le 8 décembre 1888 et le 13 février 1892.

Toutefois une personne qui, ayant différé sans raison de donner son adhésion à la société de secours mutuels ou à la caisse d'assistance, aurait attendu un état d'infirmité pour se présenter, pourrait être écartée par le conseil.

CHAPITRE III

Cotisation

ART. 5. — Les membres adhérents à la caisse d'assistance versent une cotisation de 10 centimes par semaine. Cette cotisation est due, même pendant l'état de maladie ou d'infirmité.

ART. 6. — Tout membre participant doit lui-même faire le versement de sa cotisation entre les mains du receveur qui lui aura été désigné, au siège de la section corporative (cercle ou atelier) à laquelle il est relié. Ce versement se fait par avance à la semaine, au mois, au trimestre ou même à l'année.

L'irrégularité dans le versement de la cotisation sera compensée par un prélèvement sur les indemnités qu'il y aurait à remettre; un retard de trois mois non justifié, dans ce paiement, entraîne de plein droit la radiation.

Les membres participants qui se retirent ou sont rayés, n'ont droit à aucun remboursement pour les cotisations versées.

CHAPITRE IV

Avantages

ART. 7. — Grâce à des subventions versées par la caisse corporative, au nom des bienfaiteurs de la corporation, le règlement des secours en cas de maladie est ainsi fixé :

1° Il sera donné à tout adhérent ayant cotisé depuis un mois au moins, une indemnité comptée à raison de 75 centimes par jour, le dimanche excepté.

Cette indemnité ne sera accordée qu'après deux journées de maladie et pendant une période de trois mois.

2° Durant trois autres mois, l'indemnité journalière sera réduite à vingt-cinq centimes et remise d'après un mandat nouveau.

3° Au delà, si la maladie et l'incapacité de travail se prolongent le sociétaire sera considéré comme *en état d'infirmité*, et pourra recevoir, sur mandat à renouveler de trois mois en trois mois, après avis conforme du bureau, une indemnité mensuelle de 1 fr., augmentée d'autant de fois 20 centimes qu'il aura passé d'années en état de validité comme membre participant de la société de secours mutuels de la caisse d'assistance.

ART. 8. — Toute maladie qui se reproduit à la suite d'une autre après un intervalle de moins de trois mois, sera considérée comme une continuation de la première, et ses journées seront ajoutées à celles de la précédente pour le règlement des indemnités.

La prolongation de cet état de maladie au delà de six mois sur douze sera considérée comme constituant *l'état d'infirmité* mentionné dans l'article précédent. S'il y a lieu, un médecin sera appelé à le constater. Cet état est censé durer aussi longtemps qu'il n'y a pas eu guérison et reprise du travail pendant six mois consécutifs.

ART. 9. — Les adhérents *admis dans un hospice* ainsi que les personnes *invalides et incapables de travailler*, ayant au moins 60 ans (1) d'âge et 25 années passées dans la société, pourront recevoir la moitié de l'indemnité accordée à la condition d'*infirme* conformément au numéro 3 de l'article 7.

Ces indemnités soit d'*hospice*, soit d'*invalidité* ne sauraient en aucun cas faire cumul avec les indemnités qui seraient à verser, *pour cause de maladie*, par la caisse d'assistance.

Les membres admis à recevoir ces indemnités, tout en restant tenus à verser la cotisation mensuelle due à la corporation, sont exemptés de cotiser à la caisse d'assistance ; toutefois, s'ils usent de cette exemption, ils perdent le droit aux *indemnités de maladie.*

Les dites indemnités doivent être réclamées chaque mois, à l'adresse assignée. Au cas où les intéressés ne pourraient se présenter en personne, ils devront se faire remplacer par un mandataire *porteur de leur livret* et d'un *billet signé* lui conférant le droit de percevoir en leur nom.

ART. 10. — Les ouvrières *mariées* cotisant depuis dix mois à la caisse d'assistance, recevront en cas d'accouchement, un secours de 5 francs pour une période de dix jours.

---

(1) Par mesure transitoire, le temps requis de sociétariat sera réduit à dix années pour les personnes entrées dans la corporation antérieurement à l'année 1893.

ART. 11. — En cas de maladie, le participant fait déposer au siège de la section, par son receveur ordinaire, l'attestation de sa maladie à laquelle il doit joindre son bulletin de participant à la caisse d'assistance.

Dès que la maladie est terminée et *avant la reprise* du travail, on doit renvoyer soit à l'atelier corporatif, soit directement au visiteur ordinaire, le bulletin de participant afin de faire *arrêter* le versement des indemnités.

ART. 12. — En cas de décès, indépendamment des avantages assurés par l'œuvre des funérailles de la corporation, une indemnité sera versée à la famille : sa valeur de cinq francs au minimum, sera augmentée d'autant de fois 50 centimes que le sociétaire aura passé d'années de validité tant dans la société de secours mutuels que dans la société d'assistance.

ART. 13. — La commission se réserve le droit de faire constater, comme elle juge convenable, la situation du malade.

Toute personne en état de sortir, ou de s'appliquer à un travail quelconque *n'est pas jugée en état de maladie*, et n'a pas droit à l'indemnité. Sont exceptés les blessés qui pourront sortir avec l'autorisation du médecin, et ceux qui sont dans la condition d'*infirme*.

La peine de radiation sera infligée à quiconque se serait rendu coupable de fraude, soit en faisant des déclarations inexactes, soit en acceptant des indemnités qui ne lui seraient pas dues.

CHAPITRE V

Administration

ART. 14. — L'administration de la caisse d'assistance est confiée à une commission établie par le conseil syndical de la corporation.

Cette commission est ainsi composée : un *président* et un *secrétaire-trésorier* choisis par le groupe des patrons ou des protecteurs de la corporation. — l'*aumônier*, — plusieurs *commissaires* faisant fonctions de receveurs et de visiteurs, nommés en nombre au moins égal à celui des sections corporatives.

ART. 15. — Le comité corporatif garde sur la caisse d'assistance un droit de surveillance et de contrôle, conformément aux statuts de la corporation, article 14, n° 5 et article 27.

Il se fait rendre compte tous les trois mois de la situation financière et juge en conséquence des subventions à lui accorder.

Art. 16. — Les présents statuts adoptés par la commission administrative de la caisse d'assistance et approuvés par le conseil syndical de la corporation en la séance du 19 février 1892, entreront en vigueur à partir du 1er mars 1892 pour une période de trois années après laquelle ils pourront être revisés (1).

CAISSE D'ÉPARGNE

Fondée en 1890

RÈGLEMENT

1° Une caisse d'épargne est instituée en faveur des membres de la Corporation Saint-Nicolas qui voudront y déposer leurs économies, tant pour les tenir en sûreté jusqu'au moment où ils voudront s'en servir, que pour les rendre productives.

2° Les différents établissements reliés à la corporation constituent autant de sections distinctes chargées des opérations de versements, remboursements et règlements de compte pour leur propre personnel (2). Une section spéciale est établie au siège social pour les membres de la corporation placés hors de ces établissements.

(1) En dehors de la société de secours mutuels et de la caisse d'assistance, diverses sortes de secours sont assurés aux malades de la corporation.

Les malades sont régulièrement visités soit par les Sœurs de Notre-Dame de la Treille, soit par les Sœurs du Divin-Sauveur, soit enfin par les Sœurs Servantes du Sacré-Cœur, selon qu'ils habitent l'ancien Lille, le nouveau Lille ou la banlieue.

En outre, les P.P. Camilliens ont mis à la disposition de la corporation, constamment et à perpétuité, un lit pour un malade dans leur maison Saint-Camille, rue de la Bassée. Ce lit est réservé de préférence à un employé.

Depuis 1892, les Sœurs de la Charité maternelle, 14, place de Sébastopol, ont accepté l'assistance des femmes en couches qui appartiennent ou dont le mari appartient à la corporation.

(2) Dans l'un des établissements, le montant des sommes déposées s'élevait, en 1897, à 22.402 fr. 61 pour 263 livrets.

3° Tout membres de la Corporation Saint-Nicolas désireux de profiter de la caisse d'épargne doit se munir d'un livret. Ce livret qu'on pourra se procurer au siège de chaque section, porte indication du nom et de la section du titulaire; il doit être présenté lors de toute demande de versement ou de remboursement.

4° Les versements ne sauraient être inférieurs à 50 centimes.

Les versements supérieurs doivent être des multiples de 25 centimes, soit 50 c., 75 c., 1 fr., etc.

5° L'institution, se proposant surtout de favoriser la petite épargne, le montant des dépôts individuels ne saurait dépasser une certaine somme à fixer dans chaque maison. Cette limite une fois atteinte, l'administration se mettra à la disposition du déposant pour lui acheter un titre de rente, ce qui permettra au titulaire du livret de pouvoir continuer ses dépôts.

6° L'intérêt sur les sommes versées est de 4 % l'an.

7° Les comptes en sont réglés deux fois chaque année, au 30 juin et au 31 décembre, et portés sur le livret. Dans le règlement de ces intérêts, les fractions de mois ne sont pas comptées, pour les sommes, soit versées, soit retirées au cours d'un mois.

8° Lors du règlement semestriel des comptes, les intérêts pourront être à volonté soit retirés, soit laissés à la caisse; dans ce dernier cas, ils sont ajoutés au capital, et portent eux-mêmes intérêt à partir du temps de leur règlement.

9° Toute demande de remboursement doit être adressée au bureau au moins huit jours à l'avance; elle doit être accompagnée du livret et de l'indication de la somme dont on désire le remboursement.

Dans le cas de retrait d'une somme importante par un mineur, le bureau pourra exiger sinon l'agrément des parents, du moins leur information.

10° Il incombe à chaque établissement de régler lui-même les détails de fonctionnement relatifs aux jours et au mode soit des versements, soit des remboursements.

11° Au cas où le titulaire d'un livret quitte la maison et la corporation, son compte est arrêté, et les sommes déposées par lui doivent êtres retirées.

Si le titulaire quittant la maison demeure dans la corporation, son compte doit, ou bien lui être remis, ou bien être transmis, sur sa demande et selon ses indications, à la nouvelle section dont il relève.

Le changement sera consigné au livret.

12° La caisse d'épargne est libérée de tout engagement par le fait de la rentrée du livret.

13° En cas de perte d'un livret, le titulaire doit en avertir immédiatement le bureau afin que toutes les mesures conservatrices puissent être prises.

14° En cas de décès du déposant, les fonds sont remboursés le plus tôt possible aux ayants droit.

CAISSE DE PRÊTS GRATUITS

Fondée en 1892

RÈGLEMENT

ARTICLE PREMIER. — Une Caisse de prêts est établie dans la Maison *** à l'usage du personnel attaché à l'établissement.

ART. 2. — Les prêts sont absolument gratuits ; ils se font sous la seule responsabilité pécuniaire des patrons et aux conditions formulées dans le présent règlement.

ART. 3. — En principe, personne ne peut bénéficier de la caisse de prêts s'il ne justifie : 1° qu'il fait partie de la Corporation St-Nicolas ; 2° qu'il est porteur d'un livret de la caisse d'épargne de la maison et qu'il y a un dépôt inscrit à son nom ; 3° qu'il travaille actuellement dans la maison.

ART. 4. — L'importance des prêts accordés ne saurait dépasser la somme même que l'emprunteur tient en réserve à la caisse d'épargne ; elle peut rester inférieure à cette somme. Le montant des prêts faits à une même personne ne peut excéder un maximum de 40 francs.

ART. 5. — Le remboursement des sommes empruntées devra être effectué par voie de retenues hebdomadaires sur le salaire.

Ces retenues se feront à raison de 1 fr. pour des prêts de 20 francs et au-dessus ; de 2 fr. pour des prêts supérieurs. L'emprunteur sera toujours libre de s'acquitter rapidement.

Art. 6. — Les demandes d'emprunt sont faites, selon la préférence de chacun, soit aux patrons de l'établissement, soit aux directeurs d'ateliers, soit enfin à l'aumônier de la corporation où aux sœurs chargées de la surveillance des ouvrières.

Art. 7. — L'intermédiaire qui aura été choisi pour transmettre et appuyer une demande de prêt, doit être informé des motifs qui la justifient (1). Il gardera sur les confidences reçues tout le secret qui pourra être réclamé, et appuiera la demande en conséquence dans la mesure qu'il jugera bon.

Art. 8. — Le président du conseil patronal de la maison, statue sur l'admission ou le rejet de la demande.

Art. 9. — Les patrons se réservent le droit de liquider, à leurs risques et périls, la caisse de prêts, au cas de complications imprévues.

Les statuts sont revisables chaque année.

ÉCONOMAT DOMESTIQUE

et

FOURNISSEURS PRIVILÉGIÉS

Œuvre établie en 1887

Le but de cette œuvre est de favoriser l'acheteur au comptant par une remise de prix versée sous forme de jetons.

Les jetons ainsi délivrés par les marchands de l'économat

---

(1) Les motifs les plus plausibles de ces emprunts sont : le paiement d'un loyer, l'achat de vêtements dans la famille, l'acquisition d'un meuble, quelque dépense considérable occasionnée par un évènement extraordinaire tel que baptême, première communion, mariage, ou bien encore une maladie dans la famille, un décès, etc.

3

contre tout paiement au comptant, ont une valeur réelle, remboursable au bureau de l'économat, et sont admis à l'égal de la monnaie ordinaire pour les paiements des diverses cotisations de la corporation.

Depuis 1892, l'économat domestique s'est transformé en une œuvre de fournisseurs privilégiés pour la vente du pain, des pommes de terre, du charbon, du café, du vin et de la chicorée.

BULLETIN HEBDOMADAIRE *LE DIMANCHE*

Administration : Rue du Metz, 41, à Lille

Le *Dimanche*, bulletin des corporations, a été fondé au mois de juin 1888, pour les diverses corporations de Lille (1); il paraît le samedi.

Le *Dimanche* est offert gratuitement par la corporation à tous ses membres. Pour les personnes étrangères à la corporation, l'abonnement est de 5 fr. par an dans le département du Nord et dans les départements limitrophes, de 6 fr. dans les autres départements.

---

(1) Outre la corporation Saint-Nicolas, pour l'industrie textile, il existe à Lille les corporations de Saint-Éloi, pour l'industrie du fer; de Sainte-Anne, pour l'industrie du bois; de Sainte-Barbe, pour la chapellerie; de Sainte-Marie-Madeleine, pour l'industrie et le commerce des produits alimentaires.

La corporation de Saint-Crépin, pour la cordonnerie, fondée le 20 avril 1885, s'est dissoute depuis plusieurs années.

CONFRÉRIE DE NOTRE-DAME DE L'USINE

Établie le 19 juillet 1887 (1)

STATUTS

CHAPITRE PREMIER

Organisation générale

ARTICLE PREMIER. — Une confrérie est établie dans la Corporation chrétienne de St-Nicolas, conformément à l'article 25 des statuts de ladite corporation. Elle porte le titre de Confrérie de Notre-Dame de l'Usine, et est placée sous la direction spirituelle de l'aumônier de la corporation.

Son siège canonique est dans la basilique de Notre-Dame de la Treille.

ART. 2. — Le but de cette association pieuse, dont l'entrée, ouverte à tous, n'est obligatoire pour personne, est d'aider ses membres à remplir plus fidèlement et plus parfaitement les devoirs de la vie chrétienne, en mettant en commun leurs exemples mutuels et leurs prières, et en leur procurant une plus grande abondance de secours spirituels.

Les membres de la confrérie doivent remplir dans la corporation une mission d'édification et d'apostolat; ils doivent être unis entre eux par un lien plus intime de charité et de confraternité fondée sur un plus grand amour de Dieu et justifiant le titre de *confrères* qu'ils reçoivent en entrant dans l'association.

ART. 3. — Les membres de la confrérie de Notre-Dame de l'Usine s'engagent à réciter l'invocation: *Notre-Dame de l'Usine, priez pour nous*, qu'ils doivent dire trois fois chaque jour, et à observer les *pratiques* de la piété chrétienne qui sont en usage dans l'*Association de l'apostolat de la prière*, à savoir :

a) L'*offrande journalière* des actions, en esprit d'apostolat, jointe à la prière du matin ;

(1) Environ les trois quarts des membres de la corporation font partie de la confrérie.

b) La *récitation hebdomadaire* d'un chapelet, ou mieux celle d'une dizaine de chapelet chaque jour, à dire dans la journée ou à la prière du soir;

c) Autant que possible, la *communion mensuelle* ou du moins faite à l'occasion des grandes fêtes de Notre Seigneur et de la Sainte Vierge.

Cet engagement, qui n'oblige aucunement en conscience ni sous peine de péché, fait participer les confrères à toutes les indulgences et avantages spirituels accordés par le Saint-Siège à l'archiconfrérie de Notre-Dame de l'Usine, canoniquement érigée dans la basilique de Reims, et à l'association de l'Apostolat de la prière ou Ligue du Sacré-Cœur de Jésus répandue par tout le monde catholique.

ART. 4. — La confrérie est ouverte à tous les membres de la profession, hommes ou femmes; ouvriers, employés ou patrons; membres actifs ou protecteurs.

Les patrons, les membres de leur famille et les protecteurs sont appelés à y exercer, ainsi que dans la corporation, une action de bienveillante sympathie et de religieuse influence; ils peuvent remplir, dans les conseils, diverses charges et fonctions à titre de membres d'honneur.

ART. 5. — L'association est divisée en six *groupes* distincts selon l'âge ou le sexe des membres qui les composent, à savoir:

1. groupe *Saint-Joseph*, pour les hommes;

2. groupe *Sainte-Anne*, pour les femmes;

3. groupe *Saint-Louis*, pour les jeunes gens, âgés de 16 ans et plus;

4. groupe de *Mater admirabilis* ou de *la Sainte-Fileuse*, pour les jeunes filles âgées de 16 ans et plus;

5. groupe de *Saint-Stanislas*, pour les jeunes gens âgés de moins de 16 ans;

6. groupe *Sainte-Agnès*, pour les jeunes filles âgées de moins de 16 ans.

De plus, l'association et chacun de ses groupes est subdivisée en *sections* correspondant aux divers ateliers corporatifs les plus importants et à divers quartiers de la ville.

CHAPITRE II

Des groupes en rapport avec l'âge et le sexe

Art. 6. — Chacun des groupes établis dans la confrérie pour les hommes, les femmes, les jeunes gens et les jeunes filles, est administré, sous la haute direction de l'aumônier, par un conseil et un bureau composé d'un président, d'un vice-président, d'un secrétaire et d'un trésorier.

Le bureau est nommé chaque année par le conseil, à l'occasion de la fête titulaire du groupe.

Art. 7. — Le nombre des conseillers dans chaque groupe est proportionné à l'importance numérique de ce groupe ; ils sont pris dans les diverses sections et élus à la majorité des voix par les membres de la section à laquelle ils appartiennent, sur une liste présentée par le conseil et contenant au moins le double de conseillers à élire.

Un conseiller devenu indigne, ou bien empêché de remplir les devoirs de sa charge, doit donner sa démission ; elle peut être imposée d'office par le conseil.

Dans le dernier cas, il peut être nommé conseiller honoraire.

Art. 8. — Le conseil de chaque groupe se réunit régulièrement chaque mois pour traiter des admissions ou radiations, pour se rendre compte de l'état de la confrérie et pour délibérer des divers intérêts particuliers ou généraux du groupe.

Art. 9. — Tous les ans au moins, à l'occasion de la fête titulaire et commune à toute la confrérie, et plus souvent, si les circonstances le demandent, il se tient un conseil formé par la réunion de tous les membres composant les bureaux des conseils particuliers des groupes. Cette assemblée constitue le *conseil général de la confrérie*, lui seul peut résoudre définitivement les questions d'intérêt général et prendre les résolutions concernant toute la confrérie de Notre-Dame ; il est présidé par l'aumônier de la corporation ; la préséance y est donnée au président du groupe des hommes sur ceux des autres groupes.

CHAPITRE III

Des sections établies par ateliers ou quartiers

ART. 10. — Chacune des sections formées dans les groupes de la confrérie pour les divers ateliers ou quartiers de la ville est confiée à un ou plusieurs *zélateurs*, selon que la section est plus ou moins nombreuse. Les zélateurs exercent dans leurs sections une mission toute de zèle, de charité et de dévouement; ce sont eux qui s'occupent du recrutement et de la présentation des nouveaux membres au conseil du groupe ainsi que des convocations pour les diverses réunions; ils doivent se regarder comme les intermédiaires réguliers entre le conseil et les membres de leur section pour toutes les observations et réclamations.

ART. 11. — A la tête de chaque section, il est établi un *préposé* ou *chef de section* ; ce chef de section sera, autant que possible un membre du conseil.

Un membre patron sera avantageusement constitué comme président d'honneur de la section établie dans son atelier; la même fonction pourra être exercée, soit par une personne de la famille du patron, soit par une sœur d'atelier pour les groupes des femmes ou des jeunes filles.

Le chef de section doit tenir la liste exacte des membres de sa section.

ART. 12. — Les zélateurs et préposés de sections sont choisis tous les ans par le conseil parmi les membres de la section les plus réguliers, les plus zélés et les plus en état de remplir les obligations de cette charge. Ils peuvent être indéfiniment maintenus dans leurs fonctions.

ART. 13. — Les zélateurs d'une section ou d'un atelier peuvent être réunis en conseil spécial pour délibérer des intérêts propres à la section. Aucune mesure ne peut y être prise contrairement aux intentions du conseil, soit de la confrérie entière, soit du groupe.

CHAPITRE IV

Admissions et radiations

Art. 14. — Les membres de la corporation qui désirent entrer dans la confrérie doivent faire leur demande d'admission au conseil par l'intermédiaire de l'un des zélateurs ou du chef de la section de laquelle ils dépendent vu l'atelier ou le quartier où ils travaillent, et le groupe auquel les rattache leur condition.

Art. 15. — La proposition du candidat est transmise au conseil de groupe qui prend les informations voulues ; si le conseil l'agrée, le nouveau membre est reconnu comme aspirant. Dès ce moment, il est invité aux réunions de la confrérie, et son nom est inscrit sur le contrôle de la section.

Art. 16. — Après un temps d'épreuve, qui ne peut être inférieur à trois mois, à compter depuis sa première demande d'admission, l'aspirant qui s'en est rendu digne est reçu dans la confrérie par un vote favorable du conseil ; il fait sa consécration à la chapelle à la première fête qui suit cette admission.

Art. 17. — Le nouveau membre, après sa consécration, reçoit de l'aumônier un diplôme de confrère et une médaille différente selon le groupe dont il fait partie.

Art. 18. — L'inconduite, la négligence des devoirs religieux, l'infraction fréquente aux règles et réunions de la confrérie, sont des cas de suspension ou d'exclusion ; cette exclusion est prononcée par le conseil. Le confrère rayé doit rendre le diplôme et la médaille.

CHAPITRE V

Réunions et fêtes

Art. 19. — Les membres de la confrérie doivent se réunir tous les mois, soit par groupes, soit par sections, pour prier ensemble, s'édifier en entendant la parole de Dieu lue ou prêchée, et se renouveler dans les sentiments de piété, de zèle et de charité mutuelle qui conviennent à un confrère de Notre-Dame. A défaut de l'aumônier, la réunion peut être présidée et dirigée par le président, le conseiller chef de section ou toute autre personne désignée à cette fin par l'aumônier.

Art. 20. — Des réunions plus générales et plus solennelles se tiendront à l'occasion de la fête patronale de la confrérie, *le Dimanche du Rosaire*, et à l'occasion des fêtes titulaires propres aux divers groupes formant la confrérie.

CHAPITRE VI

Ressources

Art. 21. — La confrérie devant subvenir à diverses dépenses soit pour les frais de son administration propre, soit pour les secours à porter aux confrères dans le besoin, entretient une caisse destinée à couvrir ces dépenses. La caisse ou boîte de la confrérie est alimentée par des quêtes régulières qui se feront à toutes les réunions, par des quêtes extraordinaires se faisant chaque année auprès des protecteurs de la confrérie, et par le droit d'inscription des nouveaux adhérents ; ce droit est de 50 centimes pour les ouvriers, 75 centimes pour les employés et un minimum de 5 francs pour les patrons ou protecteurs.

Art. 22. — Chaque section a la gestion de sa caisse particulière, alimentée par sa propre industrie, et soutenue selon les besoins reconnus, par la caisse générale de la confrérie ; elle devra chaque année soumettre son budget au conseil.

FONDATION SAINT-NICOLAS

Etablie le 8 avril 1890

STATUTS

CHAPITRE PREMIER

But et constitution

ARTICLE PREMIER. — Une fondation est établie, par voie d'une souscription spéciale recueillie auprès des patrons et protecteurs de la Corporation Saint-Nicolas, sous le titre de *Fondation Saint-Nicolas*.

Le but de cette fondation est d'honorer, par une dot de faveur, les mariages chrétiennement préparés et célébrés par les jeunes gens et jeunes filles appartenant à la confrérie de la corporation. Les sommes souscrites peuvent être versées, soit en un seul versement, soit par annuités.

ART. 2. — Lors d'un mariage célébré dans des conditions irréprochables au point de vue moral et religieux, un double don, l'un en nature (objet de piété), l'autre en une somme d'argent, sera offerte au nom de la confrérie (groupe de jeunesse) soit au jeune homme, soit à la jeune fille entrant en ménage. La même faveur sera faite dans le cas de l'entrée en communauté.

ART. 3. — De plus, une messe sera célébrée par l'aumônier de la corporation, à l'intention des jeunes mariés. L'objet de piété offert par la confrérie sera bénit à l'issue de cette messe pour leur être ensuite remis au nom des confrères et des consœurs. Les patrons, ouvriers et ouvrières de l'atelier ou de l'établissement auquel ils appartiennent, pourront être conviés à cette cérémonie. Une quête sera faite en vue de contribuer aux frais et d'entretenir les ressources de la fondation.

ART. 4. — La dot d'honneur ne pourra être accordée qu'autant que le jeune homme ou la jeune fille aura passé au moins une année dans la corporation et dans la confrérie, et à la condition expresse que sa conduite n'aura donné lieu à aucun reproche fondé. Dans le cas où l'un et l'autre conjoints, faisant partie de la confrérie, rempliraient les conditions prescrites, la dot serait accordée à l'un et à l'autre.

Art. 5. — L'importance de la dot, dépendant nécessairement des ressources de la fondation, sera proportionnée au nombre d'années passées d'une manière continue dans la confrérie et suivant une règle d'évaluation fixée par le conseil syndical de la corporation.

Art. 6. — Le droit à la dot ainsi que les titres devant servir à évaluer son importance seront reconnus par le conseil du groupe *Saint-Louis* pour les jeunes gens, par celui du groupe de *Mater admirabilis* pour les jeunes filles, d'après l'avis conforme des zélateurs et des zélatrices de la section d'atelier dont ils dépendent. La décision sera transmise par l'aumônier, directeur de la confrérie, au président de la corporation.

Art. 7. — La dot d'honneur est fixée et délivrée par le président de la corporation au nom du conseil syndical et prise sur la fondation établie au patrimoine corporatif. Une image souvenir pourra y être jointe.

CHAPITRE II

RÉGLEMENT

Art. 8. — La dot décernée aux membres de la confrérie de la Corporation Saint-Nicolas qui se marient dans des conditions pleinement chrétiennes, doit être considérée avant tout pour sa valeur morale, laquelle dépassera toujours de beaucoup sa valeur matérielle, à quelque chiffre que les ressources de la fondation permettent jamais de l'élever. Elle est et elle doit demeurer toujours un témoignage de haute estime, un gage de fraternelle sympathie accordé à celui ou à celle dont la conduite irréprochable a fait constamment honneur à la confrérie et à la corporation (1).

----

(1) Voici, d'après *Le Dimanche* du 2 avril 1892, les règles de morale chrétienne d'après lesquelles on apprécie cette *conduite irréprochable*.

I. — Aucune fréquentation entre jeune homme et jeune fille ne saurait être légitime sans l'intention sérieuse et sincère, chez l'une et l'autre personne, de contracter mariage. Bien plus, la bonne réputation des jeunes gens qui se disposent à se fréquenter, exige que ces vues de mariage soient, dès le début, rendues notoires et communiquées tout au moins aux personnes intéressées à les connaître, comme sont les parents ainsi que les

ART. 9. — L'importance de la dot sera fixée à la fin de chaque année (le 6 décembre, fête de Saint-Nicolas), pour le cours de l'année suivante, par une décision du conseil syndical ; il sera tenu compte dans cette fixation de l'état des ressources disponibles. (1).

directeurs spirituels et les directrices des associations chrétiennes auxquelles ces jeunes gens appartiennent.

II. — En principe général, et sauf des cas exceptionnels, une fréquentation pour être et demeurer irréprochable, doit remplir les conditions suivantes :

1° Les entrevues justifiées par le besoin de se mieux connaître mutuellement et de compléter les renseignements obtenus par ailleurs, ne doivent être ni trop souvent renouvelées ni trop longuement prolongées; cette modération s'impose d'autant plus que la célébration du mariage projeté paraît devoir subir de plus longs délais.

2° Les rencontres doivent toujours ne se faire qu'au su et vu des parents, c'est-à-dire avec leur agrément préalable et sous leur surveillance continuelle; nullement d'une manière cachée et clandestine; jamais sur la rue, dans les cabarets, estaminets et autres endroits écartés.

3° Ces rencontres et entrevues doivent toujours être entourées des précautions et garanties de moralité que réclament la prudence et la modestie chrétienne. La volonté, si sincère et si arrêtée qu'elle soit, de se marier prochainement, non plus que la proclamation des bans et le contrat civil ne pourrait en aucune façon légitimer, devant une conscience chrétienne, ni les procédés indécents, ni les familiarités déshonnêtes.

III. — Par exception et à raison de circonstances particulières, une fréquentation pourrait s'engager en dehors des parents, mais sous les réserves suivantes :

1° Une pareille fréquentation ne doit pas être admise imprudemment et à la légère. A défaut des parents chrétiens, absents ou injustement opposés, le jeune homme et la jeune fille doivent préalablement prendre conseil de quelque personne autorisée qui puisse apprécier sainement la légitimité d'une pareille fréquentation et déterminer dans quelles conditions elle pourra se faire honnêtement. Le directeur de conscience est, pour le jeune homme chrétien comme pour la jeune fille pieuse, l'une des personnes les plus capables de donner ce conseil.

2° Au cas où les rencontres ne pourraient absolument pas se faire en présence des parents ou au sein d'une famille amie et chrétienne, il importe que les jeunes gens ne paraissent ensemble sur la rue qu'accompagnés de quelque personne grave offrant des garanties de sagesse et de parfaite moralité. Les entrevues dans les cabarets, estaminets ou autres endroits pareils ne sauraient être admises.

2° La fréquentation faite dans ces conditions anormales expose les jeunes gens à plus de danger pour leur moralité et est de nature à compromettre plus facilement leur réputation.

Il importe donc de restreindre le plus possible les rencontres et de les entourer davantage de toutes les garanties d'honnêteté précédemment exigées des fréquentations ordinaires.

La notoriété, telle qu'elle est prescrite dans la Règle 1re, est particulièrement indispensable afin d'expliquer des démarches apparemment irrégulières et pour prévenir tout scandale qui porterait atteinte à la bonne réputation.

(1) Depuis l'origine, le taux des dots a été de 20 fr. pour chaque année de sociétariat, jusqu'à un maximum de 100 fr. Du 8 avril 1890 au 1er mai 1893 il a été accordé 7.082 fr. de dots.

Art. 10. — La dot ne pourra être décernée dans sa totalité qu'aux personnes ayant passé cinq années au moins, d'une manière continue, dans la confrérie. Elle sera réduite à 1, 2, 3 ou 4 cinquièmes de sa valeur pour les personnes ne comptant que 1, 2, 3, ou 4 années d'inscription.

Pour les jeunes gens que le service militaire aura tenu éloignés de la corporation, il sera tenu compte, dans l'évaluation des années de séjour dans la confrérie, du temps passé antérieurement à ces années de service, pourvu que leur conduite sous les drapeaux soit restée bonne et que dès leur retour ils aient réclamé leur réintégration effective dans la corporation et la confrérie.

Art. 11. — La dot est accordée par la Corporation Saint-Nicolas à titre de don purement volontaire et ne saurait être réclamée judiciairement par aucun de ses membres.

Art. 12. — Toute demande concernant la fondation Saint-Nicolas doit être transmise, antérieurement à la célébration du mariage et dès que la date en est arrêtée, à l'aumônier de la corporation, directeur de la confrérie, pour être soumise par lui au conseil de ladite confrérie.

FONDATION *MATER ADMIRABILIS*

Établie le 19 juin 1891

STATUTS

Article Premier. — L'institution de *Mater admirabilis* ou de la T. S. Vierge dite *la Sainte Fileuse*, (1) établie pour les deux groupes de jeunesse de la confrérie et de la corporation, doit être regardée comme le complément de la fondation St-Nicolas pour les dots d'honneur. Elle a pour objet d'honorer la vertu et d'aider le dévouement des jeunes gens et des jeunes filles de la confrérie, qui, sous l'inspiration de la piété filiale ou de quelque autre sentiment honorable, renoncent plus ou moins définitivement au mariage et mènent une vie irréprochable dans le célibat chrétien.

Art. 2. — Une fondation est instituée à la date du 9 mai 1891

---

(1) *Mater admirabilis* — Mère admirable — est le nom donnée à une ravissante fresque du cloître de la Trinité-des-Monts, à Rome, qui représente la Ste Vierge filant le lin dans le parvis du Temple de Jérusalem.

à l'effet de soutenir ladite institution. L'administration des ressources est placée sous la direction du conseil syndical de la Corporation de St-Nicolas qui en assurera la gestion.

Art. 3. — Tous les ans, à l'occasion de la fête de *Mater admirabilis* (1), un relevé sera fait, par le soin des conseils de l'un et de l'autre groupe assistés des zélateurs et des zélatrices répartis dans les diverses maisons et sections corporatives, des personnes dignes de recevoir, sous forme de gratification, un témoignage particulier d'estime et de sympathie.

Art. 4. — Les personnes susceptibles d'être proposées et choisies devront justifier des conditions suivantes : 1° Un séjour continu et d'un certain nombre déterminé d'années dans la confrérie de la corporation ;

2° Une conduite à l'abri de tout reproche ;

3° Quelque titre particulier, par exemple de probité, de dévouement ou de quelque autre vertu.

Art. 5. — Les sommes à affecter chaque année à ces diverses gratifications seront fixées par le conseil syndical et dépendront à la fois des ressources disponibles et du nombre de personnes à honorer de cette faveur.

Art. 6. — Les mêmes personnes pourront être désignées à nouveau pendant plusieurs années successives, si elles continuent de se trouver dans les mêmes conditions et d'offrir les mêmes titres de recommandation.

Art. 7. — Le bénéfice de la fondation sera, de plein droit, assuré à toute personne qui arrivera à célébrer son jubilé de vingt-cinq ans passés soit dans un des établissements corporatifs, soit dans le groupe de jeunesse de la confrérie. Dans le premier cas, un minimum de dix années de séjour dans la confrérie et dans la corporation devra être exigé.

Le don à prendre sur la fondation de *Mater admirabilis* sera d'une valeur à déterminer par le conseil syndical d'accord avec le conseil de la confrérie (2).

Art. 8. — Le Conseil syndical avisera, en union avec les conseils des divers groupes de jeunesse de la Confrérie de Notre-Dame de l'Usine, aux moyens d'entretenir et d'accroître les

(1) Le 20 octobre.

(2) Du 19 juin 1891 au 1er mai 1898, il a été décerné 1,050 fr. de primes.

ressources de la fondation. Une quête sera faite chaque année dans ce but, lors de la fête de la confrérie.

ŒUVRE DES CONSCRITS ET DES MILITAIRES

Etablie le 7 mars 1891

RÈGLEMENT

1° Le but de l'institution est de donner un témoignage effectif de bienfaisante sympathie aux jeunes gens faisant partie de la Corporation Saint-Nicolas et de la confrérie, à l'occasion de leur départ pour le service militaire et durant tout le temps de leur séjour sous les drapeaux.

2° Une fête intime les réunira une première fois, dès le tirage au sort, puis une seconde fois, quelques jours avant le départ. Dans cette seconde réunion, l'aumônier de la corporation leur donnera les conseils opportuns, les indications utiles et toutes les recommandations possibles en vue de les faire bien venir dans leur ville de garnison.

3° Au départ, un viatique sera donné à chaque conscrit ; son importance, à fixer chaque année par le conseil syndical, dépendra de l'ancienneté de chacun dans la confrérie.

4° Pendant toute la durée du service, les jeunes soldats, tout en étant dispensés de la cotisation, seront considérés comme appartenant toujours à la corporation. La seule condition est qu'ils tiennent, au régiment, une conduite digne d'elle, et qu'ils conservent avec elle des relations de correspondance et de visites (lors de leurs voyages à Lille), par l'intermédiaire de l'aumônier, de leurs syndics ou de quelque autre dignitaire.

En conséquence le bulletin hebdomadaire *le Dimanche* leur sera régulièrement adressé, s'ils le désirent; et à l'occasion, comme au nouvel an, à la fête patronale du Broquelet et autres circonstances extraordinaires, quelques dons en argent ou en nature leur seront envoyés par les soins de l'aumônier. L'importance de ces libéralités variera selon le nombre d'années passées par chacun dans la corporation, antérieurement au départ.

5° Les divers avantages assurés par la présente institution ne sont promis qu'aux jeunes gens inscrits depuis un an au moins dans la confrérie. Pour les obtenir, les intéressés doivent aviser à l'aumônier de la corporation, soit directement, soit par l'intermédiaire des syndics respectifs des sections ou établissements auxquels ils appartiennent. Leurs noms ainsi que leurs numéros de tirage au sort, et plus tard leur lieu de garnison, seront communiqués à la corporation par l'insertion au bulletin *Le Dimanche.*

6° Le temps normal du service une fois écoulé, les jeunes gens devront, dès leur rentrée dans leurs foyers, donner déclaration de leur intention de reprendre leur ancienne profession et d'occuper dans la corporation le rang qui leur a été conservé. Par la suite les années passées dans la corporation antérieurement à la période de service militaire, leur seront exactement comptées pour l'évaluation de leur ancienneté.

ŒUVRE DES FUNÉRAILLES

Etablie le 8 juillet 1887

Cette institution a pour but d'offrir aux familles des membres décédés dans la corporation, en outre des indemnités assurées par la société de secours mutuels ou par la caisse d'assistance, divers avantages en vue de la sépulture chrétienne, à savoir :

1° Elle se charge, d'accord avec la famille, de la rédaction et de l'impression des billets de mort et paie à la famille les frais de 100 billets ;

2° Elle met au service de la famille une chapelle funéraire et un drap mortuaire ; ces objets sont transférés gratuitement à domicile, dans l'intérieur de la ville et de la banlieue ;

3° L'avis du décès est communiqué aux diverses maisons reliées à la corporation par des lettres de faire part et à tous les membres par une note insérée dans le bulletin *Le Dimanche.*

Une messe est célébrée pour le défunt par l'aumônier à un jour et dans une chapelle choisis de sorte que les camarades ou compagnes d'atelier puissent y assister (1).

(1) Dans plusieurs établissements, il est d'usage que les camarades ou compagnes d'atelier fassent célébrer, en leur nom, d'autres messes pour le défunt.

FONDATION SAINT-JEAN L'ÉVANGÉLISTE

Patron des Écrivains

Établie le 13 novembre 1896 par reconnaissance pour les services désintéressés rendus dans l'administration de la corporation par les membres du groupe des employés, la fondation a pour but de contribuer aux frais d'obsèques honorables au décès de chaque employé, membre de la corporation (1).

(1) Au 1er mai 1898, l'avoir de cette fondation était de 5.158 fr. 29.

DEUXIÈME PARTIE

INSTITUTIONS DE ROUBAIX

SYNDICAT MIXTE DE L'INDUSTRIE ROUBAISIENNE

Fondé le 13 janvier 1889, pour l'industrie textile (1)

Siège social : *rue de la Paix, 22*, à Roubaix.

STATUTS

ARTICLE PREMIER

Constitution. — Un Syndicat professionnel est fondé, dans la ville de Roubaix et ses cantons, entre les patrons et employés d'une part et les ouvriers d'autre part, tous appartenant, à des titres divers, à l'industrie textile : Peignage, Filature, Tissage, Teintures et Apprêts, ou au négoce en tissus et en matières premières, ou à toute autre industrie ou profession connexe ou similaire.

Sa dénomination est : *Syndicat de l'Industrie Roubaisienne*, et son siège est provisoirement fixé, Grand-Rue, 126.

(1) Le syndicat comprenait, au 1ᵉʳ janvier 1898, 23 usines appartenant aux 21 maisons industrielles suivantes : Louis Cordonnier frères et Léon Screpel (filature et tissage), Delattre frères et Cie (lainages et fantaisie), Deledalle Achille et fils (tissus), D'Halluin-Lepers (tissus), L. Dubar et J. Declercq (tissus d'ameublement), Dubar-Delespaul (tissus, teinture et apprêts), Dubar et Toulemonde (tissus), Eloy-Duvillier (tissus), Ernoult-Bayart frères (teinture et apprêts), Ernoult Jules (filatures de laines cardées), Heyndrickx, Noufflard et Cie (filature et tissage), Louis Lefebvre et Paul Bastin (filature, tissage et teinture), Lemaire et Dillies (filature et teinture), Motte-Bossut fils (filature de coton), Motte Etienne et Cie (filature de coton), Amédée Prouvost (filatures de laines et coton), Henri Prouvost (tissus), Société anonyme de peignage, Toulemonde-Destombe (tissus), D. Wibaux-Florin (filature et tissage), Wibaux-Motte fils (tissus).

Au 5 juin 1898, le chiffre des adhésions s'élevait à 4.271.

4

ARTICLE 2

Durée. — La durée est illimitée.

ARTICLE 3

But. — Le *Syndicat de l'Industrie Roubaisienne* a pour but d'assurer une union cordiale entre ses membres, patrons et ouvriers, en associant leurs efforts pour l'étude et la sauvegarde des intérêts moraux, professionnels et économiques du groupe entier, et plus spécialement des membres ouvriers.

En conséquence, le syndicat cherchera à créer, au mieux des circonstances et dans la mesure de son pouvoir, toutes les institutions qui pourront aider au développement moral, intellectuel et professionnel de ses membres, ainsi qu'à l'amélioration de leur condition matérielle. Il s'efforcera notamment :

1º De procurer à ses membres le moyen d'accroître leur savoir professionnel ;

2º D'améliorer leur situation matérielle par des institutions économiques ;

3º De développer chez eux le goût de l'épargne par des institutions qui la leur rendent facile ;

4º De leur venir en aide dans les diverses nécessités de la vie par des œuvres de prévoyance ;

5º De leur ménager des conseils utiles et un appui moral dans les affaires litigieuses ;

6º De les aider à placer leurs enfants suivant leur capacité, pourvu qu'ils soient d'une conduite irréprochable ;

7º De s'occuper plus particulièrement encore du placement et de la surveillance des orphelins ;

8º De renseigner ceux de ses membres qui seraient momentanément sans travail, sur les emplois vacants chez les patrons syndiqués.

ARTICLE 4

Admission et exclusion. — Nul ne peut entrer dans le syndicat sans avoir été agréé par le conseil syndical.

Le conseil syndical, d'autre part, a toujours le droit de prononcer l'exclusion d'un membre pour des raisons graves dont il est seul juge.

Le membre exclu perd tous ses droits sur le capital que pourrait posséder le syndicat, sous réserve du droit qui lui est conféré par le § 7 de la loi du 21 mars 1884.

Les femmes sont admises à faire partie du syndicat, mais avec cette restriction qu'elles ne peuvent participer à l'administration du syndicat, ni assister aux assemblées générales (1).

ARTICLE 5

Démission. — Conformément à la loi, tout membre peut toujours donner sa démission par une simple lettre adressée au président du conseil. Il perd par ce fait tous ses droits sur le patrimoine syndical, sous réserve du droit qui lui est conféré par le § 2 de l'article 7 de la loi du 28 mars 1884.

ARTICLE 6

Administration. — Le syndicat est administré par un conseil composé d'un syndic patron, d'un syndic employé, et d'un syndic ouvrier, par usine ou maison de commerce, où l'association compte des membres patrons, employés et ouvriers. Toutefois le syndic employé faisant partie du groupe patronal, ne participera pas au vote, lorsque son patron sera présent aux séances du conseil ; mais, en cas d'absence de son patron, il votera en son lieu et place.

Pour mieux assurer la représentation de chaque usine ou maison de commerce au conseil syndical, il pourra être pourvu par chacune d'elles à la nomination d'un syndic suppléant par catégorie : patrons, employés et ouvriers.

La présidence du conseil appartient de droit à un patron. En cas de partage la voix du président est prépondérante.

Tout syndic, patron, employé ou ouvrier, qui cessera de faire partie de la maison de commerce ou de l'atelier qu'il représente au conseil, cessera par le fait même d'être syndic.

Il sera, dans ce cas, pourvu dans le mois courant à son remplacement par la maison de commerce ou l'atelier qu'il représente.

En cas de décès ou de démission d'un syndic patron, employé ou ouvrier, il sera également pourvu à son remplacement dans le mois qui suivra le décès ou la démission.

Le conseil syndical choisit dans son sein un bureau composé de dix membres, pris moitié dans le groupe patronal, moitié dans

(1) Jusqu'à présent aucune femme n'a été admise dans le syndicat.

le groupe ouvrier. Les membres du bureau, patrons et ouvriers, sont élus séparément par la fraction du conseil qu'ils représentent. En outre, le président du conseil fait partie de droit du bureau et le préside.

Le bureau achève de se constituer, en nommant deux vice-présidents, un secrétaire et un trésorier.

Le mandat de syndic a une durée de cinq ans. Le bureau est nommé par le conseil pour le même laps de temps. Les membres sortants sont toujours rééligibles.

ARTICLE 7

Attributions du conseil et du bureau. — Le conseil syndical est investi des pouvoirs les plus étendus pour la gestion et l'administration du syndicat. Il le représente dans ses rapports vis-à-vis des tiers, et prend toutes les mesures qu'il juge utiles à ses intérêts ; mais il doit justifier devant l'assemblée générale, que les dépenses ordonnées par lui n'excèdent pas les ressources du syndicat. Il a donc qualité pour :

1º Statuer après sérieuse information sur l'admission ou la radiation des membres ;

2º Avertir les membres qui compromettraient par leur conduite l'honneur du syndicat ;

3º Assurer la rentrée des cotisations ;

4º Dresser le bilan et le budget annuels ;

5º Acheter et vendre ;

6º Ester en justice si les circonstances l'exigent ;

7º Organiser les institutions et procurer les avantages prévus par l'article 3.

Le conseil syndical délègue à son bureau ses pouvoirs, pour l'accomplissement de ses fonctions. Le bureau peut avoir recours à des auxiliaires agréés par le conseil et choisis, soit parmi les membres du syndicat, soit en dehors. Ces auxiliaires pourront être rétribués.

ARTICLE 8

Réunions du conseil ; assemblées générales. — Le conseil syndical se réunit régulièrement tous les trois mois sur convocation portant un ordre du jour arrêté par le président. Le bureau lui rend compte de sa gestion. Le président peut toujours le convoquer en séance extraordinaire. Il peut convier aux séances, mais à titre consultatif seulement, toute autre personne dont le concours peut être utile au syndicat.

Le bureau se réunit régulièrement toutes les six semaines, et plus souvent si les intérêts du syndicat le demandent. Les membres du syndicat sont convoqués tous les ans en assemblée générale. Cette réunion est obligatoire et se tiendra le lundi de Pâques. Les sociétaires doivent être convoqués au moins dix jours auparavant.

Il est rendu compte par le conseil de la gestion du syndicat.

Toute motion ou proposition à faire en assemblée générale doit être déposée vingt jours au moins avant cette assemblée entre les mains du président, qui décide, après avoir pris l'avis du bureau, s'il y a lieu ou non de la porter à l'ordre du jour.

Peuvent seules être soumises à l'assemblée générale les questions qui sont portées à l'ordre du jour. Cet ordre du jour est fixé par le président, après avoir été soumis par lui à l'approbation du bureau.

ARTICLE 9

Patrimoine syndical. — Le patrimoine syndical est un bien commun inaliénable, destiné à assurer la perpétuité et l'indépendance du syndicat, ainsi que le fonctionnement des institutions qui en dérivent.

Il est composé des dons ou des cotisations des membres du syndicat, patrons et ouvriers.

L'administration de la caisse est confiée au conseil sous la surveillance de l'assemblée générale.

Ce patrimoine inaliénable est la propriété exclusive du syndicat. Il servira spécialement :

1° A couvrir les frais généraux d'administration ;

2° A acquitter le loyer et les frais d'entretien des locaux nécessaires au syndicat, ou à les acquérir ;

3° A subvenir aux frais des institutions d'intérêt général telles que : bureaux de placement, cours professionnels, bibliothèques, etc., qui pourraient être créées au bénéfice des membres ouvriers ;

4° A constituer un fonds de réserve, qui permette de parer à toutes les éventualités.

ARTICLE 10

Dissolution. — Le syndicat ne pourra être dissous que si les trois quarts de ses membres patrons, ou les trois quarts de ses membres ouvriers en formulent la demande.

En cas de dissolution, la part de la caisse provenant des apports des ouvriers et des employés sera versée par le conseil au profit des membres ouvriers et employés, au prorata des retraites de l'État, capital réservé. La part provenant des cotisations des patrons, sera versé par le conseil à telles institutions charitables que les patrons désigneront.

ARTICLE 11

Tout cas non prévu par les présents statuts est laissé à l'appréciation du conseil qui en sera seul juge.

Et seront les présents statuts constitutifs du *Syndicat de l'Industrie Roubaisienne* déposés en double exemplaire à la mairie de Roubaix avec déclaration des noms des administrateurs (1).

Le récépissé du dépôt sera conservé dans les archives du syndicat.

Ce double dépôt sera renouvelé à chaque changement de la direction ou des statuts.

RÈGLEMENT INTÉRIEUR

ARTICLE PREMIER

Les conditions à remplir pour être admis sont :

1° Avoir seize ans accomplis ;

2° Appartenir comme patron, négociant, employé ou ouvrier à l'industrie roubaisienne et jouir d'une honorabilité parfaite ;

3° Etre présenté par deux membres du syndicat à l'acceptation du conseil.

En outre, le syndicat, trouvant dans l'esprit religieux et la moralité de ses membres les plus sûres garanties pour atteindre le but qu'il se propose, en fait une condition d'admission. Le syndicat, véritable corporation, est donc essentiellement chrétien dans son esprit et dans son but.

ARTICLE 2

Les causes ordinaires d'expulsion sont les suivantes :

1° L'inconduite ou l'irréligion notoires ;

(1) Ces statuts ont été déposés à la mairie de Roubaix le 11 février 1889.

2° L'infraction grave ou habituelle aux statuts du syndicat ou aux règlements intérieurs ;

3° L'absence sans motifs valables à deux réunions successives de l'assemblée générale ;

4° Une condamnation judiciaire entraînant une peine infamante.

ARTICLE 3

Chacune des institutions fondées par les soins du syndicat restera sous la surveillance du conseil syndical et aura un règlement spécial approuvé par lui.

ARTICLE 4

Les cotisations des associés sont fixées comme suit :

1° Pour les ouvriers, 10 centimes par mois ;

2° Pour les patrons : a) 10 centimes par mois et par chacun de leurs ouvriers faisant partie du syndicat ; b) Une cotisation fixe, et par maison, de 25 francs par an pour les patrons occupant moins de 50 ouvriers, de 50 francs pour les patrons occupant de 50 à 100 ouvriers, de 100 francs pour les patrons occupant plus de 100 ouvriers ;

3° Pour les employés, 2 francs par an.

ARTICLE 5

Pour assurer la facilité des services, le syndicat est divisé par groupes d'atelier.

Chaque groupe est divisé par fractions de dix membres ayant à leur tête un dizainier ou une dizainière, désignés, de concert avec le patron, par les membres de la dizaine.

Les dizainiers choisissent parmi eux un syndic et son suppléant chargés de représenter leur groupe au sein du conseil syndical, et convoquent les membres de leur dizaine pour les assemblées générales.

Les dizainiers et les dizainières veillent à l'honneur et aux intérêts du syndicat. Ils reçoivent les demandes et les observations des sociétaires, et les transmettent au syndic patron ou au syndic ouvrier, pour qu'ils en fassent part au conseil syndical.

Ils perçoivent les cotisations des membres de leur dizaine, et ont à cet effet un livre de recettes, qu'ils remettent tous les mois au trésorier avec le montant des sommes perçues.

ARTICLE 6

Le syndicat assure à ses membres des funérailles religieuses convenables, en leur garantissant un service de quatrième classe.

ARTICLE 7

Les fêtes du syndicat sont: La fête de Notre-Dame de l'Usine, le premier dimanche d'Octobre, et la fête du patronage de Saint-Joseph, le troisième dimanche après Pâques.

Une messe solennelle sera célébrée le lundi de la Pentecôte pour tous les confrères vivants et défunts. Le syndicat y assistera en corps, reconnaissant ainsi que, dans l'ordre temporel comme dans l'ordre éternel, Dieu est l'auteur de tous les biens.

CONSEIL D'ARBITRAGE ET DE CONCILIATION

STATUTS

CHAPITRE PREMIER

Conseil corporatif d'arbitrage

ARTICLE PREMIER. — *Composition.* — Le conseil se compose
de neuf membres, savoir : le président, quatre patrons et quatre
ouvriers, représentant les quatre groupes de l'industrie textile :
Peignage, Filature, Tissage et Teinturerie.

Chacun de ces représentants a un suppléant appartenant au
même groupe que lui, mais choisi dans une usine différente.

Les employés nomment également quatre membres et quatre
suppléants pour traiter, avec les mêmes patrons, les affaires qui
les concernent.

ART. 2. — *Président du conseil.* — Le président et son
suppléant sont choisis en dehors du syndicat parmi les hommes
au courant des affaires de l'industrie et dont le caractère connu
garantit l'indépendance et l'esprit de justice. Ils sont élus au
scrutin secret par tous les membres du conseil d'arbitrage,
patrons, employés et ouvriers.

ART. 3. — *Compétence.* — La compétence du conseil corporatif d'arbitrage est la même que celle attribuée par la loi aux
Conseils des Prud'hommes.

ART. 4. — *Fonctionnement.* — Le fonctionnement est le même
que celui du Conseil des Prud'hommes.

ART. 5. — *Conditions à remplir pour être électeur.* —
Pour être électeur il faut être âgé de vingt-cinq ans et faire
partie du syndicat depuis deux ans au moins.

ART. 6. — *Conditions d'éligibilité.* — Nul ne peut être élu
s'il n'est âgé de trente ans et s'il ne fait partie du syndicat depuis
cinq ans au moins.

ART. 7. — *Durée du mandat.* — La durée du mandat est de

deux années. Les membres sortants sont indéfiniment rééligibles. Le sort désignera les séries, membres et suppléants, qui seront renouvelées à l'expiration de la première année.

Tout membre décédé ou démissionnaire sera remplacé dans le délai d'un mois.

ART. 8. — *Élections.* — Les élections sont analogues à celle des Conseils des Prud'hommes ; elles sont organisées et présidées par les syndics employés et ouvriers du syndicat.

Chacune des quatre catégories de l'industrie textile nomme son délégué et son suppléant, mais en les prenant dans deux usines différentes, de manière que l'ouvrier n'ait jamais à juger son patron, ni le patron son ouvrier.

Dans le cas où une catégorie ne compterait qu'une usine syndiquée, on aviserait à trouver dans les autres usines syndiquées, deux ouvriers ayant travaillé dans la partie. .

ART. 9. — *Frais de fonctionnement du conseil.* — Le syndicat prend à sa charge les frais de fonctionnement du conseil.

Chacun des représentants effectifs ou suppléants reçoit un jeton de deux francs pour toute séance du conseil d'arbitrage ou de conciliation à laquelle il a assisté.

ART. 10. — *Privilège.* — Tous les membres des usines syndiquées ont droit d'en appeler au conseil pour toutes les causes qui sont de sa compétence, en s'engageant sur l'honneur à respecter ses décisions.

Les autres patrons, employés et ouvriers de l'industrie textile roubaisienne jouiront du même privilège, s'ils déclarent se soumettre à l'arbitrage du conseil.

CHAPITRE II

Conseil de conciliation sur toute réclamation concernant le travail

ARTICLE PREMIER. — *Nature.* — La conciliation est sans contrainte. Elle fournit aux parties un moyen de s'expliquer devant des hommes compétents et impartiaux jouissant de leur confiance. Les avis donnés par le conseil de conciliation n'obligent personne. ﹀

ART. 2. — *Composition.* — Le conseil se compose de deux

membres, savoir : un patron et un ouvrier ou employé pris dans
le conseil arbitral ; le fonctionnement est le même que celui du
conseil de conciliation aux Prud'hommes.

Art. 3. — *Présentation des plaintes.* — Tous les membres
d'une usine syndiquée peuvent faire individuellement ou collectivement, de vive voix ou par écrit, soit au président de l'arbitrage,
soit à l'un des membres du conseil arbitral, toute communication
concernant leur travail ; après examen, il dissuade le plaignant
de poursuivre l'instance, si la réclamation lui paraît mal fondée ;
si, au contraire, elle lui semble juste, le demandeur est entendu et
la plainte envoyée au patron du réclamant, et après la réponse du
patron, le conseil décide s'il y a lieu d'appeler les parties en
conciliation.

Art. 4. — *Eléments de la cause.* — Si les parties acceptent
de se présenter en conciliation, elles fourniront par écrit les
éléments de la cause, et pour ce, devront ou l'établir personnellement, ou recourir au secrétaire du conseil, mais celui-ci devra
s'interdire absolument tout avis sur le bien ou le mal fondé des
plaintes.

CHAPITRE III

Redressement des abus

Facilité laissée à l'ouvrier. — Sur la demande de l'ouvrier ou
des ouvriers entendus individuellement ou collectivement, de vive
voix ou par écrit, le président, après avis conforme d'un membre
du conseil arbitral, peut, sans passer par la conciliation, transmettre
directement au patron la plainte, s'engageant sur l'honneur à ne
jamais révéler le nom d'aucun plaignant, mais il devra en informer
les parties intéressées.

Les présents statuts approuvés par le bureau syndical en sa
séance du 21 juin 1897, ne pourront être modifiés que par le
bureau syndical.

SOCIÉTÉ DE SECOURS MUTUELS Sᵀ-JOSEPH

Fondée le 10 février 1889 pour les ouvriers syndiqués
et autorisée par arrêté préfectoral, le 28 août 1895 (l)

STATUTS

CHAPITRE PREMIER

But de la société

ARTICLE PREMIER. — Une Société de Secours Mutuels est établie
au siège du Syndicat de l'Industrie Roubaisienne, en faveur des
membres ouvriers dudit syndicat qui adhéreront aux présents
statuts.

Elle a pour but de leur assurer en cas de maladie :

1° Les soins d'un médecin ;

2° Une indemnité calculée comme il sera dit à l'art. 30 ;

3° Et, quand les ressources le permettront, d'accorder des
secours aux veuves et aux orphelins dans le besoin ainsi qu'aux
sociétaires également dans le besoin, que l'âge ou les infirmités
empêcheraient de travailler.

CHAPITRE II

Admission et exclusion

ART. 2. — La société se compose de membres participants ou
sociétaires et de membres honoraires.

ART. 3. — L'admission définitive des membres appartient au
bureau syndical.

Si elle est refusée, les cotisations sont remboursées, déduction
faite des frais occasionnés par les membres provisoirement admis,
mais sans leur rien réclamer au-delà du montant de leurs
cotisations.

ART. 4. — Les ouvriers ayant plus de 16 ans et moins de

(1) Du 10 février 1889 au 1ᵉʳ janvier 1898, la moyenne des membres de la
société a été de 872.
Il a été distribué 101.094 fr. 50 de secours.

45 ans révolus, membres du syndicat depuis six mois au moins et domiciliés à Roubaix ou dans les communes limitrophes, y compris Mouvaux, Wasquehal, Lannoy et Leers, sont admis provisoirement:

1° S'ils travaillent dans une usine syndiquée, par l'assemblée générale des sociétaires de l'usine, et à la majorité absolue des suffrages exprimés ;

2° S'ils ne travaillent plus dans une usine syndiquée, par le bureau central sur la présentation de deux sociétaires.

Les noms des aspirants seront affichés au siège de la société, trente jours au moins avant l'admission provisoire.

ART. 5. — Toute demande d'admission devra être accompagnée du certificat d'un médecin de la société, attestant que l'aspirant n'est atteint d'aucune maladie chronique ou infirmité le rendant incapable d'un travail sérieux et régulier.

ART. 6. — Cesseront de faire partie de la société :

1° Ceux qui auront adressé par écrit leur démission au président de leur conseil d'usine ou au bureau central s'ils ne travaillent plus dans une usine syndiquée ;

2° Ceux qui auront dissimulé leur âge ou leurs infirmités pour se faire admettre dans la société;

3° Ceux qui refuseront de se conformer aux statuts et règlements de la société;

4° Ceux qui auront volontairement causé préjudice aux intérêts ou à l'honneur de la société ;

5° Ceux qui troubleront l'ordre dans les réunions générales ou particulières des membres de la société ;

6° Ceux dont la conduite serait notoirement scandaleuse ;

7° Ceux qui seraient condamnés pour ivresse, rixe, tapage, vol, etc. ;

8° Ceux qui laisseraient écouler quatre semaines sans payer leur cotisation, sauf excuse admise par le bureau syndical ;

9° Ceux qui, cessant ou ayant cessé de travailler à Roubaix, depuis quatre mois, résideraient en dehors de la ville ou des communes limitrophes auxquelles sont assimilées les communes de Wasquehal, Mouvaux, Lannoy et Leers ;

10° Ceux qui entreront dans une usine non syndiquée où il existera une société de secours mutuels obligatoire pour tous les ouvriers ; mais à leur sortie de l'usine, ils pourront rentrer de droit, quel que soit leur âge, dans la Société de Saint-Joseph, après visite médicale constatant qu'ils n'ont pas contracté de maladie chronique (Voir l'art. 33).

ART. 7. — La démission et l'exclusion ne donnent droit à aucune revendication ni remboursement.

ART. 8. — Les membres exclus ou démissionnaires peuvent, un an au moins après la décision du bureau syndical, solliciter leur réintégration dans la société.

Cette réintégration est soumise aux mêmes formalités que l'admission.

Elle ne pourra avoir lieu passé l'âge de 45 ans révolus et ne sera pas renouvelable.

ART. 9. — Tout sociétaire réintégré sera tenu de verser à la caisse de la société le montant des cotisations échues depuis sa démission ou son exclusion.

ART. 10. — L'exclusion définitive est prononcée individuellement et au scrutin secret par le bureau syndical, devant lequel le sociétaire sera appelé à se justifier.

Toutefois aucune décision ne sera prise en sa présence.

En cas d'absence non motivée, le bureau pourra passer outre.

ART. 11. — L'exclusion provisoire est prononcée par les conseils d'usine à l'égard des sociétaires occupés dans l'usine, et par le bureau central à l'égard de ceux qui ne seront employés dans aucune usine syndiquée.

On y observera la même procédure qu'en l'article précédent.

ART. 12. — L'exclusion provisoire est suspensive de tout secours.

Si toutefois l'exclusion n'était pas maintenue par le bureau syndical, le sociétaire recevrait le montant des secours auxquels il aurait droit.

ART. 13. — Les sociétaires appelés sous les drapeaux cesseront de verser leurs cotisations et d'avoir droit aux secours de la société. Mais, à l'expiration de leur service, ils rentreront de plein droit dans la société, pourvu qu'ils n'aient pas contracté de maladies ou d'infirmités prévues par l'article 5 (1).

ART. 14. — Ceux qui s'absenteraient pour une période de quinze jours à quatre mois, conserveraient leurs droits à l'indemnité prévue par l'article 30, à condition de payer leurs

(1) Ils devront donc passer une nouvelle visite du médecin.

cotisations. Passé ce temps ils seraient considérés comme démissionnaires.

CHAPITRE III

Administration de la société

ART. 15. — La société est administrée, sous le contrôle du bureau syndical, par des conseils d'usine et un bureau central.

ART. 16. — Les conseils d'usine sont composés : 1° du patron, président, représenté en cas d'absence par le syndic employé ; 2° d'un vice-président et de six assesseurs choisis parmi les sociétaires de l'usine.

Tous les membres du conseil doivent être Français et jouir de leurs droits civils et politiques.

Tout membre du conseil quittant l'usine sera remplacé à la première réunion du conseil.

ART. 17. — Le bureau central se compose d'un directeur nommé par le bureau syndical parmi les membres participants ou honoraires faisant ou non partie du syndicat, et de six assesseurs, membres participants, élus par les vice-présidents des conseils d'usine.

ART. 18. — Le bureau syndical prononce l'admission ou l'exclusion définitive des membres de la société.

Il nomme les médecins et en général tous les employés salariés que pourrait réclamer le bon fonctionnement de la société.

Il contrôle les recettes et les dépenses.

Il règle l'emploi des fonds disponibles.

Il interprète les statuts et décide sans appel dans tous les cas imprévus.

Il soumet à l'assemblée générale les modifications aux statuts que l'expérience ferait juger nécessaires.

Le compte rendu des opérations de la société sera adressé chaque année au préfet.

ART. 19. — Le président a seul qualité pour ordonner les dépôts et retraits de fonds et représenter la société devant les autorités civiles ou judiciaires.

En cas d'empêchement le président délègue par écrit ses pouvoirs à un membre du bureau syndical.

Art. 20. — Le bureau central se réunit au moins chaque trimestre.

Il centralise les fonds disponibles en fin de mois dans les caisses d'usine, ainsi que ceux provenant de dons, legs, cotisations des membres honoraires, etc.

Il tient les comptes généraux de la société.

Il reçoit et au besoin instruit les demandes d'admission, d'exclusion, de réintégration ou les réclamations concernant la société et les transmet avec son avis au bureau syndical.

Il étudie les améliorations que peuvent comporter les statuts.

Enfin il prépare pour l'assemblée générale un rapport d'ensemble sur la situation morale et financière de la société.

Art. 21. — Les conseils d'usine veillent à la rentrée des cotisations, tiennent un compte exact des recettes et des dépenses, contrôlent les demandes de secours, en fixent la durée, visitent les malades et adressent chaque mois au bureau central le compte-rendu détaillé de leurs opérations ainsi que les demandes d'admission, d'exclusion ou autres sur lesquelles ils auront statué.

Art. 22. — La durée du mandat, tant pour le bureau central que pour les conseils d'usine, est de quatre ans.

Les membres sont renouvelables par moitié de deux ans en deux ans.

Ils sont rééligibles.

Le sort désignera les membres sortants de la première série.

Art. 23. — Les fonctions des membres des conseils d'usine, des bureaux syndical et central sont gratuites.

CHAPITRE IV

Des ressources de la société

Art. 24. — Les ressources de la société se composent :

1º Des cotisations des membres participants fixées à quinze centimes par semaine s'ils travaillent dans une usine syndiquée et à vingt-cinq centimes dans le cas contraire ;

2º Des cotisations des patrons fixées à dix centimes par semaine et par sociétaire travaillant dans leurs usines ;

3º Des cotisations des membres honoraires ;

4º Des intérêts des sommes placées.

Art. 25. — La recette des cotisations a lieu chaque semaine dans chaque usine, et le dimanche au bureau central pour les ouvriers ne travaillant plus dans une usine syndiquée.

Art. 26. — Les cotisations en retard ainsi que l'amende prévue à l'article 28 seront déduites du montant du premier secours accordé au sociétaire.

Art. 27. — Tout sociétaire qui change de domicile ou d'usine est tenu d'en aviser le bureau central, personnellement ou par lettre, le dimanche suivant au plus tard.

Il indiquera son nouveau domicile et la maison où il est occupé.

Art. 28. — Faute par lui de faire cette déclaration dans les délais ci-dessus, le sociétaire sera passible d'une amende de 1 franc.

Art. 29. — La cotisation des membres honoraires est fixée à dix francs au minimum.

CHAPITRE V

Des secours

Art. 30. — La société assure à ses membres :

1° Les soins d'un médecin ; (1)

2° Une indemnité s'élevant à douze francs par semaine pendant les trois premiers mois et à six francs pendant les trois mois suivants.

Art. 31. — N'auront droit à aucun secours :

1° Les sociétaires dont la maladie se déclarerait moins de trois mois après leur admission provisoire ;

2° Ceux dont la maladie serait le résultat de rixe, ivresse, orgie, débauche ;

3° Ceux qui entreraient durant leur maladie dans quelque cabaret, cantine ou buvette ;

4° Les malades qui sortiraient de chez eux après le coucher du soleil ;

5° Ceux qui seraient convaincus de se livrer à un travail quelconque pendant la durée de leur maladie.

(1) Les sociétaires ont la faculté, à la fin de chaque année, de faire choix d'un nouveau médecin pour l'année suivante. Il leur suffit d'en donner avis au vice-président de leur conseil d'usine avant le 15 décembre.

La société n'accorde pas de secours pour cause de chômage.

ART. 32. — Toute rechute qui surviendrait moins de trois mois après la fin d'une maladie, serait considérée comme une suite de cette maladie.

ART. 33. — Lorsqu'un sociétaire, par suite d'infirmité ou de maladie, se trouvera fréquemment dans l'impossibilité de travailler, le bureau syndical, sur l'avis du conseil d'usine ou du bureau central pour les sociétaires qui ne travaillent pas dans une usine syndiquée, décidera s'il y a lieu de supprimer ou de réduire les secours au sociétaire.

ART. 34. — Le bureau syndical fixera chaque année, sur la proposition du bureau central, la partie du reliquat destinée à venir en aide aux veuves et orphelins de sociétaires qui se trouveraient dans l'un des cas prévus par l'article 1er et il en réglera la répartition.

CHAPITRE VI

Fonds de réserve

ART. 35. — Les fonds laissés disponibles en fin d'année constitueront le fonds de réserve de la société. Ils seront placés par les soins du bureau syndical au mieux des intérêts de la société.

CHAPITRE VII

Des assemblées

ART. 36. — Toute séance commence et se termine par la prière.

ART. 37. — Au bureau syndical, au bureau central et aux conseil d'usine, les statuts seront lus une fois chaque année.

ART. 38. — Le jour de l'assemblée générale sera fixé chaque année par le bureau syndical.

Il y sera rendu compte de la situation morale et financière de la société.

On y signalera les points défectueux des statuts et l'on invitera les sociétaires à transmettre leurs observations au bureau central dans le courant de l'année.

Aucune motion ne sera autorisée pendant la séance si elle n'a été déposée au bureau central un mois à l'avance et portée à l'ordre du jour.

Cette motion ne sera discutée qu'à la séance suivante.

Toute discussion politique ou religieuse est interdite dans les réunions de la société et du bureau.

CHAPITRE VIII

Dispositions générales

ART. 39. — Les ouvriers membres du syndicat avant le 1er février 1889 et faisant partie de sociétés de secours mutuels établies dans les usines où ils travaillent seront admis de plein droit dans la présente société.

Toutefois le bureau syndical prendra en charge les recettes et les dépenses de ceux d'entre eux qui ne pourraient ou qui ne voudraient pas adhérer aux présents statuts.

Tous leurs droits cesseraient à leur sortie de l'usine où ils travaillent actuellement et il ne serait admis ni réadmis aucun membre dans cette catégorie.

ART. 40. — Il est interdit aux membres participants, à peine d'exclusion, de faire partie d'une autre société de secours mutuels.

ART. 41. — Les restrictions de temps et d'âge posées à l'article 4 ne sont pas applicables aux ouvriers ayant adhéré au syndicat avant le 1er février 1889 et entrant dans la société de secours mutuels au moment de sa constitution.

Pendant le trimestre suivant, la limite d'âge sera portée de 45 à 50 ans.

ART. 42. — Les présents statuts ne pourront être modifiés qu'après une expérience de 3 années.

Toute modification devra être approuvée par l'assemblée générale et à la majorité des deux tiers des membres présents.

Aucune modification statutaire ne pourra être mise en vigueur avant d'avoir été autorisée par le préfet.

ART. 43. — La société sera dissoute de plein droit en cas de dissolution du syndicat.

ART. 44. — Hors ce cas, la société ne peut se dissoudre que pour insuffisance constatée de ses ressources.

ART. 45. — La dissolution ne peut être prononcée qu'en assemblée générale convoquée à cet effet huit jours à l'avance et à la majorité des deux tiers au moins des membres présents.

ART. 46. — La convocation portera en tête et intégralement, à peine de nullité, les articles 46 et 47 ci-dessus.

ART. 47. — En cas de dissolution, l'encaisse de la société sera divisé en deux parties, au prorata des sommes versées depuis la fondation par les membres participants d'une part, par les patrons et membres honoraires de l'autre.

La première sera répartie entre les membres participants vivants ; la seconde sera attribuée à une œuvre de charité de la ville désignée par la majorité des membres honoraires et patrons syndiqués.

ART. 48. — La fête de la société est fixée au troisième dimanche après Pâques, fête du patronage de Saint-Joseph. Tous les membres participants et honoraires seront invités à une messe qui sera célébrée en ce jour pour tous les sociétaires vivants et défunts.

Les présents statuts ont été adoptés en assemblée générale à Roubaix, le 10 février 1889.

OBSERVATIONS IMPORTANTES

I

L'article 4 exige, pour être admis dans la société, qu'on fasse partie du syndicat depuis six mois au moins ; mais comme toute demande d'admission doit être affichée pendant un mois, il est clair qu'on peut solliciter son admission cinq mois après qu'on est entré dans le syndicat.

II

La demande d'admission doit être adressée au président ou au vice-président du conseil d'usine, soit directement, soit par l'entremise du délégué.

Cette demande indique l'âge exact de l'aspirant et le médecin qu'il entend choisir ; il y joint son livret de membre du syndicat ; se munit ensuite d'un billet que lui remet l'usine pour passer la visite du médecin.

III

Tout sociétaire doit verser sa cotisation et a droit aux secours de la société, en cas de maladie ou d'accidents, à partir du jour où son admission provisoire est prononcée par le conseil d'usine.

IV

Les sociétaires qui doivent les cotisations de quatre semaines cessent d'avoir droit aux secours ; les dizainiers ne peuvent plus recevoir leurs cotisations et doivent les signaler au président du conseil d'usine qui soumet le cas au bureau syndical. — Les excuses sont rarement admises.

V

Les sociétaires quittant une usine syndiquée peuvent continuer à faire partie de la société s'ils versent chaque dimanche, de 11 h. 1/2 à 12 h. 1/2, leur cotisation entière (vingt-cinq centimes) au bureau central, 22, rue de la Paix.

Les sociétaires peuvent, la première semaine de chaque mois, verser les cotisations du mois entier, mais du mois seulement.

VI

Le droit aux secours commence le lendemain du jour où le sociétaire est tombé malade, mais les secours ne sont accordés qu'à dater du jour où la maladie a été constatée par le médecin. — Il ne faut donc pas attendre pour le voir ou l'appeler.

VII

Le dimanche n'est pas payé ; mais si un sociétaire tombe malade ce jour-là, il a droit au secours à partir du lendemain.

VIII

Le sociétaire qui tombe malade à l'usine demande un billet de visite pour le médecin qu'il va voir immédiatement s'il en est capable, ou qu'il lui envoie par une autre personne.

Ce billet doit être renvoyé à l'usine dans les vingt-quatre heures.

Il doit mentionner le numéro du livret, le nom de l'usine, les nom, prénoms, sobriquets même, profession et domicile du malade (commune, rue, cour, numéro et nom du propriétaire), afin d'éviter au médecin des recherches parfois inutiles.

Tout sociétaire qui devient malade la nuit ou un jour de chômage, peut réclamer la visite du médecin en lui envoyant son livret de membre de la société de Saint-Joseph.

IX

Les sociétaires qui ne travaillent pas dans les usines syndiquées doivent s'adresser au secrétaire de la société pour le billet de visite et les secours à recevoir.

X

Tout sociétaire malade doit, pour toucher le secours hebdomadaire, produire chaque semaine un billet daté du vendredi ou du samedi précédent, constatant qu'il est toujours dans l'impossibilité de travailler.

XI

Tout accident entraînant une incapacité de travail est assimilé à la maladie et donne droit aux secours de la société, même quand le sociétaire reçoit une indemnité du patron ou de la compagnie d'assurances.

XII

Les ouvriers à semaine bonne reçoivent également le secours complet.

XIII

Tout membre du syndicat ayant fait partie d'une société particulière de secours autrefois établie dans l'usine où il travaille et n'ayant pas adhéré à la société actuelle, perd tout droit dès qu'il quitte l'usine, même quand il y rentrerait par la suite. Mais s'il a moins de 45 ans, il lui est loisible de solliciter son admission dans la Société de Saint-Joseph.

Il est recommandé aux sociétaires, dans leur intérêt, de lire attentivement ces observations et de s'y conformer. Le bureau syndical déplore les négligences qui se produisent parfois et regrette toujours de se trouver dans l'obligation de faire respecter les statuts.

SOCIÉTÉ DE SECOURS MUTUELS NOTRE-DAME

Fondée le 3 novembre 1890, pour les ouvrières des usines syndiquées (1)

STATUTS

CHAPITRE PREMIER

But de la société

ARTICLE PREMIER. — Une société libre de secours mutuels est établie en faveur des ouvrières occupées dans les usines dont les patrons adhèrent aux présents statuts. Elle prend le titre de Société Notre-Dame.

Elle assure à ses membres :

1º En cas de maladie, les soins d'un médecin et une indemnité, comme il sera dit à l'article 29 ;

2º Un secours de 20 francs aux femmes en cas d'accouchement ;

3º Quand les ressources le permettront, des secours aux orphelins dans le besoin.

CHAPITRE II

Admission et exclusion

ART. 2. — La société se compose de membres honoraires et de membres participants ou sociétaires.

ART. 3. — Pour être admise comme sociétaire, l'ouvrière doit :

1º Avoir plus de 16 ans et moins de 45 ans ;

2º Faire partie de la Confrérie de Notre-Dame de l'Usine depuis 3 mois au moins ; (2)

(1) Du 3 novembre 1890 au 1er janvier 1898, la moyenne des sociétaires a été de 619.

Il a été distribué 50.528 fr. 15 de secours.

(2) Voici les *Statuts* de cette confrérie :

ARTICLE PREMIER. — Une confrérie est établie dans la ville de Roubaix, pour réunir dans une pieuse confraternité les patrons et les ouvriers chrétiens. Elle porte le nom de *Confrérie de Notre-Dame de l'Usine*. Elle a

3° Faire sa demande 6 mois d'avance ;

4° Payer sa purge pendant 6 mois (15 centimes par semaine) ;

5° Se présenter au bout de 5 mois au médecin de la société qu'elle aura choisi, et produire un certificat constatant qu'elle n'est atteinte d'aucune maladie chronique ou infirmité la rendant incapable d'un travail sérieux et régulier ;

6° Enfin, adhérer aux statuts et règlements de la société.

Art. 4. — La demande sera notifiée dans la huitaine aux dizainières et aux membres du conseil d'usine.

Art. 5. — L'admission provisoire sera prononcée, au bout de 6 mois, par le conseil d'usine.

Art. 6. — L'admission définitive appartient au conseil central.

son siège dans l'Eglise Notre-Dame. Le curé de cette paroisse en est le directeur.

Art. 2. — Cette confrérie est affiliée à l'archiconfrérie canoniquement érigée dans la Basilique de Saint-Remi, à Reims. Elle participe à toutes ses indulgences et aux avantages spirituels, qui lui ont été accordés par le Saint-Siège.

Art. 3. — La confrérie de Notre-Dame de l'Usine est ouverte aux patrons et aux membres de leur famille, à leurs employés, à leurs ouvriers et à leurs ouvrières.

Elle se partage en deux sections : celle de Saint-Joseph pour les hommes, celle de l'Immaculée-Conception pour les femmes.

Art. 4. — Tous les membres, patrons et ouvriers, sont unis par le lien d'une charité plus étroite. Ils se rendent mutuellement les services qui sont en leur pouvoir. Ils ont à cœur de remplir eux-mêmes chrétiennement leur devoir, soit de patron, soit d'ouvrier, et ils s'efforcent avec zèle de répandre partout autour d'eux le bon esprit.

Art. 5. — Les membres de la confrérie s'engagent, mais non sous peine de péché, à réciter, chaque jour, trois Ave Maria, avec l'invocation : Notre-Dame de l'Usine, priez pour nous.

En sus de la communion pascale, qui est obligatoire pour tous les fidèles, il leur est recommandé de communier, autant que possible, aux principales fêtes de Notre Seigneur et de la Sainte Vierge.

Art. 6. — Pour être admis dans la confrérie, il faut avoir au moins seize ans, pratiquer ses devoirs religieux et jouir d'une bonne réputation.

L'inconduite notoire et l'absence réitérée des réunions sont des cas d'exclusion.

Art. 7. — Tous les membres de la confrérie, qui appartiennent à un même atelier, forment des groupes d'atelier, sous la direction du patron ou d'un membre de sa famille, quand eux-mêmes font partie de la confrérie.

Les groupes se partagent en dizaines, ayant chacune à leur tête un zélateur ou une zélatrice, désignés par le patron.

Art. 8. — Les ouvriers et ouvrières qui changent d'atelier, changent de groupe en même temps.

Les ouvrières qui, à la suite de leur mariage, cessent de travailler à l'atelier, entrent dans l'Association des mères chrétiennes.

Art. 9. — Les confrères ou consœurs, qui sont dans des ateliers où le patron n'est pas membre de la confrérie, forment des groupes libres.

Ces groupes ont leur lieu de réunion, pour les hommes dans les cercles

En cas de refus, les cotisations versées seront remboursées à l'ouvrière, déduction faite des frais qu'elle aurait pu occasionner à la société.

Art. 7. — Cesseront de faire partie de la société :

1° Celles qui auront adressé par écrit leur démission à la présidente de leur conseil d'usine ;

2° Celles qui auraient dissimulé leur âge ou leurs infirmités pour se faire admettre dans la société;

3° Celles qui refuseraient de se conformer aux règlements et statuts de la société ;

4° Celles qui auraient volontairement causé préjudice aux intérêts ou à l'honneur de la société ;

5° Celles dont la conduite serait notoirement scandaleuse ;

6° Celles qui laisseraient écouler 4 semaines sans payer leurs cotisations, sauf excuse admise par le conseil central ;

7° Celles qui troubleraient l'ordre dans les réunions générales ou particulières de la société ;

catholiques, et, pour les femmes, dans une maison de Sœurs, ou dans tout autre local convenable désigné à cet effet.

Leurs zélateurs ou zélatrices sont nommés par le directeur de la confrérie.

Art. 10. — Le directeur choisit, pour l'aider dans son travail de direction, un certain nombre de patrons et de dames de patrons, qui forment les conseils de l'une et l'autre section de la confrérie.

Art. 11. — Tous les mois il y a une réunion, soit de membres patrons, soit de dames de patrons.

Les conseils se tiennent à l'issue de ces réunions, pour statuer sur les admissions et sur les radiations; en général, pour délibérer sur tout ce qui intéresse la confrérie.

Art. 12. — Le directeur réunit aussi chaque mois alternativement les zélateurs et les zélatrices de tous les groupes.

Art. 13. — Les patrons réunissent, au moins tous les deux mois, les dizainiers et les dizainières de leur atelier, et de temps à autre leurs groupes tout entiers.

Art. 14. — Les patrons, chefs de groupes, s'entendront avec les dizainiers et les dizainières, pour que les confrères et consœurs malades soient régulièrement visités.

Au décès des membres de la confrérie, il sera dit une messe pour le repos de leur âme.

Art. 15. — Pour subvenir aux dépenses de la confrérie, il sera perçu une cotisation de 0,05 centimes par mois, pour les ouvriers ; de 10 francs par an pour les patrons ; de 5 francs pour les membres de la famille des patrons; de 2 francs pour les employés.

Art. 16. — Tous les trois mois, dans l'Eglise Notre-Dame, et en même temps, s'il y a lieu, dans les autres églises de la ville, il sera chanté, aux intentions de la confrérie, un Salut, qui sera suivi d'une instruction.

La fête patronale est fixée au 1er dimanche d'octobre, jour de la fête du Saint-Rosaire.

8° Celles qui cesseraient de travailler dans l'une des usines où existe la société ;

9° Celles qui feraient partie d'une autre société de secours mutuels ;

10° Celles qui seraient condamnées à une peine afflictive ou infamante.

ART. 8. — L'exclusion provisoire est prononcée par le conseil d'usine devant lequel la sociétaire sera appelée à s'expliquer, sauf pour le dernier cas.

En cas d'absence de sa part il sera passé outre. Aucune décision ne sera prise en sa présence.

Le vote aura lieu au scrutin secret et sera individuel.

ART. 9. — L'exclusion provisoire est suspensive de tout secours.

ART. 10. — L'exclusion définitive sera prononcée par le conseil central.

ART. 11. — Si le conseil central ne maintenait pas l'exclusion, la sociétaire recevrait le montant des secours auxquels elle aurait droit.

ART. 12. — La démission et l'exclusion ne donnent droit à aucune revendication, ni remboursement.

ART. 13. — Les sociétaires exclues ou démissionnaires pourront, un an au moins après la décision, solliciter leur réintégration dans la société. Cette réintégration est soumise aux mêmes formalités que l'admission. Elle ne pourra avoir lieu passé l'âge de 45 ans et ne sera jamais renouvelable.

Toute sociétaire ayant quitté une usine syndiquée sans motif grave de renvoi et rentrant dans une de ces usines devra verser à la caisse de la société le montant des cotisations (0,25 centimes par semaine) échues depuis sa sortie de la société ou se représenter comme nouvelle sociétaire, à son choix.

CHAPITRE III

Administration de la société

ART. 14. — La société est administrée par un conseil central et des conseils d'usine.

ART. 15. — Les conseils d'usine sont composés de la dame du

patron ou de sa déléguée, présidente de droit, d'une vice-présidente et de quatre assesseurs choisis parmi les sociétaires de l'usine

ART. 16. — Tout membre du conseil quittant l'usine sera remplacé à la première réunion qui suivra son départ.

ART. 17. — Les conseils d'usine se réunissent au moins une fois chaque mois.

ART. 18. — Ils veillent à la rentrée des cotisations, tiennent un compte exact des recettes et des dépenses, contrôlent les demandes de secours, en fixent la durée, visitent les malades et adressent chaque mois au conseil central le compte-rendu de leurs opérations, ainsi que les demandes d'admission, d'exclusion ou autres sur lesquelles ils auront statué.

ART. 19. — Le conseil central se compose des présidentes et des vice-présidentes des conseils d'usine.

Il nomme parmi ces membres une présidente, deux vice-présidentes, une trésorière et une secrétaire, constituant le bureau chargé de gérer la société dans l'intervalle des réunions

ART. 20. — Le conseil central se réunit chaque trimestre.

Il prononce l'admission ou l'exclusion des membres de la société.

Il contrôle les recettes et les dépenses.

Il centralise les fonds disponibles à fin de mois dans les caisses d'usine ou ceux provenant de dons, legs, cotisations des membres honoraires, etc.

Il règle l'emploi des fonds disponibles.

Il interprète les statuts et décide sans appel dans tous les cas imprévus.

Il étudie et soumet à l'assemblée générale les modifications aux statuts que l'expérience ferait juger nécessaires.

ART. 21. — La présidente, après avoir pris l'avis du bureau, nomme les médecins et en général tous les employés salariés que pourrait réclamer le bon fonctionnement de la société.

Elle ordonne les dépôts et retraits de fonds et représente la société devant les autorités administratives ou judiciaires.

ART. 22. — Les présidentes, tant des conseils d'usine que du conseil central pourront se faire suppléer dans l'exercice de leurs fonctions.

ART. 23. — La durée du mandat dans les différents conseils est de quatre années.

Les membres sont renouvelables par moitié de deux ans en deux ans. Le sort décidera de la série sortante dans deux ans.

Ils sont rééligibles.

Leurs fonctions sont gratuites.

CHAPITRE IV

Des ressources de la société

ART. 24. — Les ressources de la société se composent :

1° Des cotisations des sociétaires fixées à 15 centimes par semaine ;

2° Des cotisations des patrons fixées à 10 centimes par semaine et par sociétaire travaillant dans leurs usines ;

3° Des cotisations des membres honoraires ;

4° Des dons et legs faits à la société ;

5° Du produit des amendes prévues à l'article 27 ;

6° Des intérêts des sommes placées.

ART. 25. — Les cotisations en retard ainsi que l'amende prévue à l'article 27 seront déduites en cas de maladie du montant du premier secours accordé à la sociétaire.

ART. 26. — Toute sociétaire qui change de domicile ou d'usine est tenue d'en aviser la présidente du conseil d'usine personnellement ou par lettre le dimanche suivant au plus tard.

ART. 27. — Faute par elle de faire cette déclaration dans le délai ci-dessus, elle est passible d'une amende de 1 franc.

ART. 28. — La cotisation des membres honoraires est fixée à 10 francs au minimum.

CHAPITRE V

Des secours

ART. 29. — La société assure à ses membres les soins d'un médecin et une indemnité de 9 francs par semaine pendant les trois premiers mois et de 4 fr. 50 pendant les trois mois suivants.

ART. 30. — Les femmes mariées recevront en cas d'accouche-ment un secours de 20 francs à la condition de faire partie de la société depuis un an au moins (mois de purge compris). Si l'accou-chement était suivi de maladie, la sociétaire serait traitée comme malade à partir du vingt-et-unième jour à la condition que la maladie ne soit pas une suite immédiate de l'accouchement.

ART. 31. — N'auront droit à aucun secours:

1° Celles dont la maladie serait le résultat de l'inconduite ou de l'intempérance ;

2° Celles qui entreraient pendant leur maladie dans quelque cabaret ou buvette ;

3° Celles qui sortiraient de chez elles après le coucher du soleil.

ART. 32. — Toute rechute qui surviendrait moins de trois mois après la fin d'une maladie, serait considérée comme suite de cette maladie.

ART. 33. — Une ouvrière ne peut jamais recevoir dans l'espace de douze mois, plus de six mois de secours.

ART. 34. — Toute sociétaire, atteinte d'une maladie qui revêtira un caractère chronique, cessera d'avoir droit aux secours de la société et de verser sa cotisation, mais elle pourra, si elle est dans le besoin, participer à l'allocation prévue à l'article suivant.

CHAPITRE VI

Fonds de réserve

ART. 35. — Le conseil central fixera chaque année la partie du reliquat destinée à venir en aide aux orphelins dans le besoin, ainsi qu'aux sociétaires qui se trouveraient dans le cas prévu à l'article précédent et il en réglera la répartition.

CHAPITRE VII

Des assemblées

ART. 36. — Toute séance commence et se termine par la prière.

ART. 37. — Les statuts seront lus en séance des conseils une fois chaque année.

Art. 38. — L'assemblée générale se tiendra le troisième dimanche de Carême, sur convocation faite huit jours à l'avance.

Il y sera rendu compte de la situation morale et financière de la société. On y signalera les points défectueux des statuts et on invitera les sociétaires à transmettre leur avis au conseil central dans le courant de l'année.

Aucune motion ne sera autorisée pendant la séance si elle n'a été soumise au conseil central un mois à l'avance et portée à l'ordre du jour.

Cette motion ne sera discutée qu'à la séance suivante, hors les cas d'urgence dont le conseil central sera juge.

CHAPITRE VIII

Dispositions générales ou transitoires

Art. 39. — Les ouvrières membres de la Confrérie de Notre-Dame de l'Usine, et faisant partie des sociétés de secours mutuels établies dans les usines où elles travaillent, seront admises de plein droit dans la présente société.

Le conseil central prendra en charge les recettes et les dépenses de celles d'entre elles qui ne pourraient ou ne voudraient pas adhérer aux présents statuts.

Elles continueraient d'être soumises à leur règlement actuel ; tous leurs droits cesseront à leur sortie de l'usine.

Art. 40. — Les restrictions de temps et d'âge posées à l'article 3, ne sont pas applicables aux ouvrières membres de la Confrérie de Notre-Dame de l'Usine qui entreront dans la société de secours mutuels au moment de sa constitution.

Art. 41. — La société sera dissoute de plein droit sur la demande des trois quarts des patrons adhérents.

Art. 42. — La dissolution ne peut être prononcée à la demande des sociétaires qu'en assemblée générale, convoquée à cet effet huit jours à l'avance, et à la majorité des 2/3 au moins des membres présents.

Cette demande devra être signée par le quart au moins des sociétaires, et adressée à la présidente un mois avant le jour de l'assemblée.

Art. 43. — La convocation portera en tête et intégralement, à peine de nullité, les articles 41 et 42 ci-dessus.

Art. 44. — En cas de dissolution, l'encaisse de la société sera divisée en deux parties, au prorata des sommes versées depuis la fondation, par les membres participants, d'une part, et par les patrons et membres honoraires, d'autre part.

La première sera répartie entre les membres encore participants au moment de la dissolution, et au prorata de leurs versements ; la seconde sera attribuée à une œuvre de charité de la ville, désignée par la majorité des membres honoraires et des patrons adhérents.

Art. 45. — La fête de la société est fixée au premier dimanche d'octobre ; tous les membres participants et honoraires seront invités à assister à une messe qui sera dite ce jour-là pour les sociétaires vivants et défunts.

Art. 46. — Les présents statuts adoptés en assemblée générale le 3 novembre 1890 ne pourront être modifiés qu'après une expérience de deux années.

OBSERVATIONS IMPORTANTES

I

La demande d'admission doit être adressée à la présidente du conseil d'usine soit directement, soit par l'entremise des dizainières. Cette demande indique l'âge de l'aspirante et le médecin qu'elle entend choisir.

II

Au bout de cinq mois de purge, l'aspirante se munit d'un billet que lui remet l'usine, pour passer la visite du médecin.

III

Toute sociétaire est tenue de garder le médecin qu'elle a choisi, pendant tout le courant de l'année. Mais chaque année au mois de janvier, elle peut en changer après en avoir fait la demande au conseil d'usine. Elle peut, à ses frais, se faire soigner par un autre médecin de son choix à la condition de faire régulièrement

signer ses billets par le médecin pour lequel elle s'était fait inscrire.

IV

Le droit aux secours commence le lendemain du jour où la
sociétaire est tombée malade, mais ces secours ne sont accordés
qu'à partir du jour où la maladie a été constatée par le médecin.
Il ne faut donc pas attendre pour le voir ou l'appeler.

V

Les dimanches et jours fériés ne sont pas payés, mais si une
sociétaire tombe malade l'un de ces jours-là, elle a droit aux
secours à partir du lendemain.

VI

La sociétaire qui tombe malade à l'usine demande un billet de
visite pour le médecin qu'elle va voir immédiatement, si elle en
est capable, ou qu'elle lui envoie par une autre personne.

Ce billet doit être renvoyé à l'usine dans les 24 heures. Il doit
mentionner le numéro du livret, le nom de l'usine, les nom, prénoms, profession et domicile de la malade (commune, rue, cour,
numéro et nom du propriétaire), afin d'éviter au médecin des
recherches parfois inutiles.

Toute sociétaire qui devient malade la nuit ou un jour de
chômage peut réclamer la visite du médecin en lui envoyant son
livret de membre de la Société Notre-Dame.

VII

Toute sociétaire malade doit, pour toucher le secours hebdomadaire, produire chaque semaine un billet daté du vendredi ou
du samedi précédent constatant qu'elle est toujours dans l'impossibilité de travailler.

VIII

Toute ouvrière touchant une indemnité d'assurances pour
accident n'a pas droit au secours de la société.

IX

Les ouvrières à semaine bonne ne peuvent avoir droit aux

secours ni la semaine où elles tombent malades, ni celle où elles reprennent le travail.

Il est recommandé aux sociétaires dans leur intérêt de lire attentivement ces recommandations et de s'y conformer. Le conseil central déplore les négligences qui se produisent parfois et regrette toujours de se trouver dans l'obligation de faire respecter les statuts.

***

CAISSE DE SAINT-VINCENT-DE-PAUL

de la Maison HEYNDRICKX

Fondée en 1890 pour assurer les secours pharmaceutiques aux ouvriers que leur âge ou l'éloignement de leur habitation prive des secours de la société de secours mutuels du syndicat.

Elle a les mêmes statuts que cette société de secours mutuels.

La cotisation mensuelle est de 0 fr. 10 par ouvrier; la cotisation patronale annuelle de 25 francs.

L'excédent des recettes est réparti chaque année entre les ouvriers appelés à une période d'instruction militaire.

CAISSE DE BON-SECOURS

de la Maison HEYNDRICKX

Fondée en 1894 pour les ouvriers de la maison qui refusent d'entrer dans le syndicat.

Elle assure à ses membres les mêmes avantages que la société de secours mutuels du syndicat, dont elle s'est approprié les statuts.

Après un prélèvement de 500 francs pour constituer un fonds de réserve, l'excédent des recettes est partagé chaque année entre les sociétaires.

Le déficit, s'il s'en présente, est à la charge de la caisse patronale.

***

CAISSE DE RETRAITES SAINT-HENRI

ASSOCIATION DES EMPLOYÉS FAISANT PARTIE DU SYNDICAT

Fondée le 21 septembre 1890.

STATUTS

CHAPITRE PREMIER

Titre et but de la société

ARTICLE PREMIER. — L'association prend le titre de *Société Saint-Henri*, en mémoire du regretté président que vient de perdre le syndicat (1).

Elle a pour but unique d'aider les sociétaires à s'assurer une pension de retraite dans leur vieillesse.

CHAPITRE II

Composition de la société

ART. 2. — La société se compose de membres honoraires et de sociétaires.

ART. 3. — Sont membres honoraires les personnes qui, agréées par le bureau syndical, versent une cotisation annuelle de dix francs au minimum, sans participer aux avantages de la société.

ART. 4. — Sont sociétaires les employés qui, membres du syndicat, adhéreront par écrit aux statuts et règlements de la société.

ART. 5. — Sont considérés comme employés ceux dont les appointements sont fixés par mois.

CHAPITRE III

Admission et exclusion

ART. 6. — Pour être admis comme sociétaire, il faut :
1° Faire partie du syndicat depuis trois mois au moins;

(1) M. Henri Bayart-Dubar, décédé le 2 mars 1890.

2° Etre présenté par le patron ;

,3° Etre agréé par le comité et par le bureau syndical ;

4° Verser un droit d'entrée.

ART. 7. — L'exclusion est prononcée par le bureau syndical sur la proposition du comité :

1° Pour toute condamnation infamante ou acte contraire à l'honneur et à la probité, fussent-ils antérieurs à l'admission ;

2° Pour préjudice causé volontairement aux intérêts de la société ;

3° Pour ivresse habituelle ou conduite déréglée et notoirement scandaleuse ;

4° Pour avoir troublé l'ordre dans les assemblées générales ou du comité.

ART. 8. — Dans les trois derniers cas, le sociétaire sera invité à s'expliquer devant le bureau syndical, comme devant le comité.

S'il ne se présente pas à l'heure fixée, il sera passé outre.

Aucune décision ne sera prise en sa présence.

L'exclusion ne sera prononcée qu'au scrutin secret et à la majorité des deux tiers des membres du comité, comme du bureau syndical.

Si le nombre des membres présents n'atteignait pas ce chiffre, la décision serait remise à huitaine, et elle serait prise à la majorité des suffrages exprimés.

ART. 9. — La décision du bureau syndical est sans appel.

ART. 10. — Le sociétaire exclu conserve son livret et ses droits acquis, mais il ne peut, en aucun cas, être réintégré dans la société, ni recevoir de supplément de pension sur le fonds de réserve.

CHAPITRE IV

Administration de la société

ART. 11. — La société est administrée, sous le contrôle du bureau syndical, par un comité composé de trois patrons syndiqués, élus par leurs collègues ; d'un délégué par usine syndiquée, élu par les sociétaires de l'usine ; et d'un délégué élu par les sociétaires ayant quitté les usines syndiquées.

ART. 12. — Pendant les dix premières années, les membres

fondateurs seront seuls éligibles. Passé ce laps de temps, les sociétaires ne seront éligibles qu'après dix années de sociétariat.

Les usines où aucun sociétaire ne remplirait ces conditions, seraient représentées par celui d'entre eux qui compterait le plus d'années de sociétariat.

ART. 13. — En cas de décès ou de départ de l'usine du délégué, il serait remplacé dans la huitaine.

ART. 14. — La présidence du comité appartient de droit au président du syndicat.

ART. 15. — Le comité nommera, dans son sein, un vice-président, un secrétaire et un trésorier. Il pourra leur adjoindre un aide-secrétaire-trésorier rétribué et le choisir en dehors des sociétaires.

ART. 16. — Toutes ces fonctions sont gratuites, sauf pour l'exception prévue à l'article précédent.

Elles prennent fin trente jours après le renouvellement du conseil syndical.

Les membres sortants sont toujours rééligibles.

ART. 17. — Le président, le vice-président, le secrétaire et le trésorier constituent le bureau permanent ; il gère les intérêts de la société, dans l'intervalle des réunions du comité.

ART. 18. — Le comité se réunit obligatoirement quinze jours avant les versements à la Caisse des Retraites.

Copie de ses décisions est transmise au bureau syndical qui les approuve ou les modifie.

ART. 19. — Le président ou, à son défaut, le vice-président du conseil syndical, a seul qualité pour représenter la société en toute circonstance.

ART. 20. — Les délégués perçoivent les cotisations des sociétaires qu'ils représentent, ainsi que les cotisations syndicales, et les transmettent, avec le bordereau, au trésorier.

Ce bordereau mentionne, en regard de chaque nom, les changements de nationalité, d'état-civil, d'entrée en jouissance, d'aliénation ou de réserve du capital. Mêmes indications pour la femme si le sociétaire est marié.

ART. 21. — Le trésorier tient un compte détaillé des sommes versées par ou pour les sociétaires, et en effectue le dépôt selon les instructions du comité, visées par le président après avis du bureau syndical.

Art. 22. — Au cas où les fonds seraient déposés provisoirement à'la Caisse d'épargne ou dans une maison de banque, nul retrait de fonds ne pourrait être effectué que sur l'ordre écrit du président.

Art. 23. — Les bordereaux des délégués seront conservés au siège de la société, comme pièces justificatives, et communiqués à toute réquisition, soit aux membres du comité, soit aux intéressés.

Art. 24. — Le secrétaire est chargé des convocations, de la rédaction des procès-verbaux et du rapport annuel.

CHAPITRE V

Des ressources de la société

Art. 25. — Les ressources de la société se composent :

1° Des cotisations des sociétaires, fixées à 2 fr. par mois;

2° Des sommes versées par le syndicat et fixées à 4 fr. par trimestre et par sociétaire ayant lui-même versé sa cotisation trimestrielle ;

3° Des dons et legs faits à la société ;

4° Des droits d'entrée des sociétaires, fixés à 3 francs ;

5° Des rentrées à la Caisse des dépôts et consignations, des cotisations syndicales, dons et legs en cas de décès des sociétaires ;

6° Des intérêts des sommes placées à la Caisse d'épargne ou dans une maison de banque, et à la Caisse des dépôts et consignations ;

7° Du produit des amendes prévues aux articles 37 et 38.

Art. 26. — Le comité veillera à ce qu'aucune somme ne reste improductive.

Les versements à la Caisse des dépôts et consignations auront lieu au moins chaque semestre.

Art. 27. — Les intérêts des sommes qui pourraient être déposées provisoirement soit à la Caisse d'épargne, soit dans une maison de banque, serviront à couvrir les frais d'administration. En cas d'insuffisance, le comité fixera, en fin d'année, la quote-part à réclamer à chaque sociétaire.

Art. 28. — Les dépôts seront effectués conformément aux règlements administratifs.

Art. 29. — Les sommes versées par le syndicat, au nom des

sociétaires, feront, en cas de décès du titulaire, retour aux fonds de retraite de la société.

Art. 30. — Le produit des dons et legs sera également versé audit fonds de retraite, à moins que les donateurs ou testateurs n'en aient disposé autrement.

CHAPITRE VI

Des pensions de retraite

Art. 31. — Chaque sociétaire fixera lui-même l'âge auquel il entend entrer en jouissance de sa pension.

Art. 32. — Cette pension se composera :

1° de la rente résultant de ses dépôts propres ;

2° de celle des dépôts faits en son nom, par le syndicat ou par tout autre bienfaiteur ;

3° elle pourra comprendre en outre un supplément prélevé sur le fonds de réserve.

Art. 33. — Pendant les vingt premières années, ce supplément sera accordé de préférence aux pensionnaires peu aisés.

Art. 34. — Passé ce laps de temps, le supplément sera accordé à chaque pensionnaire, à raison de tant 0/0 sans fractions de franc, des versements faits en son nom par le syndicat, les membres exclus et ceux qui s'en montreraient indignes exceptés.

Art. 35. — Ces suppléments sont à vie, et pourront être augmentés quand les ressources le permettront. Ils devront s'étendre en même temps à tous les sociétaires.

Art. 36. — En cas de décès d'un sociétaire ou pensionnaire, il en sera donné avis, dans le mois suivant, au directeur de la Caisse des dépôts et consignations. On y joindra les pièces nécessaires pour obtenir le remboursement des capitaux réservés, ou leur transfert au fonds de retraite de la Caisse des dépôts et consignations.

CHAPITRE VII

Dispositions générales

Art. 37. — L'assemblée générale aura lieu, dans le premier trimestre de chaque année, au jour fixé par le comité. Tous les sociétaires sont tenus d'y assister à peine de 2 francs d'amende, sauf excuse admise par le comité.

ART. 38. — Il y sera rendu compte des opérations de la société. Il est interdit à peine de dix francs d'amende, d'y faire aucune motion, d'y discuter aucune question qui ne serait point portée à l'ordre du jour.

ART. 39. — Tout sociétaire qui continuerait de troubler l'ordre après avertissement du président, serait exclu de la société.

ART. 40. — Tout sociétaire qui voudra soumettre à l'assemblée une motion ou une observation devra l'adresser au président, par écrit et en la motivant, avant le 25 décembre.

Le comité, sauf l'approbation du bureau syndical, a tout pouvoir pour régler l'ordre du jour.

ART. 41. — Le président peut toujours convoquer l'assemblée générale. Cette convocation est obligatoire dans la huitaine lorsqu'elle est demandée au président par lettre motivée, signée du tiers des membres du comité ou de la moitié des sociétaires ne jouissant pas encore de leur pension de retraite.

ART. 42. — En cas de dissolution du syndicat, la société continuerait d'exister.

Le fonds de réserve lui appartiendrait.

Le président et les patrons, membres du comité, seraient nommés par les patrons qui consentiraient à verser eux-mêmes les cotisations dont le syndicat se charge actuellement.

ART. 43. — La société ne peut se dissoudre avant 50 ans, hors le cas de force majeure.

La dissolution ne peut être prononcée qu'à la majorité des trois quarts des sociétaires et des membres honoraires convoqués *ad hoc*.

Les pensionnaires ne prennent point part au vote.

ART. 44. — Le fonds social sera attribué à un ou plusieurs établissements charitables, publics ou privés, par décision des patrons et des membres du comité réunis.

ART. 45. — Le dimanche le plus près du 15 juillet, il sera dit, chaque année, une messe pour les membres et bienfaiteurs défunts de la société.

ART. 46. — Le bureau syndical et le comité réunis interpréteront les statuts et décideront, sans appel, dans tous les cas imprévus.

ART. 47. — Toute modification aux présents statuts devra être consentie par les deux tiers des sociétaires et approuvées par l'autorité.

ART. 48. — Les présents statuts ont été approuvés par l'assemblée générale, réunie au siège du Syndicat de l'Industrie Roubaisienne (1).

CAISSE DE RETRAITE

des Prévoyants de l'Industrie et du Commerce Roubaisiens

Fondée le 17 septembre 1894.

Approuvée par arrêté préfectoral en date du 17 octobre 1894 (2)

STATUTS

CHAPITRE PREMIER

But de la société

ARTICLE PREMIER. — Il est formé, entre les adhérents aux présents statuts, une société de retraite.

Le but de la société est de constituer uniquement une pension

(1) En 1897, la caisse Saint-Henri comptait 20 sociétaires (12 hommes, 8 femmes); les versements se sont élevés à 1.550 fr., dont 143 fr. de cotisations patronales; rentes, 110 fr. 40.

(2) Cette caisse, ouverte à tous les ouvriers, employés et petits commerçants, est due à l'initiative de quelques employés de Roubaix.
Désireux d'en faciliter l'accès à tous leurs ouvriers, les patrons du syndicat demandèrent quelques modifications aux statuts; ce qui leur fut accordé par l'assemblée générale de la société, le 26 mars 1895.
Depuis lors, chaque patron syndiqué intervient pour un tiers dans la cotisation simple de tous ses ouvriers, hommes ou femmes, adhérant à la caisse de retraite, et pour les enfants, de cinq à treize ans, des ouvriers syndiqués. Un patron paie même les cotisations entières pour ses ouvriers de treize à dix-huit ans.

de retraite à tous ses membres participants, conformément au décret réglementaire du 26 avril 1856.

Tout sociétaire s'engage à se conformer aux présents statuts.

CHAPITRE II

Raison sociale

ART. 2. — La Société a pour titre : *Les Prévoyants de l'Industrie et du Commerce Roubaisiens.*

Sa durée est illimitée.

Son siège social est fixé à Roubaix.

CHAPITRE III

Composition de la société

ART. 3. — La société se compose de membres honoraires, de membres participants et de membres pensionnaires.

ART. 4. — Les membres honoraires sans distinction d'âge, de sexe, ni de domicile, sont admis définitivement par le conseil d'administration ; ils renoncent à tous les avantages de la société.

Est membre honoraire toute personne prenant l'engagement de verser une cotisation annuelle de 2 francs au minimum, et peut devenir, à toute époque, membre honoraire perpétuel toute personne faisant un versement unique de 200 francs.

Le titre de membre d'honneur pourra être donné à toute personne qui aura contribué à la prospérité de la société et pour services exceptionnels.

Cette nomination sera ratifiée par l'assemblée générale.

ART. 5. — Un sociétaire peut être membre honoraire et membre participant en même temps ; dans ce cas, son titre de membre honoraire ne lui enlève aucun droit à la pension.

ART. 6. — Les membres participants sont ceux qui ont droit à tous les avantages assurés par la société, en échange du paiement régulier de leur cotisations et sous la condition expresse de se conformer aux présents statuts.

ART 7. — Les membres pensionnaires sont ceux qui, ayant

rompli les conditions exigées par les statuts ou règlement, reçoivent une pension de retraite.

ART. 8. — Peuvent faire partie de la société, les hommes, les femmes et les enfants âgés de cinq ans au moins.

ART. 9. — Pour être membre participant, il faut être présenté par un sociétaire, et se faire inscrire à une recette ou à une assemblée.

ART. 10. — Tout candidat, à son inscription, devra justifier de ses nom, prénoms, âge et domicile ; âgé de moins de vingt-un ans, il sera inscrit comme mineur ; pour ce qui concerne les mineurs, se reporter à l'article 13.

ART. 11. — Les membres participants sont admis en assemblée générale, à la majorité des voix et au scrutin ; tout membre inscrit et dont l'admission ne serait pas ratifiée par l'assemblée rentrera en possession des sommes qu'il aurait versées, déduction faite des frais qu'il aurait occasionnés.

ART. 12. — La cotisation est fixée à un franc par mois.

Tout sociétaire peut prendre à son inscription, ou à diverses époques, de une à cinq cotisations.

ART. 13. — Afin de faciliter l'admission des enfants et des jeunes gens dans la société, il a été dressé les tableaux ci-après qui leur serviront de marche pour leurs cotisations.

Jusqu'au 1er janvier 1898, les sociétaires âgés au moins de cinquante ans pourront obtenir leur pension de retraite après quinze ans de sociétariat et au moins soixante-cinq ans d'âge. Le paiement de leurs cotisations sera réglé par le tableau n° 4 (1).

ART. 14. — Chaque sociétaire s'engage : 1° à payer régulièrement d'avance ses cotisations mensuelles ; 2° à remplir les fonctions qui lui seraient imposées par le bureau ou par l'assemblée.

ART. 15. — En outre de sa cotisation, il devra payer à son inscription, un franc pour le livret et, dans les six mois qui suivront, un droit d'adhésion fixé à un franc par cotisations souscrites.

ART. 16. — Les cotisations devront être payées au siège de la société tous les deuxièmes dimanches de chaque mois. Le conseil pourra désigner d'autres lieux de recettes.

(1) Modification votée par l'assemblée générale du 26 mars 1894.

ART. 17. — Les sociétaires qui n'auraient pas payé le deuxième dimanche du mois, seraient passibles d'une amende de 0 fr. 15 c. par chaque cotisation en retard. Au bout d'une année, il sera fait comme il est dit à l'article 21.

Les cotisations pourront toujours être versées par anticipation, mais il ne sera tenu compte d'aucun intérêt.

En cas de décès d'un sociétaire, sauf dispositions contraires de sa part, les sommes versées par anticipation, seront remboursées sans aucun intérêt au veuf ou à la veuve ou aux enfants mineurs seulement, qui devront produire, dans les six mois, l'acte de décès et un certificat de propriété dans les conditions déterminées par la loi du 28 floréal an VII. Passé ce délai, les fonds seront acquis à la société.

ART. 18. — Tout sociétaire devra déclarer son changement de domicile au secrétaire, à la première recette qui suivra le déménagement, sous peine d'une amende de un franc.

ART. 19 — Tout sociétaire qui, pour cause de maladie, chômage ou autres motifs, se trouverait dans l'impossibilité reconnue par le comité, de remplir ses engagements, pourra, sur une demande écrite au président, obtenir sursis et délai pour s'acquitter de l'arriéré sans encourir la radiation ; néanmoins il devra, tous les trimestres, payer les amendes encourues. Les délais accordés par le conseil et ratifiés par l'assemblée ne pourront jamais excéder une année ; l'autorisation devra en être renouvelée tous les trois mois. Tout sociétaire aura toujours la faculté de diminuer le nombre de ses cotisations ; mais les cotisations abandonnées seront déchues de leur droit à la pension.

Le sociétaire devra continuer ses versements pour une cotisation au moins.

Le sociétaire sollicitant un délai et ayant plusieurs cotisations devra dire pour quelle quantité de cotisations il continuerait à verser.

A l'expiration des délais accordés, tout sociétaire devra s'être acquitté entièrement ; dans le cas contraire, il se verrait déchu de ses droits par l'application de l'article 21.

ART. 20. — Tout membre présentant un mineur sera considéré comme son tuteur. Il devra toujours l'aider et l'éclairer de ses conseils pour le conserver et maintenir ses droits dans la société.

CHAPITRE IV

Démission — Radiation — Exclusion

ART. 21. — La radiation sera demandée par le bureau pour les membres en retard d'une année de leurs cotisations.

ART. 22. — L'exclusion sera proposée par le bureau après enquête :

1º Pour condamnation infamante ;

2º Pour préjudices causés volontairement à la société;

3º Pour tout acte contraire à l'honneur.

La radiation et l'exclusion sont prononcées en assemblée générale à la majorité relative sans discussion.

ART. 23. — La démission par écrit d'un sociétaire est toujours acceptée.

La radiation, l'exclusion et la démission ne donnent droit à aucun remboursement des sommes versées à la société.

Toutefois les titres de rentes viagères constituées conformément au décret du 26 avril 1856 en faveur des membres participants démissionnaires, radiés ou exclus, leur restent acquis.

ART. 24. — Tout sociétaire atteint par les articles 21 et 22 sera prévenu par deux lettres, la première avant la recette et la deuxième avant la réunion du conseil, qui précède l'assemblée générale où la radiation sera prononcée.

La demande de radiation pourra ne pas être maintenue pour le sociétaire qui, à l'ouverture de la séance, se présenterait pour mettre son compte au pair.

ART. 25. — Tout sociétaire rayé des contrôles par application de l'article 21, aura six mois pour adresser une demande de réintégration dans la société. Pour l'obtenir, il devra acquitter, non seulement la dette ancienne, mais aussi les condamnations et les amendes encourues depuis sa radiation ; passé ce délai de six mois, il ne pourra rentrer dans la société que comme nouveau sociétaire, sans pouvoir prétendre au bénéfice des sommes antérieurement versées.

CHAPITRE V

Fonds social

ART. 26. — Le fonds social se compose :

1° Des droits d'adhésion payés par les membres participants;

2° Des cotisations des membres participants ;

3° Des cotisations des membres honoraires ;

4° Du produit des amendes ;

5° Des fonds placés et des intérêts échus ;

6° Des dons et legs dont l'acceptation a été approuvée par l'autorité compétente ;

7° Des subventions accordées par l'Etat, le Département et la Commune.

ART. 27. — Les fonds en caisse ne pourront jamais excéder 500 francs ; l'excédent est placé en compte-courant à la Caisse des dépôts et consignations et à la Caisse d'épargne au nom distinctif : *Les Prévoyants de l'Industrie et du Commerce roubaisiens*.

ART. 28. — Le Conseil décide en assemblée mensuelle de l'emploi des fonds.

La situation financière est affichée dans la salle des assemblées et communiquée aux membres honoraires, participants ou pensionnaires qui en font la demande.

CHAPITRE VI

Pensions de retraite

ART. 29. — La société accorde une pension de retraite à tous ses membres participants.

Les membres pensionnaires se composent de deux catégories.

1re catégorie. — Sont compris dans cette catégorie les membres participants ayant accepté le règlement des cotisations d'après le tableau n° 1. Ces membres devront avoir vingt-cinq ans de sociétariat et soixante ans d'âge au moins.

2me catégorie. — Sont compris dans cette catégorie les membres participants ayant accepté le règlement des cotisations d'après le tableau n° 2. Ces membres doivent avoir vingt ans de sociétariat et soixante ans d'âge au moins.

3me catégorie. — Sont compris dans cette catégorie, les membres participants ayant accepté le règlement des cotisations d'après le tableau no 4. Ces membres devront avoir quinze ans de sociétariat et soixante-cinq ans d'âge au moins (1).

ART. 30. — Les sociétaires sont tenus d'être à jour de leurs versements mensuels six mois avant d'avoir droit à la retraite, autrement la liquidation de leur pension sera reculée d'autant de mois qu'ils en auront en retard à cette époque.

ART. 31. — Conformément aux articles 6 et 8 du décret du 26 avril 1856, la quotité de la pension viagère est fixée par l'assemblée générale sur la proposition du bureau ; elle ne peut être inférieure à 30 francs par cotisation, ni excéder le décuple de la cotisation annuelle.

Toutefois, suivant que les ressources de la société le permettront, il sera créé un supplément de pension sur les fonds libres.

Les amendes ne sauraient, en aucun cas, augmenter la mise de chacun, quoiqu'elles soient perçues tous les mois avant la cotisation.

ART. 32. — Le sociétaire possesseur de plusieurs cotisations prises à diverses époques et n'ayant de droit acquis à la pension que pour l'une d'elles, devra tout en touchant la pension liquidée, continuer à payer pour les autres cotisations jusqu'à ce qu'il soit en droit de prétendre à la pension pour ces dernières.

ART. 33. — Si par suite d'augmentation des bénéfices du fonds social, les nouvelles pensions à servir sont d'une quotité supérieure à celle des pensions ouvertes pendant les années précédentes, il est accordé en faveur de ces dernières un supplément, de façon à toujours maintenir l'uniformité entre les pensions.

ART. 34. — Les pensions sont établies et liquidées conformément à l'article 32, à dater du premier jour des trimestres suivants : 1er janvier, 1er avril, 1er juillet, 1er octobre. Les arrérages sont soldés au Trésor public les 1er mars, 1er juin, 1er septembre et 1er décembre. (Loi du 12 août 1876).

ART. 35. — La pension est servie, partie par la Caisse nationale des retraites, partie par la caisse des fonds libres de la société conformément à l'article 31 paragraphe 2. Elle est incessible, insaisissable, et imprescriptible en ce qui concerne la part servie par la Caisse nationale des retraites jusqu'à concurrence de 360 francs.

(1) Modification votée par l'assemblée générale du 26 mars 1895.

ART. 36. — Le président adresse à M. le Préfet : 1° L'extrait de la délibération de l'assemblée, contenant le vote et la quotité de la pension viagère, la mention de la date de l'admission du membre participant et l'indication de l'état-civil, de la profession du candidat et du département dans lequel devront être payés les arrérages; 2° L'acte de naissance délivré gratuitement sur papier libre et certifié par le maire,

ART. 37. — Après le décès du pensionnaire, le président transmet à M. le Préfet l'extrait, délivré gratuitement sur papier libre, de l'acte mortuaire, pour la réintégration, au fonds de retraite de la société, en exécution de l'article 4 du décret du 26 avril 1856, des fonds affectés à la constitution de la pension. Les arrérages dus au décès du titulaire d'une pension viagère sont payés à ses héritiers sur la production du titre, appuyé de l'extrait de l'acte de décès et d'un certificat de propriété dans les conditions déterminées par la loi du 28 floréal an VII.

Les pensions payées sur les fonds libres de la société, conformément à l'article 31, ne seront réglées qu'au titulaire de la pension ou sur la présentation de son certificat de vie et au siège de la société.

ART. 37 bis. — Les membres participants devenus infirmes ou incurables avant l'âge fixé par les statuts pour être admis à la pension de retraite, pourront obtenir un secours, déterminé chaque année par le bureau et approuvé par l'assemblée générale, suivant les ressources de la caisse, et à prélever sur les fonds libres (1).

Il en serait de même pour tout sociétaire arrivé à l'âge de cinquante-cinq ans, ayant au moins vingt ans de sociétariat d'après le tableau n° 1, ou quinze ans au moins d'après le tableau n° 2, qui se trouverait dans un état d'incapacité de travail reconnue par le comité.

De ces secours seront toujours déduites les cotisations à verser par le sociétaire jusqu'au moment de son admission à la retraite.

CHAPITRE VII

Administration de la société

ART. 38. — La société est administrée par un conseil composé

(1) Modification votée par l'assemblée générale du 26 mars 1895.

d'un président, de deux vice-présidents, d'un trésorier, d'un secrétaire, d'un trésorier-adjoint, et de cinq administrateurs.

Ces fonctions sont gratuites.

Nul ne peut être élu membre du bureau, s'il n'est Français et s'il ne jouit de ses droits civils et civiques. Les membres du bureau seront choisis parmi les membres honoraires, participants ou pensionnaires, habitant les cantons de Roubaix, Tourcoing et Lannoy.

Tout candidat devra être connu quinze jours avant l'assemblée et sa demande écrite devra être adressée au bureau qui lui en remettra récipissé.

Tous les membres du bureau sont élus en assemblée générale ; ils sont indéfiniment rééligibles. Ne peuvent prendre part au vote les femmes et les mineurs.

ART. 39. — Le président est élu au scrutin secret pour cinq ans, conformément aux décrets du 18 juin 1864 et 27 octobre 1870 ; il est élu à la majorité absolue des suffrages, au second tour de scrutin il sera élu à la majorité relative.

Le procès-verbal de l'élection du président est transmis immédiatement au Préfet.

ART. 40. — Les autres membres du conseil sont également nommés par l'assemblée générale, à la majorité absolue des membres votants, et au second tour de scrutin à la majorité relative.

La durée de leurs fonctions est de trois ans.

Il est pourvu au commencement de chaque année au remplacement des membres du bureau démissionnaires ou décédés.

ART 41. — Le président a pour mission de diriger les débats, de veiller à l'exécution des statuts et d'assurer par son dévouement le développement de la société.

Il adresse chaque année, à l'autorité compétente, le compte-rendu prescrit par l'article 20 du décret du 26 mars 1852.

Il est chargé de la police des assemblées, il signe tous les actes, arrêtés ou délibérations et représente la société dans tous ses rapports avec l'autorité publique. Il donne les ordres pour les réunions de bureau et les convocations des assemblées générales.

Les vice-présidents secondent le président dans toutes ses fonctions et le remplacent en cas d'empêchement. En cas d'absence du président et des vice-présidents, le membre le plus âgé du bureau les remplacera.

Art. 42. — Le trésorier fait les recettes et les paiements et les inscrit sur un livre de caisse coté et paraphé par le président ; à chaque assemblée générale, il présente le compte-rendu de la situation financière.

Il est responsable de la caisse contenant les fonds et les titres de la société. Il paie sur mandat visé par le président et marqué du cachet de la société.

Il délivre aux sociétaires, au moment de leur inscription, des cartes ou livrets, sur lesquels il constate le paiement des cotisations.

Il opère le placement ou le déplacement des fonds sur un ordre signé du président et du secrétaire, indiquant la somme dont le placement ou le déplacement doit être opéré.

Les reçus, les reconnaissances, sont déposés dans la caisse. L'adjoint au trésorier supplée le trésorier dans ses fonctions.

Art. 43. — Le secrétaire est chargé de la rédaction des procès-verbaux, de la correspondance, de la convocation, de la conservation des archives.

Il tient le registre-matricule des membres de la société et présente au bureau les demandes d'admission.

Le secrétaire-adjoint supplée le secrétaire dans ses fonctions.

Art. 44. — Les receveurs pourront être choisis par le bureau parmi les membres participants ; ils sont chargés de recevoir les cotisations et sont responsables de leur recette, laquelle devra être remise entre les mains du trésorier dans les vingt-quatre heures.

Les receveurs qui auront négligé leurs devoirs seront passibles d'une amende de 0 fr. 50 c. prononcée en réunion de comité.

Art. 45. — Le bureau se réunit tous les mois et chaque fois qu'il est convoqué par le président.

Les receveurs pourront être convoqués par le président dans le sein du conseil. Est passible d'une amende de 0 fr. 50 c. tout membre du bureau qui, sans avoir prévenu le président, aura manqué à une réunion.

Il est interdit aux membres du bureau de se servir de leur titre en dehors des fonctions qui leur sont attribuées par les statuts.

Art. 46. — La société se réunit en assemblée générale deux fois par an pour entendre les rapports sur la situation et se prononcer sur les questions qui lui sont soumises par le bureau.

7

Le président peut en outre convoquer l'assemblée générale d'office, en cas d'urgence ; la convocation est obligatoire si elle est demandée par le quart des membres.

Tout membre participant ayant voix délibérative, absent à l'assemblée générale, sera passible d'une amende de 0 fr. 25 c. Cette amende sera double pour les administrateurs (1).

Les excuses en cas d'absence aux assemblées générales ne seront valables que par écrit.

ART. 47. — Toute discussion politique, religieuse ou étrangère au but de la société est interdite dans les réunions du bureau et de la société.

CHAPITRE VIII

Police et discipline

ART. 48. — Le règlement concernant la police des séances est arrêté par les soins du bureau ; néanmoins, aucune peine pécuniaire autre que celles fixées par les statuts, ne peut être établie que par l'assemblée générale.

Tout sociétaire qui se présentera en état d'ivresse ou qui troublera l'ordre dans une réunion sera prié de se retirer ; s'il refuse d'obéir au règlement, il sera passible d'une amende de cinq francs et au besoin il pourra être exclu définitivement de la société.

Tout membre qui prendra la parole sans l'avoir obtenue ou qui interrompra le membre qui a la parole sera passible d'une amende de vingt-cinq centimes.

ART. 49. — Tout membre qui prononcera des paroles injurieuses au bureau sera passible d'une amende de un franc ; en cas de récidive, il pourra être exclu de la société.

ART. 50. — Les amendes sont exigibles avant la cotisation.

CHAPITRE IX

Dispositions diverses

ART. 51. — Tout sociétaire appelé au service militaire actif est relevé de tous ses devoirs envers la société ; son compte est suspendu ; s'il ne reprend pas ses versements six mois après sa libération, il sera rayé conformément à l'article 21.

(1) Modification votée par l'assemblée générale du 26 mars 1895.

Il sera tenu de compléter ses cotisations par des versements supplémentaires, ou sa rente sera reculée d'autant de mois ou d'années qu'il y aura eu de cotisations en retard.

Ne peuvent bénéficier de ces dispenses que les sociétaires qui auront prévenu immédiatement le secrétaire et produit les pièces justifiant leur appel sous les drapeaux.

Art. 52. — Un tronc sera placé dans la salle des réunions pour recevoir les offrandes qui seront distribuées tous les ans aux sociétaires sous les drapeaux.

Art. 53. — Les dames sociétaires ont la faculté d'assister aux assemblées générales, mais elles ne peuvent prendre part ni aux discussions, ni aux délibérations. Elles ne peuvent dans aucun cas remplir d'emplois administratifs.

Art. 54. — Les pensionnaires ont les mêmes droits que les sociétaires.

Art. 55. — Les sociétaires sont priés de faire tout leur possible pour procurer un emploi aux membres participants sans travail.

Tous les membres participants et pensionnaires sont tenus de payer annuellement 0,50 c. pour frais de gestion.

CHAPITRE X

Modification — Dissolution — Liquidation

Art. 56. — Toute proposition tendant à modifier les statuts doit être remise au bureau qui juge s'il y a lieu d'y donner suite.

Aucune modification ne peut être acceptée qu'en assemblée générale et à la majorité des membres ayant voix délibérative.

Si l'assemblée n'est pas en nombre suffisant, elle est de nouveau convoquée, et ses décisions sont valables, quel que soit le nombre des membres présents.

La dissolution ne peut être prononcée qu'en assemblée générale spécialement convoquée à cet effet et par un nombre de voix égal aux deux tiers des membres inscrits ayant voix délibérative.

Les modifications et dissolution ne sont valables qu'après l'approbation de l'autorité compétente.

En cas de dissolution, la liquidation s'effectuera suivant les conditions prescrites dans les articles 6 et 17 du décret du 14 juin 1851, 15 du décret du 26 mars 1852 et 3 du décret du 26 avril 1856.

Roubaix, le 1er novembre 1894.

CHAPITRE XI

Assurance en cas de décès [1]

ART. 57. — Une caisse spéciale pour l'assurance collective en cas de décès est annexée à la Caisse de retraites.

ART. 58. — Par suite de cette création, au décès de tout membre participant ayant trois mois de présence dans la société, une somme de cent francs sera versée à sa famille.

Pour garantir ce versement, la société contractera avec l'Etat et d'après le décret du 26 mars 1852 une assurance collective en cas de décès.

ART. 59. — Pour profiter de cet avantage, les membres participants auront à payer une cotisation supplémentaire de 0 fr. 10 c. par mois.

Toute année commencée est due à partir du 1er janvier.

En cas de retard de trois mois dans le paiement de cette cotisation spéciale, au moment du décès, la somme de cent francs reviendrait de droit à la Caisse de retraites de la société.

ART. 60. — Les membres participants perdent leur droits à cette indemnité en devenant membres pensionnaires. Toutefois, en cas de décès d'un membre pensionnaire avant que ce dernier n'ait reçu cent francs de rente en une ou plusieurs fois, la société s'engage à verser à la famille de ce membre la différence entre le montant des rentes touchées et la somme de cent francs assurée.

ART. 61. — A partir de cinquante ans les membres participants seront tenus de payer la cotisation correspondant à leur âge et d'après le tarif fixé par l'Etat.

Roubaix, le 20 février 1895.

(1) Addition aux statuts votée par l'assemblée générale du 26 décembre 1894.

TABLEAU N° I

Cotisations à verser pour obtenir une pension de retraite à 60 ans (après 25 ans au moins de sociétariat).

AGE au premier versement	DURÉE DES VERSEMENTS	VERSEMENT par MOIS
5 ans.	de 5 à 25 ans. . . . . de 25 à 55 ans. . . . . de 55 à 60 ans.	» 25 » 50 1 »
6 ans.	de 6 à 24 ans. . . . . de 24 à 55 ans. . . . . de 55 à 60 ans.	» 25 » 50 1 »
7 ans.	de 7 à 23 ans. . . . . de 23 à 55 ans. . . . . de 55 à 60 ans.	» 25 » 50 1 »
8 ans.	de 8 à 22 ans. . . . . de 22 à 55 ans. . . . . de 55 à 60 ans.	» 25 » 50. 1 »
9 ans.	de 9 à 21 ans. . . . . de 21 à 55 ans. . . . . de 55 à 60 ans.	» 25 » 50 1 »
10 ans.	de 10 à 20 ans. . . . . de 20 à 55 ans. . . . . de 55 à 60 ans.	» 25 » 50 1 »
11 ans.	de 11 à 19 ans. . . . . de 19 à 55 ans. . . . . de 55 à 60 ans.	» 25 » 50 1 »
12 ans.	de 12 à 18 ans. . . . . de 18 à 55 ans. . . . . de 55 à 60 ans.	» 25 » 50 1 »
13 ans.	de 13 à 17 ans. . . . . de 17 à 55 ans. . . . . de 55 à 60 ans.	» 25 » 50 1 »
14 ans.	de 14 à 16 ans. . . . . de 16 à 55 ans. . . . . de 55 à 60 ans.	» 25 » 50 1 »
15 ans.	de 15 à 55 ans. . . . . de 55 à 60 ans.	» 50 1 »
16 ans.	de 16 à 54 ans. . . . . de 54 à 60 ans.	» 50 1 »
17 ans.	de 17 à 53 ans. . . . . de 53 à 60 ans	» 50 1 »
18 ans.	de 18 à 52 ans. . . . . de 52 à 60 ans.	» 50 1 »

AGE au premier versement	DURÉE DES VERSEMENTS	VERSEMENT par MOIS
19 ans.	de 19 à 51 ans.	» 50
	de 51 à 60 ans.	1 »
20 ans.	de 20 à 50 ans.	» 50
	de 50 à 60 ans.	1 »
21 ans.	de 21 à 49 ans.	» 50
	de 49 à 60 ans.	1 »
22 ans.	de 22 à 48 ans.	» 50
	de 48 à 60 ans.	1 »
23 ans.	de 23 à 47 ans.	» 50
	de 47 à 60 ans.	1 »
24 ans.	de 24 à 46 ans.	» 50
	de 46 à 60 ans.	1 »
25 ans.	de 25 à 45 ans.	» 60
	de 45 à 60 ans.	1 »
26 ans.	de 26 à 44 ans.	» 50
	de 44 à 60 ans.	1 »
27 ans.	de 27 à 43 ans.	» 50
	de 43 à 60 ans.	1 »
28 ans.	de 28 à 42 ans.	» 50
	de 42 à 60 ans.	1 »
29 ans.	de 29 à 41 ans.	» 50
	de 41 à 60 ans.	1 »
30 ans.	de 30 à 40 ans.	» 50
	de 40 à 60 ans.	1 »
31 ans.	de 31 à 39 ans.	» 50
	de 39 à 60 ans.	1 »
32 ans.	de 32 à 38 ans.	» 50
	de 33 à 60 ans.	1 »
33 ans.	de 33 à 37 ans.	» 50
	de 37 à 60 ans.	1 »
34 ans.	de 34 à 36 ans.	» 50
	de 36 à 60 ans.	1 »
35 ans.	de 35 à 60 ans.	1 »

TABLEAU N° II

Cotisations à verser pour obtenir une pension de retraite à 60 ans et plus (après 20 ans minimum de sociétariat).

AGE au premier versement	DURÉE DES VERSEMENTS	VERSEMENT par MOIS
36 ans.	de 36 à 44 ans. . . . . de 44 à 60 ans.	» 75 1 50
37 ans.	de 37 à 43 ans. . . . . de 43 à 60 ans.	» 75 1 50
38 ans.	de 38 à 42 ans. . . . . de 42 à 60 ans.	» 75 1 50
39 ans.	de 39 à 41 ans. . . . . de 41 à 60 ans.	» 75 1 50
40 ans. et au-dessus.	de 40 à 60 ans.	1 50

TABLEAU N° III

Cotisations à verser pour obtenir une pension de retraite à 60 ans (après 15 ans minimum de sociétariat).

AGE au premier versement	DURÉE DES VERSEMENTS	VERSEMENT par MOIS
41 ans.	de 41 à 49 ans . . . . de 49 à 60 ans.	1 25 2 50
42 ans.	de 42 à 48 ans. . . . . de 48 à 60 ans.	1 25 2 50
43 ans.	de 43 à 47 ans. . . . . de 47 à 60 ans.	1 25 2 50
44 ans.	de 44 à 46 ans. . . . . de 46 à 60 ans.	1 25 2 50
45 ans. et au-dessus.	de 45 à 60 ans.	2 50

TABLEAU N° IV

*Cotisations à verser pour obtenir une pension de retraite à 65 ans
et plus (après 15 ans minimum de sociétariat).*

AGE au premier versement	DURÉE DES VERSEMENTS	VERSEMENT par MOIS
46 ans.	de 46 à 54 ans. . . . . de 54 à 65 ans.	1 25 2 50
47 ans	de 47 à 53 ans. . . . . de 53 à 65 ans.	1 25 2 50
48 ans.	de 48 à 52 ans. . . . . de 52 à 65 ans.	1 25 2 50
49 ans.	de 49 à 51 ans. . . . . de 51 à 65 ans.	1 25 2 50
50 ans. et plus.	de 50 à 65 ans.	2 50

CAISSE MUTUELLE DE RETRAITE

de la Maison HEYNDRICKX

Fondée le 1ᵉʳ août 1896, en faveur de 19 de ses ouvriers trop âgés
pour entrer dans la Société des *Prévoyants de l'Industrie
et du Commerce Roubaisiens.*

STATUTS

CHAPITRE PREMIER

Dénomination — Siège — Durée

ARTICLE PREMIER. — Il est formé entre les soussignés une
association de secours mutuels conformément à la loi.

ART. 2. — L'association prend le nom de : *Mutualité Maison
Heyndrickx.*

Son siège est fixé à Roubaix, rue Fosse-aux-Chênes, 36.

Il pourra être changé par le conseil d'administration.

Ladite association commencera dès ce jour. Elle prendra fin le jour du décès du dernier de ses membres ayant droit à la retraite.

ART. 3. — La société a pour objet de recueillir et faire fructifier par l'accumulation des intérêts les sommes versées par les associés et les subventions de MM. Heyndrickx, en vue d'assurer à ses membres, et, en cas de prédécès, à leurs femmes, une pension de retraite.

ART. 4. — L'association permet la division en trois catégories.

Les membres de ces diverses catégories paieront une cotisation annuelle de, savoir :

Ceux de la première, cent francs, et pendant cinq ans seulement.

Ceux de la deuxième, soixante-douze francs, et pendant dix ans.

Ceux de la troisième, soixante francs, et pendant douze ans.

CHAPITRE II

Fonds social. — Paiement des cotisations

ART. 5. — Chacun des sociétaires s'engage à verser régulièrement sa cotisation annuelle, soit en une seule fois, soit en douze paiements égaux, le premier de chaque mois.

A défaut de paiement exact, le sociétaire en retard pourra être exclu par le conseil d'administration. Tout sociétaire peut sortir de l'association en notifiant sa volonté par une lettre dont il lui sera accusé réception.

Dans ces divers cas, il perd tous droits à la pension et aux sommes versées,

Il en sera de même en cas de décès, en célibat ou en viduité.

Toutefois, si, par suite d'incapacité de travail, un sociétaire devait suspendre ses paiements, l'assemblée générale décidera dans quelles mesures il serait possible de lui venir en aide, soit en lui remboursant les paiements effectués, soit en lui versant une rente proportionnelle à l'importance des sommes versées.

ART. 6. — Les décisions de l'assemblée générale seront souveraines et sans appel à ce sujet.

ART. 7. — Les reçus des versements de fonds devront porter trois signatures : 1° celle du secrétaire-trésorier ; 2° celle du sociétaire administrateur ; 3° celle de l'un de MM. Heyndrickx.

ART. 8. — De leur côté, MM. Heyndrickx s'obligent solidairement, afin d'augmenter le chiffre des pensions dont il vient d'être parlé, à verser, chaque année, à compter de l'expiration du premier exercice, pour faire le premier versement à ladite époque, les intérêts d'une somme égale au double des cotisations versées depuis la fondation par les sociétaires jusqu'audit jour.

Étant bien entendu que pour ce calcul d'intérêt, lesdites cotisations devront être totalisées chaque année.

Le taux desdits intérêts qui seront acquis définitivement à l'association sera toujours au moins égal au taux produit par les capitaux versés à l'association et placés par elle.

Dans le cas où, à l'expiration des termes fixés pour la cessation du paiement des cotisations des sociétaires participants, les intérêts produits ne suffiraient pas à assurer le service d'une pension de trois cents francs à chaque sociétaire y ayant droit, ou de cent cinquante francs à chaque veuve de sociétaire, MM. Heyndrickx s'obligent solidairement à continuer à subventionner ladite association jusqu'à concurrence d'une somme qui ne pourra, en aucun cas, dépasser le dernier versement effectué par eux.

Les versements cesseront de plein droit :

a) En cas de dissolution de l'association ;

b) Du jour où le nombre des sociétaires serait réduit dans une proportion telle que les survivants aient une pension supérieure à trois cents francs.

ART. 9. — Chaque sociétaire recevra un livret nominatif qui indiquera :

Ses nom, prénoms, domicile, date de naissance ;

Ceux de sa femme ;

L'époque à laquelle il aura droit à la pension ;

Les versements effectués et, plus tard, le quantum de la pension ;

Les statuts de la société.

CHAPITRE III

Pensions

ART. 10. — Le droit à la pension partira, selon la catégorie à laquelle appartiennent les sociétaires, du jour de l'échéance des cinq, dix ou douze années dont il a été parlé plus haut.

Le montant de la pension sera fixé par l'assemblée générale.

Il sera déterminé par le montant des intérêts produits par les cotisations et par les subventions de MM. Heyndrickx et par les intérêts desdits intérêts et cotisations.

ART. 11. — La pension sera payée mensuellement et d'avance, le premier de chaque mois.

ART. 12. — En cas de prédécès d'un sociétaire avant d'être pensionné, sa veuve aura la faculté de payer la moitié de la cotisation annuelle de son mari, pour avoir droit à la moitié de la pension qui aurait été allouée à son dit mari.

ART. 13. — En cas de prédécès du mari étant pensionnaire, sa pension sera reversée, à concurrence de moitié, au profit de sa veuve.

ART. 14. — La pension cessera, de plein droit, en cas de remariage de ladite veuve.

ART. 15. — En cas de remariage d'un des sociétaires, sa femme n'aura aucun droit à la pension.

ART. 16. — Lors de l'extinction de la pension, ni le pensionnaire, ni ses ayants-cause ne pourront rien réclamer à ladite association, soit pour arriérés, soit pour cotisations versées.

CHAPITRE IV

Administration

ART. 17. — L'association est dirigée et administrée par un conseil composé de quatre membres. Deux seront pris parmi les sociétaires et désignés par eux.

Les deux autres seront toujours, l'un de MM. Heyndrickx, et M. le Président de la Société de retraite des Prévoyants de l'Industrie et du Commerce Roubaisiens.

ART. 18. — La direction pourra être confiée à un directeur ou à un administrateur délégué.

ART. 19. — Les sociétaires administrateurs sont nommés pour un an par l'assemblée générale.

ART. 20. — Les membres sortants sont rééligibles.

ART. 21. — En cas de décès, de démission ou d'absence prolongée d'un ou de plusieurs de ses membres, le conseil peut se compléter provisoirement : son choix devra être ratifié par l'assemblée suivante.

ART. 22. — Les délibérations du conseil seront valablement prises à la majorité des voix.

La voix de M. le Président de la Société de retraite des Prévoyants de l'Industrie et du Commerce Roubaisiens, sera prépondérante.

Le conseil nomme lui-même son bureau.

ART. 23. — Il a les pouvoirs les plus étendus.

Il prendra toutes décisions dans l'intérêt de la société.

Les délibérations sont signées par le bureau.

ART. 24. — Les administrateurs ne seront responsables que de l'exécution de leur mandat.

CHAPITRE V

Contrôle

ART. 25. — Chaque année, les sociétaires, M. le Président de la Société des Prévoyants de l'Industrie et du Commerce Roubaisiens, et l'un de MM. Heyndrickx, désigneront un délégué qui sera chargé de contrôler, huit jours avant l'assemblée annuelle, les livres de comptabilité, et d'examiner toutes les pièces et situations intéressant la société.

Il présentera, en outre, à l'assemblée, un rapport sur la situation financière de l'association.

CHAPITRE VI

Assemblée générale.

ART. 26. — L'assemblée générale régulièrement constituée représente l'universalité des sociétaires.

ART. 27. — Elle se compose de tous les sociétaires. MM. Heyndrickx et M. le Président de la Société de Retraite des Prévoyants de l'Industrie et du Commerce Roubaisiens feront toujours partie de l'assemblée.

L'assemblée générale ordinaire est convoquée par le conseil d'administration, chaque année, dans le courant du mois de septembre.

L'assemblée générale se réunit en outre, extraordinairement, toutes les fois que le conseil d'administration en reconnaît l'utilité.

Les assemblées générales ordinaires et extraordinaires sont convoquées huit jours au moins à l'avance, par lettres adressées aux sociétaires.

L'assemblée ordinaire est valablement constituée lorsque les intéressés, présents par eux-mêmes ou par mandataires, représentent les trois quarts des sociétaires vivants.

Dans le cas où une assemblé générale ne réunirait pas les conditions nécessaires, une nouvelle convocation sera faite à quinzaine de la manière sus-indiquée, et les décisions seront valables, quel que soit le nombre des sociétaires représentés, pourvu qu'elles ne portent que sur les objets mis à l'ordre du jour de la première réunion.

Les délibérations sont prises à la majorité des voix.

Chaque sociétaire aura une voix.

ART. 28. — L'assemblée générale ordinaire et extraordinaire est présidée par le président du conseil d'administration, et, en cas d'empêchement, par le membre désigné par le conseil à cet effet.

Le secrétaire est désigné par le bureau.

ART. 29. — L'ordre du jour est arrêté par le conseil d'administration.

Il n'y est porté que les propositions émanant du conseil d'administration et celles qui auraient été communiquées au conseil lui-même cinq jours au moins avant la réunion, avec la signature de trois membres de l'assemblée.

Il ne peut être mis en délibération que les objets portés à l'ordre du jour.

L'assemblée générale ordinaire entend les rapports des administrateurs et du contrôleur sur la situation de ladite association, sur le bilan et sur les comptes.

Elle discute et, s'il y a lieu, approuve les comptes.

Elle nomme les sociétaires administrateurs à remplacer et le délégué ou commissaire de contrôle.

Elle nomme un secrétaire-trésorier chargé de la comptabilité générale, des procès-verbaux, des circulaires, convocations et avis divers.

Elle délibère et statue souverainement sur toutes les questions non prévues aux présents statuts, ou qui ne sont pas du ressort du conseil d'administration, et lui confère tous les pouvoirs supplémentaires qui seraient reconnus utiles.

Elle détermine le quantum des pensions.

ART. 30. — Les délibérations des assemblées générales ordinaires ou extraordinaires sont constatées par des procès-verbaux inscrits sur un registre spécial et signés par les membres du bureau, ou, au moins, par la majorité d'entre eux. Les copies ou extraits de ces procès-verbaux à produire partout où besoin sera, seront signés par le président du conseil ou par le membre qui le remplacera.

CHAPITRE VII

Emploi des fonds — Scellés — Inventaire

ART. 31. — Les fonds encaissés seront employés, par les soins du conseil d'administration, conformément aux décisions de l'assemblée générale tenue en septembre de chaque année.

Dans le cas où la vente, l'échange, la réalisation des biens, valeurs et droits acquis, ainsi qu'il vient d'être dit, deviendraient nécessaires, ils auraient lieu en conformité des décisions de l'assemblée générale.

ART. 32. — Aucun sociétaire ne peut, sous quelque prétexte que ce soit, provoquer l'apposition des scellés sur les valeurs de l'association, ni en demander le partage ou la licitation.

CHAPITRE VIII

Modification — Juridiction

ART. 33. — En cas de dissolution, l'assemblée générale fixera le mode de liquidation et désignera le ou les liquidateurs. Le reliquat sera versé aux fonds libres de la Caisse de Retraite des Prévoyants de l'Industrie et du Commerce Roubaisiens.

Il en sera de même du capital restant au décès du dernier survivant des sociétaires.

ART. 34. — Aucune modification aux présentes ne pourra être apportée qu'à l'unanimité des voix des sociétaires.

Art. 36. — Toutes les contestations relatives à l'application des présents statuts seront soumises au juge de paix du siège social, auquel les sociétaires font expressément attribution de juridiction, suivant les règles de compétence.

CAISSE DE GRATIFICATION ANNUELLE

de la Maison HEYNDRICKX

Fondée le 1er août 1886 en faveur des ouvriers ayant au moins dix ans de présence à l'usine.

Cette caisse, exclusivement alimentée par les patrons, accorde aux ouvriers qui ont

de dix à quinze ans de présence. . .	25 francs.
de quinze à vingt ans » . .	50 francs.
plus de vingt ans » . .	100 francs. (1)

---

(1) Du 1er août 1886 au 1er janvier 1898, il a été accordé 52.525 francs de gratifications.

SOCIÉTÉ DE CONSOMMATION SAINT-MARTIN

Fondée en 1890

STATUTS

CHAPITRE PREMIER

But de la société

ARTICLE PREMIER. — Une société de consommation est établie au siège du *Syndicat de l'Industrie Roubaisienne* en faveur des ouvriers dudit syndicat qui adhèreront aux présents statuts. (1)
Elle a pour but :

1º De procurer à ses membres, à plus bas prix moyennant paiement comptant chez les fournisseurs désignés, les objets de consommation.

2º D'obvier, autant que possible, aux gênes momentanées, au moyen d'une réserve que chacun des membres devra, pour son compte, constituer par une retenue sur ses bénéfices.

Les conditions de remboursement de cette réserve sont indiquées à l'article 24.

CHAPITRE II

Admission et exclusion

ART. 2. — La société se compose de membres participants ou sociétaires et de membres honoraires.

ART. 3. — Pour faire partie des membres sociétaires, il faut en faire la demande et donner de suffisantes garanties d'honorabilité.

ART. 4. — L'admission et l'exclusion sont prononcées par le conseil d'usine si les candidats appartiennent aux usines syndiquées ; par le bureau central s'ils sont étrangers aux usines du syndicat.

ART. 5. — L'admission et l'exclusion ne sont d'ailleurs définitives qu'après ratification du bureau syndical.

_____

(1) Les ouvrières faisant partie de la société de secours mutuels Notre-Dame peuvent aussi participer aux avantages de la société de consommation.

Art. 6. — Les membres exclus ou démissionnaires peuvent être réintégrés dans la société s'ils en expriment le désir ; mais seulement au bout d'un an, et, à la condition de déposer en rentrant une somme égale à celle qui leur avait été remise au moment de leur sortie.

CHAPITRE III

Administration

Art. 7. — La société est administrée sous le contrôle du bureau syndical, par des conseils d'usines et par un bureau central.

Art. 8. — Le conseil d'usine comprend : le patron comme président, à son défaut le syndic employé, un vice-président et six assesseurs choisis parmi les sociétaires.

Art. 9. — Tout membre du conseil quittant son usine sera remplacé dans le conseil à sa prochaine réunion.

Art. 10. — Le bureau central se compose d'un directeur choisi par le bureau syndical parmi les membres du syndicat, ou même en dehors du syndicat s'il y a lieu, et de six assesseurs par les ouvriers et employés vice-présidents des conseils d'usine.

Art. 11. — Le bureau central admet ou exclut directement les ouvriers qui feraient groupe syndical en dehors des groupes d'usines syndiquées.

Il reçoit communication des désirs et des réclamations relatifs au but proposé par l'intermédiaire des conseils d'usine.

Il détermine les marchandises pour lesquelles on usera de fournisseurs privilégiés et choisit ces fournisseurs privilégiés, sauf approbation du bureau syndical.

Il traite avec les fournisseurs pour déterminer le prix et la qualité des marchandises.

Il tient les comptes généraux de la société et approuve les comptes particuliers des divers conseils d'usine.

Il sert d'intermédiaire entre les groupes d'usine et le bureau syndical pour l'admission et l'exclusion définitives des sociétaires, et dans toutes les circonstances où le bureau syndical trouverait à exercer son contrôle.

Le bureau central se réunit au moins une fois tous les trois mois.

Art. 12. — Les conseils d'usine se réunissent tous les mois.

8

Ils admettent et excluent provisoirement les sociétaires de leurs usines respectives.

Ils reçoivent et transmettent au bureau central les demandes et réclamations des sociétaires de l'usine.

ART. 13. — La durée du mandat, tant pour le bureau central que pour les conseils d'usines est de quatre ans. Les membres sont renouvelables par moitié de deux en deux ans.

Ils sont rééligibles. Le sort désignera la première série des membres sortants.

CHAPITRE IV

Fonctionnement de la société

ART. 14. — Les fournisseurs sont désignés par le bureau central qui pourra s'inspirer des désirs et des recommandations des conseils d'usine.

ART. 15. — Les fournisseurs discutent avec le représentant du syndicat les conditions de vente et le taux de la remise à faire par eux à la société de consommation.

ART. 16. — Ils se pourvoient de jetons au bureau central et versent en même temps le montant des remises qu'ils ont consenties.

ART. 17. — Pour avoir droit à la diminution de prix et à l'escompte, les acheteurs doivent payer comptant. Leurs versements seront inscrits sur un livret dont ils seront porteurs. Ils recevront du marchand un jeton d'une valeur déterminée quand l'importance de leurs achats aura atteint le chiffre correspondant à cet escompte.

ART. 18. — Les jetons seront rapportés au siège du syndicat, et serviront à établir le compte des bénéfices des sociétaires

ART. 19. — Le bureau central établira tous les six mois les bénéfices de chaque sociétaire.

ART. 20. — A la répartition des bénéfices, la moitié (50 0/0) de ce qui revient aux sociétaires leur sera ou versée par l'intermédiaire du comptable de leur établissement respectif, ou portée en compte à la caisse d'épargne de l'établissement.

ART. 21. — Le surplus jusqu'à concurrence de 50 francs restera au bureau central pour former une réserve.

ART. 22. — Toutefois il sera permis de porter cette réserve à la somme de 150 francs. Lorsque ce maximum sera atteint, une somme de 100 francs sera remboursée aux sociétaires (1).

Les sociétaires ne pourront constituer leur réserve que par la retenue prélevée sur les bénéfices. Ils seront admis cependant à la compléter plus promptement par l'abandon d'une plus grande part de leur bénéfice.

ART. 23. — La réserve produira le même intérêt qu'à la caisse d'épargne.

ART. 24. — Les sociétaires momentanément malheureux pourront, pour continuer les paiements comptants, recevoir tout ou partie de cette réserve, mais seulement après décision favorable du conseil d'usine.

ART. 25. — S'ils exigeaient le remboursement en dehors de ces conditions, ils seraient considérés comme démissionnaires.

ART. 26. — Les sociétaires à qui la réserve aurait été remboursée, seront tenus de la reconstituer le plus tôt possible.

---

(1) Cette rédaction de l'article 21 et du premier paragraphe de l'article 22 a été votée en assemblée générale le 30 mai 1897.
La précédente rédaction portait :
ART. 21. — Le surplus jusqu'à concurrence de 100 fr. restera au bureau central pour former une réserve.
ART. 22. — En aucun cas, alors même que les sociétaires en témoigneraient le désir, cette réserve ne pourra excéder la somme de 100 francs.

BOULANGERIE COOPÉRATIVE " L'UNION "

Fondée le 1er décembre 1892 (1)

RÈGLEMENT

1° La société a pour but de fournir le pain aux conditions les meilleures de prix et de qualité.

2° Elle n'emploie que des farines chimiquement pures et de qualité supérieure.

Les farines sont analysées et les résultats de l'analyse sont affichés dans les locaux de la société.

3° Pour être adhérent il suffit de se faire inscrire, sans avoir aucune somme à verser.

- Les adhérents reçoivent un livret sur lequel est inscrit, chaque semaine, le nombre de jetons qui leur est délivré.

Les adhérents reçoivent trimestriellemet chez eux une carte qui constitue un extrait de leur compte. Cette carte mentionne le nombre de jetons délivrés et la somme à laquelle l'adhérent a droit.

Cette somme est payable aux bureaux de la société pendant un mois chaque trimestre, tous les jours, excepté les dimanches et jours fériés, et sans la moindre retenue.

4° Les pains sont délivrés contre des jetons. Les jetons sont remis à domicile tous les dimanches. Les personnes absentes le dimanche peuvent se procurer les jetons pour pains, tous les

(1) La pensée première du syndicat avait été de s'adresser à un certain nombre de boulangers qui fourniraient le pain avec une remise de prix justifiée par l'importance des fournitures et le paiement au comptant.

En 1890, trente boulangers furent convoqués, dix seulement vinrent à la réunion, quelques-uns offrirent un rabais de 4 °/₀, quatre consentirent à une remise de 0 fr. 05 par pain de trois livres, juste ce qui est accordé aux pensions ouvrières, et sur ces quatre un seul satisfit les intéressés. Aussi ne fut-il livré, en 1891, que 1.968 pains, et, en 1892, que 1.111, donnant une remise totale de 153 fr. 95.

Les ouvriers se plaignirent et déclarèrent que si le syndicat ne fondait pas de boulangerie, ils s'adresseraient aux boulangeries coopératives, qui distribuaient à leurs clients de 20 à 30 °/₀ de bénéfices en fin d'année.

Les patrons constituèrent donc une société commerciale appelée *l'Union*, qui fonda une boulangerie coopérative ouverte le 1er décembre 1892, rue des Longues-Haies, 90. En constituant cette société, ils renoncèrent à tout dividende et firent l'abandon de l'intérêt de leurs capitaux engagés, afin de permettre à la boulangerie de fournir gratuitement du pain aux sociétaires exceptionnellement malheureux.

jours de la semaine, auprès des porteurs ou dans les locaux de la société.

5° Les adhérents peuvent, s'ils le préfèrent, payer leur pain en argent aux porteurs de la société. Ceux-ci leur remettent alors un jeton de ristourne pour chaque pain, et les adhérents sont tenus de rapporter au siège de la société, avant la fin de chaque trimestre, tous les jetons de ristourne en leur possession, qui servent dès lors à établir leur compte de remise.

6° Les clients sont instamment priés de faire parvenir à la boulangerie toutes les réclamations au sujet du pain, des porteurs de jetons ou porteurs de pain. Il y est donné suite le jour même.

7° Afin d'éviter tout retard dans le service des distributions, les clients sont priés de faire connaître leurs changements de domicile par écrit, au siège de la société.

Les timbres-poste sont remboursés aux clients qui remplissent cette formalité.

8° La société accorde une somme de 50 francs, en cas de décès du titulaire, depuis un an au moins, d'un livret accusant une consommation minimum de 100 pains par trimestre.

9° Elle garantit le poids de ses pains ; les porteurs sont munis de balances à l'effet de peser le pain lors de la remise, si l'adhérent le désire, et ils ont ordre de remplacer immédiatement le manquant constaté (1).

SOCIÉTÉ IMMOBILIÈRE *L'UNION*

La société commerciale l'*Union*, qui a fondé la boulangerie coopérative de ce nom, a construit, en 1894, dans le quartier du Hutin, un groupe de vingt-huit habitations ouvrières, appelé *Cité Saint-Henri*, en mémoire de M. Henri Dubar-Ferrier.

Elle a émis des obligations de 100 francs rapportant 4 °/₀ nets d'impôts, dont la souscription a été réservée aux membres du syndicat.

---

(1) La boulangerie l'*Union* comptait, au 1er janvier 1898, 9.584 adhérents. En 1897, son chiffre d'affaires a été de 817.115 fr. 05. Elle a vendu 1.875.128 pains d'un poids total de 2.768.000 kilogrammes, et payé 172.477 fr. 05 de remises à ses adhérents.

SOCIÉTÉS D'ÉPARGNE ou SOCIÉTES DE VINGT

Plusieurs sociétés d'épargne, appelées *Sociétés de Vingt*, parce qu'elles n'acceptent pas plus de vingt membres, ont été formées par des membres du syndicat pour faciliter à chacun d'eux l'achat exclusif, en son nom, d'obligations de la société immobilière *l'Union* sur les maisons construites par les membres du syndicat.

STATUTS

ARTICLE PREMIER. — Une société d'épargne est fondée au siège du Syndicat mixte de l'Industrie roubaisienne sous le titre de Société Saint-***

Sa durée est de cinq années à partir du ...

Le nombre des membres ne pourra excéder vingt et ils devront tous faire partie du syndicat.

ART. 2. — Elle a pour but principal de favoriser l'épargne de ses membres et de leur procurer un placement sûr et avantageux, par l'achat exclusif, en leur nom, d'obligations de la société *l'Union*, émises pour la construction des maisons réservées aux membres du syndicat.

ART. 3. — La commission se composera d'un président, d'un vice-président, d'un secrétaire et d'un trésorier.

ART. 4. — Les versements des sociétaires s'effectueront le dernier dimanche du mois, à cinq heures précises.

Le membre qui ne peut se rendre à la recette mensuelle devra se faire remplacer par un collègue à qui il confiera son livret.

ART. 5. — Il y aura tous les trois mois une assemblée générale et obligatoire.

Cette assemblée sera valablement constituée, quel que soit le nombre des présents, et les membres absents ne pourront élever aucune réclamation contre les décisions qui y seront prises.

ART. 6. — Le versement sera constaté par l'inscription de son montant sur le livret individuel du sociétaire. Cette inscription sera faite par le secrétaire qui devra la faire suivre de la signature.

ART. 7. — Le choix des achat ou vente des obligations se discute en assemblée générale ; en cas de parité la voix du président sera prépondérante.

ART. 8. — Tout sociétaire se retirant volontairement avant la fin d'une période de vingt mois n'aura droit qu'au montant de son capital versé sans intérêt et ne participera pas aux bénéfices réalisés par la société ; mais s'il y avait perte il lui en serait tenu compte.

ART. 9. — Si dans un tirage une de nos obligations sortait avec un lot, le bénéfice net restant après l'achat d'une valeur destinée à remplacer celle sortie, serait partagé au prorata des sommes versées par chaque sociétaire et porté immédiatement à leur compte respectif.

ART. 10. — Si un associé se trouve dans l'impossibilité de faire des versements, il en sera dispensé et, en cas de besoin, il pourra se faire rembourser une partie du capital versé, sans cependant toucher aux fonds placés. La commission sera juge de la façon dont le remboursement s'effectuera. Il pourra se faire par à-comptes hebdomadaires.

Les bénéfices réalisés par la somme retirée resteraient dans la caisse de la société jusqu'à la fin des vingt mois.

ART. 11. — En cas de décès d'un associé, l'actif de la société sera dressé et, sur la demande des héritiers, la part du sociétaire décédé leur sera remise. — Si le membre défunt a un fils faisant partie du syndicat celui-ci pourra continuer son compte ; dans le cas contraire cette faveur sera réservée à la veuve après avis favorable du bureau syndical. Les intéressés devront prévenir la société de ce qu'ils désirent faire afin qu'elle puisse statuer par un vote.

ART. 12. — L'inventaire des bénéfices sera fait tous les dix mois au prorata des sommes versées par chaque membre, mais ils ne seront payés qu'à l'expiration de la société.

ART. 13. — Les cotisations sont facultatives. La mise mensuelle est de un franc dix au minimum et de cinq francs cinquante au maximum.

Les membres qui se trouvent en retard dans le paiement de leurs cotisations, ne peuvent, pour se mettre à jour, verser plus du double de la cotisation maximum.

ART. 14. — L'obligation ne sera donnée au sociétaire qu'après vingt mois de sociétariat pour une obligation de cent francs.

Les fonds pourront être placées en compte courant à la Société l'*Union*, au taux de 4 % l'an.

> ART. 15. — Les membres du syndicat qui demanderont à faire partie de la société quand elle aura atteint le chiffre de vingt sociétaires, seront admis à verser leurs cotisations et auront un compte séparé. Dès qu'il y aura onze adhérents, ils formeront un groupe à part, éliront leur bureau et solliciteront l'autorisation du bureau syndical.

CAISSE D'ÉPARGNE

de la Maison DUBAR-DELESPAUL

Établie le 1ᵉʳ janvier 1897 (1)

RÈGLEMENT

ARTICLE PREMIER. — Tous les ouvriers et ouvrières travaillant dans l'usine peuvent faire des versements à la caisse d'épargne dite d'usine.

ART. 2. — Les versements aussi minimes que l'on désire, sont inscrits sur de petits livrets personnels au fur et à mesure des paiements.

ART. 3. — Un livret est complet quand il atteint la somme de 100 francs.

ART. 4. — Quand un livret est complet, la somme de 100 francs est versée à la caisse d'épargne de la ville au nom de l'ouvrier.

ART. 5. — L'ouvrier dont le livret complet a été versé à la caisse d'épargne de la ville, au taux d'intérêt qu'elle donne (actuellement 3 1/4 %) peut recommencer un nouveau livret et arriver ainsi plusieurs fois à avoir un livret complet.

ART. 6. — Le taux d'intérêt est fixé à 4 % l'an, et ne pourra être modifié sans en avoir prévenu six mois à l'avance chaque intéressé.

(1) Pour encourager les jeunes ouvriers à profiter de cette caisse d'épargne, la maison a ajouté une bonification de 1 fr. à tout dépôt, si minime qu'il fût, effectué dans les huit premiers jours de fonctionnement par des ouvriers ou ouvrières non mariés. La Sœur attachée à l'usine recueille les dépôts chaque semaine.
En 1897, les sommes déposées se sont élevées à 1.431 fr. pour 70 livrets.

Art. 7. — Les remboursements se feront le lendemain du jour où ils auront été demandés.

Art. 8. — Deux dizainières et deux ouvriers du conseil d'usine seront chargés de veiller au bon fonctionnement de la caisse. C'est par leur intermédiaire que se feront les demandes de remboursements.

Art. 9. — Un employé sera chargé de la tenue des comptes, de la réception et des remboursements d'argent.

SOCIÉTÉ SAINT-LOUIS

ou

CAISSE DE PRÊT GRATUIT

de la Maison Louis CORDONNIER frères et Léon SCRÉPEL [1]

STATUTS

Article premier. — La caisse a pour but d'aider, par des prêts gratuits, les ouvriers et les employés faisant partie du syndicat mixte qui se trouvent momentanément dans le besoin.

L'emprunteur devra être dans l'usine depuis au moins six mois.

Art. 2. — La caisse ne prête qu'aux chefs de ménage.

Art. 3. — Le maximum des sommes prêtées ne pourra excéder cinquante francs.

Le prêt sera remboursé par partie à des échéances fixées d'un commun accord par le conseil et les emprunteurs.

Art. 4. — L'ouvrier qui voudra contracter un emprunt devra être recommandé par deux conseillers qui seront moralement ses répondants.

Art. 5. — Le conseil prononce en dernier ressort sur les demandes qui seront faites.

[1] Cette institution est l'œuvre exclusive des ouvriers.

ART. 6. — L'emprunteur signera une reconnaissance du prêt consenti.

ART. 7. — La caisse s'alimente :

1° Par les dons ou prêts des bienfaiteurs (1) ;

2° Par les cotisations des membres qui voudront faire partie de la société en versant deux francs par mois (intérêt 5 %).

ART. 8. — Les versements sont déposés à la caisse patronale.

ART. 9. — Les sociétaires qui ont versé leurs cotisations régulièrement depuis six mois, peuvent toujours recevoir immédiatement un prêt égal au moins au montant de leurs cotisations.

ART. 10. — Dans le cas où ils se retireraient de la société, ils ont droit à recevoir tout ce qu'ils auront versé si l'état de la caisse le permet, ou au moins une somme proportionnelle.

ART. 11. — L'exposé de la situation financière sera fait devant eux par le conseil à la salle des œuvres tous les trois mois.

ART. 12. — Ils sont invités chaque année à un banquet fraternel organisé par le conseil.

ART. 13. — Une messe sera dite tous les ans pour la prospérité de la société et pour les âmes des sociétaires défunts.

---

(1) L'usine cède à la société, au prix du cours de la laine au kilo, les pièces ayant quelque défaut, etc.

ALLOCATIONS DIVERSES DU SYNDICAT

I. — Naissances

Depuis le 2 décembre 1895, dix francs sont alloués aux ouvriers faisant partie, depuis deux ans au moins, du syndicat, à la naissance de leur troisième enfant, si les deux premiers sont vivants.

Si trois enfants sont vivants, quinze francs sont alloués à la naisssance de chacun des suivants.

Après le quatrième enfant, si l'aîné n'a pas treize ans accomplis, l'allocation subit une progression de cinq francs par enfant vivant.

II. — Militaires

1° *Armée active.* — Depuis 1895, chaque ouvrier syndiqué accomplissant son service militaire reçoit cinq francs le jour de l'assemblée générale du syndicat.

2° *Armée de réserve.* — Pendant la période de vingt-huit jours, tout ouvrier père de famille, syndiqué depuis un an au moins, reçoit une allocation de dix francs par enfant ou par orphelin pris en charge, si l'aîné n'a pas treize ans accomplis, et par ascendant âgé ou infirme.

3° *Armée territoriale.* — Pendant les périodes de treize jours, une allocation de cinq francs est accordée dans les mêmes conditions.

III. — Vieillards

Depuis le 5 octobre 1896, tout sociétaire âgé de soixante-dix ans révolus, habitant dans sa famille, à l'hospice civil ou chez les Petites-Sœurs des Pauvres, reçoit deux francs par mois.

IV. — Funérailles

Au décès des membres du syndicat une somme de trente francs est allouée pour un service, ou, si le défunt faisait partie d'une confrérie qui assure un service, une somme de vingt-cinq francs pour la célébration d'un obit. Lorsque cette dernière somme n'est pas entièrement dépensée, l'excédent est employé à faire célébrer des messes pour le défunt (1).

SECOURS EN NATURE

Le comité ouvrier d'études sociales signale au bureau syndical les familles nécessiteuses du syndicat et propose la nature des secours à leur accorder.

Depuis le 20 septembre 1897, tout chef de famille dont la moyenne de gain hebdomadaire (établie d'après les salaires totaux des six mois précédents) n'excède pas 4 fr. 50 par tête, est rangé de droit parmi les membres auxquels sont accordés les secours en nature.

Les veuves et orphelins des syndiqués ont droit à ces secours dans les mêmes conditions (2).

COMITÉS D'ÉTUDES SOCIALES

A la suite du congrès ouvrier chrétien tenu à Reims en 1893, un Comité ouvrier d'Etudes sociales a été formé. Il est composé des syndics ouvriers, de leurs suppléants, des vice-présidents des conseils d'usine de la société de secours mutuels et d'un conseiller étranger au syndicat ; il se réunit une fois par mois (3).

(1) En 1898, ces allocations ont été de 1,535 fr. pour les naissances, de 295 fr. 60 pour les militaires, de 186 fr. pour les vieillards et de 304 fr. 65 pour les funérailles.

(2) Ces secours en nature se sont élevés en 1897, à la somme de 2.751 fr. 70.
Dans la maison Wibaux-Motte, tout ouvrier, père d'au moins quatre enfants, qui est seul à gagner pour soutenir sa famille, reçoit, depuis le mois d'octobre 1896, une gratification de 1 fr. 50 par semaine et des secours spéciaux en cas de maladie.

(3) Sujets traités par le comité :
1893-94. — Formation ménagère des jeunes filles et formation professionnelle des jeunes garçons. — Construction d'habitations ouvrières. — Repos du dimanche. — Loi sur le travail des femmes et des enfants. — Accidents du travail.
1894-95. — Loi sur le travail des femmes et des enfants. — Repos du di-

Un comité semblable, composé des syndics employés et de leurs suppléants, a été créé en 1894.

CERCLE SYNDICAL SAINT-JOSEPH

En 1890, le syndicat a pris à son compte l'ancien cercle catholique d'ouvriers, établi Grand Rue, 126, pour en faire le centre de ses œuvres et offrir à ses membres un lieu de réunion ; il l'a transporté, le 1er octobre 1895, dans le local de l'ancien cercle Saint-Joseph, rue de la Paix, 22.

Le cercle syndical possède une *salle de conférences*, une *bibliothèque*, un *bureau de placement et de consultations* et diverses *sociétés récréatives*, à savoir :

La *Société chorale et dramatique Jeanne d'Arc*, fondée en 1893 et approuvé par arrêté préfectoral en date du 25 janvier 1895;

La *Société des Archers*, dont les fêtes principales sont : le lundi de Pâques, où des œufs sont joués entre tous les sociétaires; le lundi de la Pentecôte, avec tir à l'oiseau et prix d'après le nombre des oiseaux abattus ; la fête de Saint-Sébastien (20 janvier);

La *Société du Jeu de Boule*, dont les fêtes principales sont: le lundi de Pâques, le lundi de la Saint-Laurent et la fête de Saint-Paul (25 janvier);

La *Société du Jeu de Piquet*, qui interdit tout jeu d'argent et propose des prix ; fête patronale Saint-Jean-Baptiste (24 juin).

manche. — Assurance contre les accidents. — Epargne. — Règlement de location et répartition des maisons de la Cité St Henri.
1895-96. — Amendes. — Paiement du salaire des enfants. — Habitations ouvrières.
1896-97. — Produits pharmaceutiques — Secours d'hiver. — Projets d'une brasserie syndicale. — Habitations ouvrières. — Création d'un Conseil de conciliation et d'arbitrage.
1897-98. — Coupures d'obligations de la Société *l'Union*. — Réfutation des critiques adressées au syndicat. — Embauchage des syndiqués. — De la préférence à donner aux ouvriers français et aux anciens ouvriers. — Brasserie syndicale. — Caisse de chômage.

SECTION DES DÉCORÉS ET MÉDAILLÉS

Fondée le 2 novembre 1896

RÈGLEMENT

ARTICLE PREMIER. — Le but de la section est de former autour du drapeau du syndicat une garde d'honneur, d'affermir, par les rapports fraternels des membres, leur dévouement à la patrie et à l'Eglise, en avivant en eux les sentiments de foi, d'honneur et de patriotisme, enfin suivant les ressources de son budget, de soulager les infortunes passagères de ses membres et d'assister les confrères malades.

ART. 2. — Nul ne peut faire partie de la section s'il n'est membre du syndicat depuis trois mois au moins et s'il n'est présenté à la commission par deux membres de la section.

L'admission ne sera définitive que six semaines après la présentation.

Les membres sont tenus d'observer fidèlement le règlement, de favoriser toutes les œuvres du syndicat, d'assister, sauf empêchement majeur, aux assemblées générales, aux réunions civiles, aux cérémonies religieuses du syndicat, aux funérailles des membres défunts de la section, et à toute réunion où ils sont convoqués par le syndicat.

Tout membre absent deux fois à une réunion ou à une cérémonie, dans la même année, paiera une amende de 0 fr. 50.

ART. 3. — La section est placée sous la présidence d'honneur d'un des patrons du syndicat.

Son administration est confiée à 6 membres élus pour 4 ans, à la majorité des voix, par l'assemblée générale du syndicat.

La commission ainsi nommée désigne un président, 2 vice-présidents et un secrétaire-trésorier, tous pris dans son sein.

Elle est renouvelable par moitié tous les deux ans, la première moitié sortante devant être désignée par le sort.

Les membres sortants sont rééligibles (1).

(1) Le bureau formé en 1896 est composé d'un chevalier de St Grégoire-le-Grand (président d'honneur), et de décorés de la médaille militaire, de la médaille d'Italie, de la médaille du Tonkin, de la médaille coloniale et de la médaille du Travail et de l'Industrie.

ART. 4. — La Commission se réunit une fois par trimestre et chaque fois que le président le juge nécessaire.

ART. 5. — Pour subvenir aux frais de la section il sera perçu une cotisation de 3 fr. par an par membre actif. On cherchera à obtenir un certain nombre de membres honoraires, ainsi qu'une subvention annuelle du syndicat.

Chaque année une messe sera célébrée pour les membres de la section, vivants ou décédés ; elle sera suivie d'un banquet.

BULLETIN SYNDICAL

Depuis le 1er mai 1807, le *Dimanche*, bulletin des corporations lilloises, est distribué aux abonnés du syndicat de Roubaix avec une couverture spéciale, mentionnant les nouvelles de la semaine qui intéressent le syndicat.

Le *Dimanche*, avec ce commencement de *Bulletin syndical Roubaisien*, est adressé gratuitement aux membres du bureau syndical et aux membres des comités d'études sociales. Il est affiché dans toutes les usines du syndicat.

Caisses d'épargne. — Dots d'honneur pour les jeunes filles. — Pensions de retraites pour les vieux ouvriers. — Jubilés de 25 ans de travail. — Consultations hebdomadaires gratuites d'un médecin dans l'usine. — Conférences de Saint-Vincent-de-Paul composées d'ouvriers.

Ces institutions existent, sous des formes variables, dans plusieurs usines du syndicat (1).

(1) Dans la maison Heyndrickx, de 1890 à 1897 inclusivement, il a été accordé 35 dots d'honneur d'une valeur totale de 2.880 francs.
Dans la maison Louis Cordonnier frères et Léon Screpel, de 1894 à 1897, le chiffre des dots s'est élevé à 1.212 fr. 65.
Dans la maison L. Dubar et J. Declercq, quatre patrons font partie de la conférence de Saint-Vincent-de-Paul fondée en 1895 par les ouvriers.

INSTITUT TECHNIQUE ROUBAISIEN

ÉCOLE PROFESSIONNELLE DE FILATURE, TISSAGE ET TEINTURE

35, rue du Collège

Cette école, ouverte en octobre 1895, peut recevoir au maximum quatre-vingts élèves. (1)

PROGRAMME

I

SECTION DE FILATURE

Peignage de laine. — **Filature de laine et de coton**
Mécanique et Dessin de machines

PARTIE CHIMIQUE

Technologie. — Des *eaux* — leur importance pour les peignages — leur correction : par bassins, par bâches et filtres, par décanteurs : Desrumaux, Gaillet, Dervaux, Howatson, filtres Delhôtel. — Des *huiles* : provenance, variétés — propriétés — analyse des mélanges. — Des *potasses* et des soudes : fabrication, dosage, préparation des lessives. — Des *savons* : fabrication, propriétés, usages, analyse — des huiles de graissage — des huiles ou préparations d'ensimage pour laines cardées et peignées. — *Désuintage* : étude du suint — traitement du suint — fabrication de la potasse des peignages — vente, raffinage et analyse commerciale des potasses. — Du *lavage* ou dégraissage au savon et aux dissolvants : toluène, sulfure de carbonne — du lissage et des huiles de lissage — des charges.

Propriétés chimiques des fibres — de l'échardonnage chimique.

Pratique. — Conduite du service des eaux. — Analyse de

(1) Directeur M. l'abbé H. Vassart. — Une maison de famille est annexée à l'école.

désincrustants — analyse hydrotimétrique — conduite d'un appareil Desrumaux pour correction — analyse d'huiles et de potasses — fabrication de savon industriel — analyse d'un mélange de fibres dans les fils.

N. B. — Un laboratoire bien aménagé permet de faire tous ces exercices pratiques qui constituent la partie chimique du peignage.

PARTIE COMMERCIALE

Technologie. — *Matières textiles* : d'origine animale : soie, soie tussah ; laines de différentes provenances — poils : cachemire, chèvre, alpaga — d'origine végétale : coton, lin, chanvre, jute, ramie, phormium, soie artificielle, provenance de ces diverses fibres, variétés commerciales, qualités, commerce.

Des blousses — chiffons — déchets de fabriques — shoddy — renaissance.

Conditionnement des fibres textiles — conditionnement hydrométrique — de la reprise d'humidité — des conditions publiques — des appareils des conditions publiques — du décreusage — des essais de résistance des fibres ou des tissus au dynamomètre — du compteur d'apprêts ou des torsiomètres.

Numérotage ou titrage des fils de différentes fibres et dans les différents pays — relations entre les numéros français et étrangers.

Des mélanges de laines et de matières textiles différentes — avantages qui en résultent — difficultés dans la teinture et les apprêts.

Pratique. — Préparations de fibres pour observations microscopiques — exercices de conditionnement hygrométrique — détermination du titre ou du numéro d'un fil — détermination de sa résistance et de sa torsion.

N. B. — Des appareils appropriés : étuve de conditionnement, dynamomètres, balances, torsiomètres sont à la disposition des élèves pour l'étude pratique de ces questions spéciales si importantes pour le filateur et le négociant en filés.

PARTIE MÉCANIQUE

Technologie. — *a) Peignage et filature de laine.*
Triage. — *Désuintage* : par tonneaux — par le système

Richard-Lagerie — par la désuinteuse Malard — par le système Binet.

Lavage ou dégraissage : léviathan — colonne de lavage — traitement par les dissolvants volatils à récupérer — séchage — ensimage — corps lubrifiants, ensimeuses, données numériques.

Principes généraux de la filature.

Cardage : but — organes essentiels d'une carde, et rôle de chacun d'eux — montage et démontage, réglage d'une carde — des différentes espèces de cardes : briseuse, repasseuse, finisseuse, boudineuse ou continue — organes spéciaux — alimentation, données numériques — des garnitures de cardes, montage, débourrage, aiguisage des garnitures — défaut du cardage — de l'échardonnage mécanique.

Étirages : but, principes, calcul des étirages et productions — des étirages avant et après peignage : défeutreur, 2e passage, 3e passage ou machine de chute — doublage, écartements, pression : libre ou directe ou par leviers.

Torsions : but, machines, lois, applications — tors droit et tors gauche.

Lissage : but, organes d'une lisseuse, traitement des eaux de lissage.

Peignage : but, distinction entre les peignés et les cardés — organes essentiels d'une peigneuse — des peigneuses : Heilman, Schlumberger, Lister, Noble, Offerman — Gill-Box : but, organes essentiels — ses emplois en filature et en teinture.

Filage : Métier Mull-Jenny — renvideur ou self-acting — métier à filer dit continu — description des organes — continu à engrenages et à friction.

Fonctionnement et production — calculs pour les pignons d'étirage et de torsion pour un numéro déterminé — parallèle entre le renvideur et le continu, choix judicieux de l'un et de l'autre — données numériques relatives aux vitesses, torsions, production.

Retordage — métiers à retordre — fils moulinés et jaspés.

Mise en route d'un assortiment de laines.

b) Filature de coton.

Batteur-ouvreur — Batteur-nappeur — chargeuse automatique — cardes : à hérissons de Higgins, mixtes ou à chapeaux, simples — bancs d'étirage — peigneuses : Heilmann et Hubner — bancs à broches — métier renvideur et métier continu —

différents organes de ces machines, rôle de chacun d'eux, des vitesses relatives. de la production — de la broche et du mouvement différentiel.

Pratique. — Un matériel très important consistant principalement en batteur, ouvreuse, cardes, peigneuses, banc d'étirages et bancs à broches, continus pour la laine et pour le coton, renvideur de 120 broches pour la laine et de 224 broches pour le coton ; doubleuse, bobinoir, cannetière etc., permet aux élèves d'appliquer l'enseignement avec les machines d'atelier dans une vraie filature de laine et une vraie filature de coton. La section de la filature fait les filés pour la section de tissage et la section de teinture.

DESSIN DE MACHINES

La section de filature est sans contredit celle qui a le plus à compter avec le dessin de machines. C'est pourquoi il y a pour les élèves de cette section : d'abord une revision des principes de géométrie nécessaires pour comprendre les plans, coupes, épures de machines et de plus un grand nombre d'exercices pour apprendre à faire le croquis d'une machine ou d'un organe de machine et le dessin à l'échelle pour le moulage en fonderie ou l'exécution en fer ou en bois. Ces exercices pratiques de dessin porteront surtout sur les machines ou organes de machines se rapportant aux peigneuses, aux cardes, aux métiers de préparation, aux continus et aux renvideurs.

II

SECTION DE TISSAGE

**Etude des styles. -- Tissage artistique (ouvriers d'art).
Tissage industriel**

COURS SUR LES STYLES

Enseignement. — Du style en général dans la composition décorative — des caractères distinctifs de chaque style — des œuvres les plus remarquables se rattachant à chaque style — de la composition décorative dans ses rapports avec le génie des peuples aux diverses époques de leur histoire.

Antiquité : Styles égyptien, assyrien, grec, étrusque, gréco-romain, chinois, japonais, arabe, indou, moresque, persan.

Moyen-Âge : byzantin, roman, gothique.

Renaissance : de François Ier à Louis XIII.

Temps modernes : Louis XIV, Louis XV, Louis XVI, empire.

Travaux pratiques. — Exercices de composition décorative : reproduction à vue d'un modèle, dessiné par le professeur, comme type d'un style — invention et exécution d'un sujet de composition décorative dans des conditions déterminées de style, de destination et de dimensions - reconnaître et caractériser un style d'après des planches — du coloris de la composition — des conditions auxquelles doit satisfaire une esquisse pour qu'elle soit pratiquement réalisable en tissage.

COURS DE TISSAGE ARTISTIQUE

Technologie. — Classification des étoffes au point de vue du tissage.

Métier à tisser : ses organes essentiels — ses différentes espèces.

Tissage à la main : — métier à la marche.

Armures fondamentales : toile, sergé, satin.

Armures dérivées de la toile, du sergé, du satin : leur construction particulière — leurs noms techniques et pratiques — théorie générale des satins : réguliers, irréguliers, carrés et losanges. — Métier avec mécanique d'armures. — Armures composées : diagonale, torsade, épingline, cannelé oblique, serpentine, chevron — réduction au minimum du nombre de lames et de marches pour l'exécution d'un tissu (carte réduite).

Doubles étoffes : formant boyau, donnant deux pièces que l'on sépare après tissage, ou deux pièces à déployer après tissage pour doubler la largeur.

Double face : effet de chaîne, effet de trames (même grain) — tissus double face : toile, sergé, casimir, satin — tissus poche — tissus fourrés comme relief — fourrés effet trame — fourrés à épaisseurs multiples — tissus composés de divers motifs : effets de chaînes et effet de trames — rayure dite Pékin — Armure Basin tissus à bandes — rayures fourrées par la juxtaposition de plusieurs armures fondamentales — double face rayures (grains différents)

— effet de chaîne et trame sergé ou satin. — Damiers : doubles effets par sergés et satins — brillantés.

Armures casse-tête sur armures fondamentales — ombrés.

Tissus fantaisie : sergé et satin — rayure fond toile — des tissus rayés et quadrillés — amalgame de différentes armures sur bases fondamentales.

Tissus côtelines : sur tissus simples — sur tissus à jours (imitation du tour anglais).

Gaufrés, dits *Croquets* — côtes bombées.

Armures factices par la diversité de matière, de grosseur, et de couleur de fils.

Rayures chevrons et satin chaîne sur armure fondamentale trame.

Piqués à 3, 4 et 5 éléments : pour confection et ameublement.

Piqués reps : simple — 1/2 matelassé — matelassé — tissus bombés par flotté de trame à l'envers de l'étoffe.

Piqués losanges : simple — 1/2 matelassé — matelassé — piqué satin — piqué double face — piqué couverture ou courte-pointe.

Plis pour devants de chemises et garnitures : pli simple — pli crevé — pli avec ourlet et piqûre — pli double étoffe. — Tissu plissé, dit alicienne — alicienne effet froncé — rayure alicienne et cordonnet.

Métier à tisser à la Jacquard.

Description de la mécanique — et des différents organes.

Empoutage — son but, ses différents modes; empoutage suivi — à pointe — à pointe et bâtard — graphiques d'empoutage.

Colletage — pendage — nivelage — rentrage et remise au rôt.

Carton, lisage et piquage. — Correction des lectures — tracé géométrique de la charpente d'une composition — composition des dessins — de l'esquisse — moyens pour éviter les effets de barrage. — Calcul du module du papier quadrillé d'après la réduction d'un échantillon à reproduire — mise en carte — mise à la corde — lignes obliques, courbes, fondues ou ombrées.

Tissus brochés : broché sur tissu simple — broché sur tissus à jours : mousseline, mignonnettes, imitation de gaze — broché sur ameublement — plumetis ou feston — plumetis espoliné.

Tissus lancés : simples — à lats suivis — interrompus.

Etude des différents genres lyonnais — montage à corps et à

lisses — montage à plusieurs arcades au collet — montage à corps, plusieurs fils au maillon — montage par lisses de levées et à rabats — satins lancés : gros de Tours, brocatelles et lampas.

Velours : empoutage et montage des grands façonnés velours : ciselés — rayures — écossais — peluche — velours d'Utrecht — de Lyon — Créfeld — théorie de la coupe — velours en hauteur ou *astrakan* frisé et coupé — genre Tourcoing.

Gaze : simple et façonnée — gaze zéphir — damasssée, armurée, brochée *sans fils sœurs* — gaze fantaisie et à perle — gaze sans *pas dur* ou avec *fils sœurs* — montage, mise en carte et lecture des gazes.

Tapisserie décorative, genre Gobelins (haute lisse), Beauvais et Aubusson (basse lisse) — tapis noué — genre Savonnerie.

Pratique. — Exercices gradués d'analyse des différents genres de tissus : simples, doubles, fantaisie, façonnés ou artistiques — exercices de mise en carte des tissus décomposés ou d'un composition décorative — montage et exécution de la mise en carte.

N. B. — Des pieds à lire, un piquage accéléré (système Vincenzi), un piquage à plaque, un ourdissoir, une cannetière, des tréteaux de rentreurs, des métiers à la marche, à mécanique d'armures, à mécanique Jacquard sont à la disposition des élèves pour ces exercices pratiques, en correspondance avec les explications des cours.

COURS DE TISSAGE INDUSTRIEL.

Technologie. — *Etude des matières premières.* — Laine, coton, soie, lin, chanvre, jute ramie. — Caractères distinctifs de ces fibres — leurs nombreuses variétés — leur importance au point de vue commercial et au point de vue industriel — numérotages — conditionnement — décreusage — essai des fils.

Des différents tissus. — Choix des matières textiles à employer — des mélanges : leurs inconvénients, leurs qualités, leur manière de se comporter au foulage, à la teinture, aux apprêts.

De la retorderie. — Retordage de fils — métiers à retordre.

Du bobinage. — Son but — bobinoirs verticaux et horizontaux, comparaison entre les deux systèmes — formes différentes des bobines — réglage et production.

Ourdissage. — Son but, des différentes formes de métiers à ourdir — des ourdissoirs mécaniques les plus employés — production.

Encollage. — But — des préparations d'encollage — de leur emploi à chaud ou à froid — de leur conservation — production.

Empoutage. — Colletage, remettage ou rentrage et dressage — leur but et leurs différents modes.

Trame, doublage et retordage manuels — Trameuses ou cannetières, principes de la machine — divers types : à godets, sans godets et à casse-fils. — Mouillage : son but — appareils réalisant le mouillage et l'essorage des cannettes de trames.

Du métier à tisser en général — des différents genres de métiers, du métier mécanique — avantages et défauts du tissage mécanique — des mouvements que l'on retrouve dans le métier à excentrique, dans le métier à mécanique d'armures, dans le métier à mécanique Jacquard.

Vitesses des métiers mécaniques — calcul de la production et représentation par des épures de la marche du métier et des grandeurs de production.

Mécanique Jacquard : ses principes — sa description — ses transformations ; Vincenzi, Verdol.

Mécanique d'armures ou ratières. — Mécanique Nœudts. — Tissage à plusieurs navettes — révolver à six boîtes — métiers actuels à 12 boîtes.

Métiers pour draperie — mouvements de foule et de lançage dans les diverses types — des régulateurs d'enroulement et de déroulement — mouvement des boîtes — changement de navettes. — Tracé des excentriques pour toile, sergé, satin — Armures ou brefs des tissus simples. — Brefs réels et brefs figurés ou réduits des tissus composés.

Tissus double face — draperie — velours — tapis — ameublement — passementerie — dentelle — guipure. — Industries de Mulhouse, Rouen, Lyon, Roanne, Sedan, Elbœuf, Mazamet, Reims, Saint-Quentin, Calais, Caudry, Lille, Tourcoing, Roubaix.

Relations du fabricant avec les négociants en brut ou en filés, avec les peigneurs, les filateurs, les retordeurs, les teinturiers avant ou après tissage. — Réception des filés, chaîne et trame, ou des tissus.

Pratique. — Exercices nombreux de décomposition des tissus, avec mise en carte, montage, nuançage et tissage pour reproduction d'après échantillons avec calcul du prix de revient.

N. B. — Une doubleuse, un métier à retordre, un bobinoir, un ourdissoir, une encolleuse, des piquages, des métiers mécaniques permettent aux élèves de s'exercer à toutes les opérations d'un tissage industriel.

III

SECTION DE TEINTURE

Teinture et Apprêts. — Chinage, Vigoureux et Impressions Fabrication de colorants

COURS DE TEINTURE

Technologie. — *a*) *Blanchiment.* — Des eaux (hydrotimétrie, correction, épuration). — Des savons (matières premières, fabrication, analyse, emplois).—Alcalis (caustification) et alcalimétrie. — Acides et acidimétrie. — Chlore et chlorométrie. — Etude des fibres végétales et animales. — Blanchiment des fibres végétales et animales ; blanchiments classiques; blanchiments modernes; à l'ozone, à l'eau oxygénée, au chlorozone, au bioxyde de baryum, au permanganate de potasse, à l'électricité, procédé Mather et Thompson, blanchiment de la soie tussah.

b) *Teinture proprement dite.* — Historique de la teinture. — Procédés généraux de teinture. — Matériel de teinture. — Mordants et mordançage : des mordants en général ; des différents mordants d'alumine, d'antimoine, de chrome, de cuivre, d'étain, de fer, de manganèse, de nickel, de plomb, de zinc ; mordants organiques — corps improprement appelés mordants. — Recherche des mordants sur un échantillon de tissu — fabrication, analyse et impuretés des mordants.

Etude complète des matières colorantes minérales et organiques intéressant la teinture.

Applications sur fibres des matières colorantes minérales, organiques, naturelles et artificielles. — Teinture de la laine, de la soie, du coton, du chanvre, du lin, du jute, de la ramie, des fleurs, du papier, des plumes, des cuirs et des peaux, de la soie artificielle. — Hygiène des teintureries.

c) Questions spéciales. — Des couleurs : génération, classification, contrastes et harmonies.

Teinture mécanique de la laine en bobines et du coton en ruban de carde, ou en cannettes. — Des noirs d'aniline et du noir indégorgeable. — Des cuves à fermentation. — Du rouge de Rouen. — Genre des Gobelins. — Draperie militaire et draperie bourgeoise. — Nouveautés, vigoureux et bonneterie. — Ameublement, tapis, moquettes. — Tissus chaîne coton et tissus laine et soie en uni ou en double nuance.

Résistance des fibres avant et après teinture. — Solidité des différents genres de teinture aux agents physiques, chimiques et atmosphériques. — Accidents qui peuvent survenir dans la teinture et moyens de les prévenir ou d'y remédier.

d) Des apprêts. — Apprêts au point de vue chimique : amidon, fécule, dextrine, gélatine, glycérine, etc.

Des apprêts au point de vue mécanique : foulard pour gommer, tambours pour sécher, machines à griller, à lainer, à tondre, fouleuse, colonne à vaporiser, rames, presses, etc.

De la charge sur soie, laine, coton. — Conditionnement hygrométrique et décreusage. — Conditions publiques.

Exercices de teinture et d'apprêts. — Exercices méthodiques de teinture sur laine, sur soie, sur coton, en nuances directes et en nuances composées, conformes à l'échantillon. — Reproduction de gammes en coton, en laine de bonneterie. — Gammes fondamentales des Gobelins. — Cercles chromatiques de Chevreul.

Teintures conformes sur différentes fibres pour reproduction de carpettes, de tapis ou de tentures.

Préparation des tissus pour la teinture, exercices de teinture conformes à l'échantillon sur tissus de laine ou de coton ou de soie. — Teintures sur tissus de différentes fibres en uni ou en nuances différentes. — Apprêts des mêmes tissus : dégraissage, foulonnage, grillage, lainage, tondage, ramage, vaporisage, mise en cartons, pliage.

Recherches et analyses relatives aux fibres, aux teintures, aux apprêts et aux produits divers employés par les teinturiers et les apprêteurs.

COURS D'IMPRESSION

Technologie. — Considérations générales sur l'impression. — Epaississants, minéraux, végétaux et animaux. — Colorants minéraux, organiques, naturels et artificiels.

Procédés spéciaux d'impression sur filés (chinage).

Procédés spéciaux d'impression sur peigné (genre vigoureux).

Matériel d'impression. — Procédés généraux d'impression sur tissus : genre direct d'application, genre vaporisage, genre par mordançage et teinture, genre réserve ou résiste, genre enlevage, genre conversion.

Solidité aux agents physiques, chimiques et atmosphériques des différents genres d'impression.

Résistance des fibres avant et après impression.

Des apprêts des tissus imprimés. — Hygiène des ateliers. — Historique.

Du dessin et des styles pour la gravure des planches et rouleaux d'impression. — De l'harmonie des coloris et de l'esthétique dans la composition décorative.

Pratique. — *Manipulations d'impression.* — Impression sur peigné avec vaporisage, dégorgeage et passage aux gills pour vigoureux. — Impression sur fils, à la planche et à la machine en nuances unicolores et multicolores, touchées et non touchées pour chinage en tous genres — impression sur tissus ; enlevage par rongeants sur teintures minérales, enlevage sur bleu de cuve, bleu de cuve avec résiste, impression avec indigo blanc et avec indigo bleu. — Des garancés. — Genre vapeur appliqué aux couleurs naturelles et aux couleurs artificielles. — Genre conversion.

COURS DE FABRICATION DES MATIÈRES COLORANTES

Technologie. — a) *Introduction.* — Chimie organique, tétratomicité du carbone. — Analyse immédiate. — Analyse élémentaire. — Détermination des poids moléculaires des corps. — Détermination des formules brutes. — Formules de constitution. — Des types. — Des groupes fondamentaux ; hydrocarbures, alcools, aldéhydes, acides, éthers, acétones, quinones, amines, amides. — Isomérie de position : génération des matières colorantes, chromophores et chromogènes. — Classification des matières colorantes artificielles.

b) Préparation des matières premières. — Distillation sèche des matières organiques. — Distillation de la houille. — Distillation du goudron de houille. — Extraction et purification des benzines, des phénols, de la naphtaline, de l'anthracène.

Dérivés chlorés, bromés, nitrés par substitution ou par addition dans le noyau benzénique; chlorure et iodure de méthyle, trichlorure de benzyle (phénylchloroforme), tétrachlorure de naphtaline.

Sulfodérivés. — Théorie générale des sulfoconjugaisons. — Des dérivés nitrés et nitrosés.

Des alcools monoatomiques. — Des phénols monoatomiques : phénol proprement dit, crésylols, naphtols et dérivés sulfoconjugués. — Des alcools diatomiques. — Des phénols diatomiques : pyrocatéchine, résorcine, hydroquinone. — Des alcools triatomiques : glycérine. — Des phénols triatomiques : pyrogallol.

Des aldéhydes: aldéhydes éthylique et benzoïque.

Des acides : acides phtalique, gallique, dioxytartrique.

Des amines : monamines primaires : aniline, toluidines, xylidines, naphtylamines. — Monamines secondaires : diphénylamine, ditoluylamine, phényltoluylamine.—Monamines tertiaires : diméthylaniline, diéthylaniline, dibenzylaniline, méthybenzylaniline. — Sulfodérivés des amines : acides sulfanilique et naphtionique.

Des quinones : naphtoquinones, anthraquinone, quinonanilide.

Des acétones : tétraméthyldiamidobenzophénone.

c) Fabrication des matières colorantes. — Dérivés de la benzine : fuchsines (rubine, magenta, roséine), fuchsine acide, violets Hoffman, violets de méthyle, violets de Paris, violet phénylé, violets benzylés — violets de Paris 6 B — violet cristallisé (héxaméthylé), violet acide 6 B, bleu de Lyon à l'alcool, bleu de diphénylamine, bleu alcalin (Nicholson), bleu soluble, bleu Victoria, vert à l'aldéhyde, vert à l'iode, vert de diméthylaniline, vert malachite (victoria), vert brillant, vert liquide, vert acide, vert solide bleuâtre, citronine, aurantia, auramine, phosphine, flavaniline.

Dérivés de l'acide phénique : acide picrique, acide rosolique, aurine, coralline jaune, coralline rouge, grenat soluble de Casthelaz, jaune victoria. — Dérivés nitrosés de la résorcine.

Dérivés de la naphtaline : jaune de naphtol, jaune S, rose de Magdala, vert de naphtol.

Dérivés de l'anthracène : alizarines pour rouge et pour violet, orange d'alizarine, bleu d'alizarine, brun d'anthracène, noir d'alizarine (dénomination inexacte), alizarine Bordeaux, alizarine cyanine, vert d'alizarine, noir d'alzarine cyanine.

Série des phtaléines : éosine, érythrosine, safrosine, érythrine, chrysoline, galléine, céruléine, phloxines, rose Bengale, auréosines, rubéosines, primerose, rhodamines.

Dérivés azoïques : 1° colorants azoïques proprement dits : jaune acide (jaune solide ou de Graessler), chrysoïdine, vésuvine (brun de Bismarck), tropéoline Y, tropéoline O (chrysoïne de Poirrier), tropéoline D (orangé IV), tropéoline OOO N° 2 (orangé I), tropéoline OOO N° 1 (orangé II), tropéoline OOOO, roccelline (orselline, écarlate), rouges solides A, B, C, D, ponceaux R, G, 2 R, 2 G, 3 R, 3 G, rouge d'anisol, coccinine, bordeaux R, G, Substituts d'orseille, azofuchsines.

2° Colorants tétrazoïques : écarlate de Biebrick, ponceau de crocéine, chrysamine, rouge Congo, benzopurpurine, rosazurine, benzoazurine, azobleu, azoviolet, couleurs de Hesse, noirs : naphtol, naphtylamine, sulfones, diamines.

3° Colorants se rattachant aux azoïques : tartrazine, safranine, mauvéine, indulines, azocarmin, eurhodines, nigrisine, indophénol, gallocyanine, rouge de Saint-Denis, carnotine, bleu de méthylène, colorants de Lauth, primuline, polychromine, noir Vidal, noirs d'aniline.

Colorants non dérivés de la houille : murexide, acide aloétique, acide chrysammique, acide chrysophanique, cyanine (chinoline, lépidine, dispoline), acide rufigallique, galloflavine, cachou de Laval.

d) De la synthèse des colorants naturels. — Historique des matières colorantes artificielles.

e) Etude du matériel. — Presses hydrauliques, filtres-presses, bâches, cuves doublées de plomb, broyeurs, malaxeurs, mélangeurs, autoclaves, chaudières à sulfo conjugaisons, séchoirs, cristallisoirs, appareils à fabriquer la glace, appareils de distillation, rectification, sublimation.... etc.

f) Etude de projets de fabrication de matières colorantes artificielles.

g) Des méthodes analytiques. — Recherche sur la nature ou sur la valeur comparative des colorants. — Recherche des matières colorantes sur un échantillon de tissu.

Pratique. — *Manipulations du cours de fabrication de matières colorantes.* — Travail d'une distillerie de goudron : distillations fractionnées, lavages aux acides et aux alcalis, pressages à froid et à chaud, rectifications, sublimations, pour obtenir les benzines, le phénol, ia naphtaline et l'anthracène.

IV

ENSEIGNEMENT COMPLÉMENTAIRE

Commun aux trois sections

1° Morale individuelle et sociale

Cet enseignement a pour but d'affermir les convictions religieuses des jeunes gens, de leur montrer leurs devoirs et de poser les principes sur lesquels roulent les principales questions d'économie sociale. Il comprend dans ses grandes lignes : nécessité d'une religion — divinité de la religion chrétienne — de la vraie Eglise ou de l'Eglise catholique — Credo — décalogue — des devoirs et des vertus — du travail — de l'épargne — du capital — association du travail et du capital — du salaire — des syndicats professionnels.

2° Mécanique appliquée

Ce cours a pour but de faire comprendre aux élèves les principes sur lesquels reposent les machines qui fonctionnent dans l'atelier et spécialement celles qui se rattachent au travail de chaque section.

Voici un aperçu des questions traitées : levier et ses applications — balances et conditions de justesse et de sensibilité — transformations de mouvements et leurs applications — travail mécanique — machines, leur rôle, leur effet utile, leur rendement — des organes de machines : tiges et arbres, engrenages et poulies de transmission — bielle et manivelle — excentriques — embrayages — encliquetages — régulateurs à force centrifuge — modérateurs — machine à vapeur — notions usuelles sur la résistance des matériaux.

Travail des fabriques de produits chimiques pour préparation de matières premières : aniline pure et anilines commerciales, toluidines, xylidines, diphénylamine, diméthylaniline, métaphénylène-diamine, naphtols *alpha* et *béta*, résorcine, acides pyrogallique, phtalique et sulfanilique, anthraquinone, tétraméthyldiamidobenzophénone.

Fabrication des colorants artificiels : séries de l'acide phénique, de la benzine, de la naphtaline, de l'anthracène, des phtaléines, des azoïques.

Etude pratique des propriétés et de la valeur comparative des colorants industriels.

3° Services généraux des usines

Nous avons pensé que les industriels de l'avenir doivent être bien renseignés théoriquement et pratiquement sur les questions d'eaux, de chauffage, ventilation, générateurs, machines à vapeur, moteurs à gaz. Aussi les élèves non seulement recevront l'enseignement sur ces différentes branches relatives à la marche générale d'une usine, mais seront exercés à conduire ces services généraux dans l'*Institut technique* qui représente plusieurs usines fonctionnant pratiquement.

4° Cours d'électricité

Ce cours s'impose aujourd'hui plus que jamais, l'électricité est mieux connue, on lui réclame des services dans l'atelier non plus seulement pour l'éclairage, mais pour les transports de forces, si avantageux dans certains cas particuliers.

Ce cours comprend l'étude des différents types des dynamos, des accumulateurs, des instruments de mesures et toutes les applications à l'éclairage, aux transports de force et à l'électrolyse, pour le blanchiment électrique.

HORAIRE

8 h. — Messe.	11 h. à 11 h. 50. — Etude.
8 h. 1/2. — Etude.	2 h. à 5 h. — Travaux
9 h. — Cours spécial.	pratiques.
10 h. — Cours général.	5 h. à 6 h. — Etude.

Tous les élèves doivent payer leurs consommations et réparations. Par consommations on entend les produits chimiques, le gaz de chimie, le charbon pour travaux et l'eau de teinture (50 francs par an environ).

Tous les exercices sont obligatoires pour les jeunes gens sauf demande des parents.

COURS DU SOIR

Un cours destiné aux ouvriers est fait le soir, de huit heures un quart à neuf heures un quart, les mardi, mercredi, jeudi et vendredi (1).

Il dure deux années.

On y enseigne la filature, le tissage, la teinture et l'électricité.

Le dimanche matin, de huit heures et demie à neuf heures et demie, un cours spécial est fait aux chauffeurs-conducteurs. Il est précédé de la messe à huit heures.

ÉCOLE SAINTE-ANNE

ÉCOLE PROFESSIONNELLE DE PIQURAGE (2)

Le 7 mai 1896, une école de piqûrage a été ouverte chez les Religieuses de la Sainte-Famille, rue de Lille, n° 45, au profit des jeunes filles dont le père est, ou, s'il est décédé, était au moment de son décès, membre du syndicat.

RÈGLEMENT

ARTICLE PREMIER. — Pour être admises, les jeunes filles doivent être âgées de 13 ans au moins et de 16 ans au plus, présenter un extrait de leur acte de naissance, leur certificat d'études et le livret syndical de leur père.

ART. 2. — Il est perçu un droit d'entrée de dix francs destiné à dégrever partiellement l'école de ses frais de premier apprentissage. Si le père de la postulante travaille dans une usine syndiquée, son patron prend à sa charge une partie de cette somme.

(1) En 1897-98, 300 ouvriers ont suivi ce cours.

(2) On appelle *piqûrage* l'opération qui consiste à corriger, par des reprises à l'aiguille, les défauts des tissus.

Cette école peut recevoir au maximum trente-six élèves ; en 1897-98 elle en comptait trente-trois.

ART. 3. — Quand l'ouvrière pourra commencer à travailler sur pièces, elle recevra la totalité du salaire attribué par le fabricant, déduction faite d'une retenue de vingt pour cent pour subvenir aux frais divers tels que traitement des professeur et surveillante, loyer, chauffage, éclairage, transport des pièces, etc., etc.

ART. 4. — Le budget des recettes et dépenses est établi annuellement et la balance reste à la charge de la caisse syndicale.

ART. 5. — L'école est ouverte à 8 heures le matin et à 2 heures après-midi. Les jeunes filles en sortent à midi et à 6 heures.

ART. 6. — La durée de l'apprentissage est limitée à six mois; ce n'est que par une tolérance exceptionnelle qu'il est accordé une prorogation.

ART. 7. — Les jeunes filles doivent se munir de pinces, d'aiguilles, d'une grande blouse forme sac en toile grise avec ceinture, d'une paire de pantoufles chaussons.

ART. 8. — Les jeunes filles qui ne se conformeraient pas au règlement intérieur, s'exposeraient par ce seul fait au renvoi immédiat, mesure qui serait notifiée à leur famille par la Sœur Supérieure.

ART. 9. — Chaque semestre a lieu un examen présidé par le comité de patronage choisi parmi les dames des patrons membres du syndicat. Il est suivi de la délivrance de certificats aux ouvrières ayant acquis un certain degré d'aptitude professionnelle.

PETITES-SŒURS DE L'OUVRIER

En 1890, les patrons du syndicat établirent à Roubaix une succursale de la maison des Petites-Sœurs de l'Ouvrier de Tourcoing.

Les Petites-Sœurs de l'Ouvrier font le catéchisme aux enfants de moins de 16 ans, surveillent les ouvrières et leur apprennent la couture, pansent les blessés, visitent les malades, portent des secours aux familles nécessiteuses (1), assistent aux funérailles, dirigent des associations pieuses, aident à régulariser les unions illégitimes et à préparer aux premières communions tardives.

Elles exercent leur apostolat dans 17 usines, dont 3 ne font pas partie du syndicat (2).

Leur communauté est établie rue Parmentier, 27.

MAISON DE RETRAITES SPIRITUELLES

POUR LES OUVRIÈRES

Rue de Lille, 45

Une maison pour les retraites spirituelles des ouvrières a été ouverte, en 1890, par les Religieuses de la Sainte-Famille, dont la maison-mère est située à N.-D. de la Délivrande, près Caen.

En dehors des retraites, ces religieuses dirigent l'école de piquage, un cours de coupe qui a lieu deux fois par semaine de 7 h. à 8 h. du soir, un patronage qui réunit de jeunes ouvrières le dimanche, de 4 h. à 7. h. 1/4 du soir, un vestiaire mis à la disposition des Petites-Sœurs de l'Ouvrier.

Elles font de plus, chaque jour, le catéchisme aux enfants des écoles laïques et, à certaines époques de l'année, aux enfants des forains.

---

(1) En 1897, les secours distribués par l'intermédiaire des Petites-Sœurs de l'Ouvrier se sont élevés à la somme de 22.476 francs.

(2) Une Sœur de la Sagesse est attachée depuis 1887 à l'une des usines du syndicat.

TROISIÈME PARTIE

INSTITUTIONS DE TOURCOING

SYNDICAT MIXTE DE L'INDUSTRIE TOURQUENNOISE

Fondée le 31 mars 1889, pour l'industrie textile (1)

STATUTS

ARTICLE PREMIER

Constitution. — Un syndicat professionnel est fondé, dans la ville de Tourcoing et ses cantons, entre les patrons et employés d'une part et les ouvriers d'autre part, tous appartenant, à des titres divers, à l'industrie textile : Peignage, Filature, Tissage, Teintures et Apprêts, ou au négoce en tissus et en matières premières, ou à toute autre industrie et profession connexe ou similaire.

(1) En 1898, le syndicat comprenait 17 usines appartenant aux 16 maisons industrielles suivantes : Bayart-Parent frères (tissage) ; Bernard-Flipo (filature de coton); M. Cauliez et A. Delaoutre (peignage et filature) ; Destombes-Grau (filatures de laines peignées) ; Flipo frères (filature de laine) ; Flipo Charles et frères (filature de coton) ; Jacquart J. L. Vve (filature de coton) ; Joire Alexandre (filature de coton); Legrand et Cie (filature de coton) ; Lepers-Duduve fils (filature de laines pour bonneterie); Leurent frères (filature de coton) ; Motte L. et F. frères (filature de coton); Motte-Dewavrin (filature de coton) ; Sion J. et M. Vienne (filature et tissage) ; Tiberghien frères (peignage, filature et tissage); Tiberghien Charles et fils (peignage, filature, tissage et teinture).

Au 1er janvier 1898, le chiffre total des adhésions s'élevait à 3.006; à la même date le syndicat comptait 1.579 adhérents dont 64 appartenant à des usines non syndiquées.

Sa dénomination est : *Syndicat de l'Industrie Tourquennoise* et son siège spécial est provisoirement fixé rue de Lille, 51 *bis* (1).

ARTICLE 2

Durée. — La durée est illimitée.

ARTICLE 3

But. — Le *Syndicat de l'Industrie Tourquennoise* a pour but d'assurer une union cordiale entre ses membres, patrons et ouvriers, en associant leurs efforts pour l'étude et la sauvegarde des intérêts moraux, professionnels, économiques du groupe entier, et plus spécialement des membres ouvriers.

En conséquence, le syndicat cherchera à créer, au mieux des circonstances et dans la mesure de son pouvoir, toutes les institutions qui pourront aider au développement moral, intellectuel et professionnel de ses membres, ainsi qu'à l'amélioration de leur condition matérielle. Il s'efforcera notamment :

1° De procurer à ses membres les moyens d'accroître leur savoir professionnel ;

2° D'améliorer leur situation matérielle par des institutions économiques ;

3° De développer chez eux le goût de l'épargne par des institutions qui la leur rendent facile ;

4° De leur venir en aide dans les diverses nécessités de la vie par des œuvres de prévoyance ;

5° De leur ménager des conseils utiles et un appui moral dans leurs affaires litigieuses ;

6° De les aider à placer leurs enfants selon leur capacité, pourvu qu'ils soient d'une conduite irréprochable ;

7° De s'occuper plus particulièrement encore du placement et de la surveillance des orphelins ;

8° De renseigner ceux de ses membres qui seraient momentanément sans travail, sur les emplois vacants chez les patrons syndiqués.

(1) Depuis le mois de juillet 1895, le siège social a été transféré rue des Poutrains, 46.

Article 4

Admission et exclusion. — Nul ne peut entrer dans le syndicat sans avoir été agréé par le conseil syndical.

Le conseil syndical d'autre part a toujours le droit de prononcer l'exclusion d'un membre pour des raisons graves, dont il est seul juge.

Le membre exclu perd tous ses droits sur le capital que pourrait posséder le syndicat, sous réserve du droit qui lui est conféré par le § 2 de l'article 7 de la loi du 21 mars 1884.

Les femmes sont admises à faire partie du syndicat, mais avec cette restriction qu'elles ne peuvent participer à l'administration du syndicat, ni assister aux assemblées générales (1).

Article 5

Démission. — Conformément à la loi, tout membre peut toujours donner sa démission par une simple lettre adressée au président du conseil. Il perd, par ce fait, tous ses droits sur le patrimoine syndical, sous réserve du droit qui lui est conféré par le § 2 de l'article 7 de la loi du 21 mars 1884.

Article 6

Administration. — Le syndicat est administré par un conseil composé d'un syndic patron, d'un syndic employé et d'un syndic ouvrier par usine ou maison de commerce, où l'association compte des membres patrons, employés et ouvriers. Toutefois le syndic employé faisant partie du groupe patronal, ne participera pas au vote lorsque son patron sera présent aux séances du conseil ; mais, en cas d'absence de son patron, il votera en son lieu et place.

Pour mieux assurer la représentation de chaque usine ou maison de commerce au conseil syndical, il sera en outre pourvu, pour chacune d'elles, à la nomination d'un syndic suppléant par catégorie : patrons, employés et ouvriers.

La présidence du conseil appartient de droit à un patron. En cas de partage la voix du président est prépondérante.

Tout syndic, patron, employé ou ouvrier, qui cessera de faire

(1) En réalité les femmes n'ont pas encore été admises dans le syndicat (1898).

partie de la maison de commerce ou de l'atelier qu'il représente
au conseil, cessera par le fait même d'être syndic.

Il sera, dans ce cas, pourvu dans le mois courant à son
remplacement par la maison de commerce ou l'atelier qu'il
représente.

En cas de décès ou de démission d'un syndic patron, employé
ou ouvrier, il sera également pourvu à son remplacement dans le
mois qui suivra le décès ou la démission.

Le conseil syndical choisit dans son sein un bureau composé de
dix membres, pris moitié dans le groupe patronal, moitié dans le
groupe ouvrier. Les membres du bureau, patrons et ouvriers, sont
élus séparément par la fraction du conseil qu'ils représentent.
En outre le président du conseil fait de droit partie du bureau et
le préside.

Le bureau achève de se constituer en nommant deux vice-
présidents, un secrétaire et un trésorier.

Le mandat de syndic a une durée de cinq ans. Le bureau est
nommé par le conseil pour le même laps de temps. Les membres
sortants sont toujours rééligibles.

ARTICLE 7

Attributions du conseil et du bureau. — Le conseil
syndical est investi des pouvoirs les plus étendus pour la gestion
et l'administration du syndicat. Il le représente dans ses rapports
vis-à-vis des tiers, et prend toutes les mesures qu'il juge utile à
ses intérêts; mais il doit justifier, devant l'assemblée générale,
que les dépenses ordonnées par lui n'excèdent pas les ressources
du syndicat. Il a donc qualité pour :

1º Statuer, après sérieuse information, sur l'admission ou la
radiation des membres ;

2º Avertir les membres qui compromettraient par leur conduite
l'honneur du syndicat;

3º Assurer la rentrée des cotisations ;

4º Dresser le bilan et le budget annuels ;

5º Acheter et vendre ;

6º Ester en justice si les circonstances l'exigent ;

7º Organiser les institutions et procurer les avantages prévus
par l'article 3.

Le conseil syndical délègue à son bureau ses pouvoirs pour

l'accomplissement de ses fonctions. Le bureau peut avoir recours à des auxiliaires agréés par le conseil et choisis soit parmi les membres du syndicat, soit en dehors. Ces auxiliaires pourront être rétribués.

ARTICLE 8

Réunions du conseil — Assemblées générales. — Le conseil syndical se réunit régulièrement tous les trois mois sur convocation portant un ordre du jour arrêté par le président. Le bureau lui rend compte de sa gestion. Le président peut toujours le convoquer en séance extraordinaire. Il peut convier aux séances, mais à titre consultatif seulement, toute autre personne dont le concours peut être utile au syndicat.

Le bureau se réunit régulièrement toutes les six semaines, et plus souvent si les intérêts du syndicat le demandent. Les membres du syndicat sont convoqués tous les ans en assemblée générale. Cette réunion est obligatoire et se tiendra le lundi de Pâques. Les sociétaires doivent être convoqués au moins dix jours auparavant.

Il est rendu compte par le conseil de la gestion du syndicat.

Toute motion ou proposition à faire en assemblée générale doit être déposée, vingt jours au moins avant cette assemblée, entre les mains du président qui décide, après avoir pris l'avis du bureau, s'il y a lieu ou non de la porter à l'ordre du jour.

Peuvent seules être soumises à l'assemblée générale les questions qui sont portées à l'ordre du jour. Cet ordre du jour est fixé par le président, après avoir été soumis par lui à l'approbation du bureau.

ARTICLE 9

Patrimoine syndical. — Le patrimoine syndical est un bien commun inaliénable, destiné à assurer la perpétuité et l'indépendance du syndicat, ainsi que le fonctionnement des institutions qui en dérivent.

Il est composé des dons ou des cotisations des membres du syndicat, patrons, employés et ouvriers.

L'administration de la caisse est confiée au conseil, sous la surveillance de l'assemblée générale.

Ce patrimoine inaliénable est la propriété exclusive du syndicat. Il servira spécialement :

1° A couvrir les frais généraux d'administration ;

2° A acquitter le loyer et les frais d'entretien des locaux nécessaires au syndicat, ou à les acquérir ;

3° A subvenir aux frais des institutions d'intérêt général, telles que bureaux de placement, cours professionnels, bibliothèques, etc., qui pourraient être créées au bénéfice des membres ouvriers ;

4° A constituer un fonds de réserve qui permette de parer à toutes les éventualités.

Article 10

Dissolution. — Le syndicat ne pourra être dissous que si les trois quarts de ses membres patrons, ou les trois quarts de ses membres ouvriers en formulent la demande.

En cas de dissolution, la part de la caisse provenant des apports des ouvriers sera versée par le conseil, au profit des membres ouvriers et employés, au prorata de leurs versements personnels, à la Caisse des Retraites de l'Etat, capital réservé. La part provenant des cotisations des patrons sera versée par le conseil à telles institutions charitables que les patrons désigneront.

Article 11

Tout cas non prévu par les présents statuts est laissé à l'appréciation du conseil, qui en sera seul juge.

Et seront les présents statuts constitutifs du *Syndicat de l'Industrie Tourquenoise* déposés en double exemplaire à la mairie de Tourcoing avec déclaration des noms des administrateurs (1).

Le récépissé du dépôt sera conservé dans les archives du syndicat.

Ce double dépôt sera renouvelé au changement de la direction ou des statuts.

RÈGLEMENT INTÉRIEUR

Article premier

Les conditions à remplir pour être admis sont :

1° Avoir seize ans accomplis ;

2° Appartenir comme patron, négociant, employé ou ouvrier à l'industrie tourquenoise et jouir d'une honorabilité parfaite ;

(1) Le dépôt a été fait le 13 mars 1889.

3° Etre présenté par deux membres du syndicat à l'acceptation du conseil.

En outre, le syndicat, trouvant dans l'esprit religieux et la moralité de ses membres les plus sûres garanties pour atteindre le but qu'il se propose, en fait une condition d'admission. Le syndicat, véritable corporation, est donc essentiellement chrétien dans son esprit et dans son but.

ARTICLE 2

Les causes ordinaires d'exclusion sont les suivantes :

1° L'inconduite ou l'irréligion notoires ;

2° L'infraction grave ou habituelle aux statuts du syndicat ou aux règlements intérieurs ;

3° L'absence sans motifs valables à deux réunions successives de l'assemblée générale ;

4° Une condamnation judiciaire entraînant une peine infamante.

ARTICLE 3

Les cotisations des associés sont fixées comme suit :

1° Pour les ouvriers, 10 centimes par mois ; (1)

2° Pour les patrons : 1) 10 centimes par mois et par chacun de leurs ouvriers faisant partie du syndicat ; 2) Une cotisation fixe, et par maison, de 25 francs par an pour les patrons occupant de 50 à 100 ouvriers, de 100 francs pour les patrons occupant plus de 100 ouvriers ;

3° Pour les employés, 2 francs par an.

ARTICLE 4

Pour assurer la facilité des services, le syndicat est divisé par groupes d'atelier.

Chaque groupe est divisé par fractions de dix membres ayant à leur tête un dizainier ou une dizainière, désignés, de concert avec le patron, par les membres de la dizaine.

_____

(1) Le sociétaire quittant une usine syndiquée peut continuer à faire partie du syndicat à condition de payer au siège social une cotisation de 0 fr. 20 par mois.

Il cessera de faire partie du syndicat, s'il laisse écouler deux mois sans payer ses cotisations. (Décision du conseil syndical, 13 mai 1893).

Les dizainiers choisissent parmi eux un syndic et son suppléant chargés de représenter leur groupe au sein du conseil syndical, et convoquent les membres de leur dizaine pour les assemblées générales.

Les dizainiers et les dizainières veillent à l'honneur et aux intérêts du syndicat. Ils reçoivent les demandes et les observations des sociétaires, et les transmettent au syndic patron ou au syndic ouvrier, pour qu'ils en fassent part au conseil syndical.

Ils perçoivent les cotisations des membres de leur dizaine, et ont à cet effet un livre de recettes qu'ils remettent tous les mois au trésorier avec le montant des sommes perçues.

ARTICLE 5

Le syndicat assure à ses membres des funérailles religieuses convenables, en leur garantissant un service de quatrième classe.

ARTICLE 6

Les fêtes du syndicat sont : la fête de Notre-Dame de l'Usine(1), le premier dimanche d'octobre, et la fête du patronage de Saint-Joseph, le troisième dimanche après Pâques.

Une messe solennelle sera célébrée le lundi de Pâques pour tous les confrères vivants et défunts. Le syndicat y assistera en corps, reconnaissant ainsi que, dans l'ordre temporel comme dans l'ordre éternel, Dieu est l'auteur de tous les biens.

---

(1) Depuis le 25 mai 1887, il existe à l'église Saint-Christophe de Tourcoing, une *Confrérie de Notre-Dame de l'Usine* dont les statuts ne diffèrent de ceux de la Confrérie de Roubaix que dans les quatre articles suivants :

ART. 10. — Le directeur choisit un certain nombre de confrères et de consœurs, pour former les conseils de l'une et l'autre section de la confrérie.

Les conseils statuent sur les admissions et les radiations; et d'une manière générale, ils délibèrent sur tout ce qui intéresse la confrérie.

ART. 11. — Le directeur réunit une fois dans le cours de deux mois les patrons et les dames des patrons, qui dirigent des groupes d'ateliers.

ART. 12. —Le directeur réunit chaque mois les zélateurs et les zélatrices de tous les groupes.

ART. 13. — Les patrons réunissent, au moins tous les mois, les zélateurs et les zélatrices de leur atelier, et de temps à autre leurs groupes tout entiers.

Voir plus haut la note de la page 71.

CONSEIL DE CONCILIATION ET D'ARBITRAGE

Mêmes statuts qu'à Roubaix (1).

SOCIÉTÉ DE SECOURS MUTUELS SAINT-LOUIS

Fondée le 25 mai 1889 (2)

STATUTS

CHAPITRE PREMIER

But de la société

ARTICLE PREMIER. — Une société de secours mutuels est établie au siège du Syndicat de l'Industrie Tourquennoise, en faveur des membres ouvriers dudit syndicat qui adhéreront aux présents statuts.

Elle a pour but de leur assurer en cas de maladie :

1° Les soins d'un médecin et les médicaments ;

2° Une indemnité calculée comme il sera dit à l'article 31 ;

3° Et, quand les ressources le permettront, d'accorder des secours aux veuves et aux orphelins dans le besoin, ainsi qu'aux sociétaires également dans le besoin, que l'âge ou les infirmités empêcheraient de travailler.

CHAPITRE II

Admission et exclusion

ART. 2. — La société se compose de membres participants ou sociétaires et de membres honoraires.

(1) Voir plus haut page 57.
(2) Du 25 mai 1889 au 1er janvier 1898, la société a compté en moyenne 727 adhérents.
Elle a distribué 90.260 fr. 15 de secours.

ART. 3. — L'admission définitive des membres appartient au bureau syndical.

Si elle est refusée, les cotisations sont remboursées, déduction faite des frais occasionnés par les membres provisoirement admis, mais sans leur rien réclamer au-delà du montant de leurs cotisations.

ART. 4. — Les ouvriers ayant plus de 16 ans et moins de 40 ans révolus, et membres du syndicat depuis trois mois au moins sont admis provisoirement :

1º S'ils travaillent dans une usine syndiquée, par l'assemblée générale des travailleurs de l'usine, et à la majorité des suffrages exprimés ;

2º S'ils ne travaillent pas dans une usine syndiquée, par le bureau central sur la présentation de deux sociétaires.

Les noms des aspirants seront affichés au siège de la société, trente jours au moins avant l'admission provisoire.

ART. 5. — Toute demande d'admission devra être accompagnée du certificat d'un médecin de la société, attestant que l'aspirant n'est atteint d'aucune maladie chronique ou infirmité le rendant incapable d'un travail sérieux et régulier.

ART. 6. — Cesseront de faire partie de la société :

1º Ceux qui auront adressé par écrit leur démission au président de leur conseil d'usine ou au bureau central, s'ils ne travaillent plus dans une usine syndiquée ;

2º Ceux qui auront dissimulé leur âge ou leurs infirmités, pour se faire admettre dans la société ;

3º Ceux qui refuseront de se conformer aux statuts et règlements de la société ;

4º Ceux qui auront volontairement causé préjudice aux intérêts ou à l'honneur de la société ;

5º Ceux qui troubleront l'ordre dans les réunions générales ou particulières des membres de la société ;

6º Ceux dont la conduite sera notoirement scandaleuse ;

7º Ceux qui pendant leur maladie se livreraient à un travail quelconque ;

8º Ceux qui seraient condamnés pour ivresse, rixe, tapage, vol, etc. ;

9º Ceux qui laisseraient écouler quatre semaines sans payer leur cotisation, sauf excuse admise par le bureau syndical ;

10° Ceux qui, cessant ou ayant cessé de travailler à Tourcoing, depuis quatre mois, résideraient en dehors de la ville, de ses cantons et des communes limitrophes, auxquelles sont assimilées les communes de Reckem et Mouscron.

Art. 7. — La démission et l'exclusion ne donnent droit à aucune revendication ni remboursement.

Art. 8. — Les membres exclus ou démissionnaires peuvent, un an au moins après la décision du bureau syndical, solliciter leur réintégration dans la société.

Cette réintégration est soumise aux mêmes formalités que l'admission.

Elle ne pourra avoir lieu après 45 ans révolus et ne sera pas renouvenable.

Art. 9. — Tout sociétaire réintégré sera tenu de verser à la caisse de la société le montant des cotisations échues depuis sa démission ou son exclusion.

Art. 10. — L'exclusion définitive est prononcée individuellement et au scrutin secret par le bureau syndical, devant lequel le sociétaire sera appelé à se justifier.

Toutefois aucune décision ne sera prise en sa présence.

En cas d'absence non motivée, le bureau pourra passer outre.

Art. 11. — L'exclusion provisoire est prononcée par les conseils d'usine à l'égard des sociétaires occupés dans l'usine et par le bureau central à l'égard de ceux qui ne seront employés dans aucune usine syndiquée.

On y observera la même procédure qu'en l'article précédent.

Art. 12. — L'exclusion provisoire est suspensive de tout secours.

Si toutefois l'exclusion n'était pas maintenue par le bureau syndical, le sociétaire recevrait le montant des secours auxquels il aurait droit.

Art. 13. — Les sociétaires appelés sous les drapeaux, cesseront de verser leurs cotisations et d'avoir droit aux secours de la société. Mais à l'expiration de leur service, ils rentreront de plein droit dans la société.

Art. 14. — Ceux qui s'absenteraient pour une période de quinze jours à quatre mois, conserveraient leurs droits à l'indemnité prévue par l'article 31, à condition de payer leurs cotisations. Passé ce temps ils seraient considérés comme démissionnaires.

ART. 15. — Deux fois l'an, le 31 mars et le 30 septembre, la liste complète des sociétaires sera affichée au siège du syndicat.

CHAPITRE III
Administration de la société

ART. 16. — La société est administrée, sous le contrôle du bureau syndical, par des conseils d'usine et un bureau central.

ART. 17. — Les conseils d'usine sont composés : 1° Du patron, président, représenté, en cas d'absence, par le syndic employé ; 2° d'un vice-président et de six assesseurs choisis parmi les sociétaires de l'usine.

Tout membre du conseil quittant l'usine, sera remplacé à la première réunion du conseil.

ART. 18. — Le bureau central se compose d'un directeur, nommé par le bureau syndical, parmi les membres participants ou honoraires faisant ou non partie du syndicat, et de six assesseurs membres participants, élus par les vice-présidents des conseils d'usine.

ART. 19. — Le bureau syndical prononce l'admission ou l'exclusion définitive des membres de la société.

Il nomme les médecins, choisit les pharmaciens et nomme aussi les employés que pourrait réclamer le bon fonctionnement de la société.

Il contrôle les recettes et les dépenses.

Il règle l'emploi des fonds disponibles.

Il interprète les statuts et décide sans appel dans tous les cas imprévus.

Il soumet à l'assemblée générale les modifications aux statuts que l'expérience ferait juger nécessaires.

ART. 20. — Le président a seul qualité pour ordonner les dépôts et retraits de fonds et représenter la société devant les autorités civiles ou judiciaires.

En cas d'empêchement, le président délègue par écrit ses pouvoirs à un membre du bureau syndical.

ART. 21. — Le bureau central se réunit au moins chaque trimestre.

Il centralise les fonds disponibles, en fin de mois, dans les caisses d'usine, ainsi que ceux provenant de dons, legs, cotisa-tions des membres honoraires, etc.

Il tient les comptes généraux de la société.

Il reçoit et au besoin instruit les demandes d'admission, d'exclu-sion, de réintégration ou les réclamations concernant la société, et les transmet avec son avis au bureau syndical.

Il étudie les améliorations que peuvent comporter les statuts.

Enfin il prépare, pour l'assemblée générale, un rapport d'ensemble sur la situation morale et financière de la société.

ART. 22. — Les conseils d'usine veillent à la rentrée des coti-sation, tiennent un compte exact des recettes et des dépenses, contrôlent les demandes de secours, en fixent la durée, visitent les malades, et adressent chaque mois, au bureau central, le compte-rendu détaillé de leurs opérations, ainsi que les demandes d'admission, d'exclusion ou autres sur lesquelles ils auront statué.

ART. 23. — La durée du mandat, tant pour le bureau central que pour les conseils d'usine est de quatre ans.

Les membres sont renouvelables par moitié, de deux ans en deux ans.

Ils sont rééligibles.

Le sort désignera les membres sortants de la 1re série.

ART. 24. — Les fonctions de membres des conseils d'usine, des bureaux syndical et central sont gratuites.

CHAPITRE IV

Des ressources de la société

ART. 25. — Les ressources de la société se composent :

1o Des cotisations des membres participants fixées à vingt-cinq centimes par semaine, s'ils travaillent dans une usine syndiquée, et à quarante centimes dans le cas contraire ;

2o Des cotisations des patrons fixées à quinze centimes par semaine et par sociétaire travaillant dans leurs usines ;

3o Des cotisations des membres honoraires ;

4o Des dons et des legs faits à la société ;

5o Des intérêts des sommes placées.

ART. 26. — La recette des cotisations a lieu chaque semaine dans chaque usine, et le dimanche au bureau central, pour les ouvriers ne travaillant plus dans une usine syndiquée.

Art. 27. — Les cotisations en retard, ainsi que l'amende prévue à l'article 29, seront déduites du montant du premier secours accordé au sociétaire.

Art. 28. — Tout sociétaire qui change de domicile ou d'usine, est tenu d'en aviser le bureau central, directement ou par l'intermédiaire du conseil d'usine, le dimanche suivant au plus tard.

Il indiquera son nouveau domicile et la maison où il est occupé.

Art. 29. — Faute par lui de faire cette déclaration dans les délais ci-dessus, le sociétaire sera passible d'une amende de 1 franc.

Art. 30. — La cotisation des membres honoraires est fixée à 10 francs au minimum.

CHAPITRE V

Des secours

Art. 31. — La société assure à ses membres :

1° Les soins d'un médecin et les médicaments, pendant tout le temps de leur maladie ;

2° Une indemnité s'élevant à 12 francs par semaine, pendant les trois premiers mois, et à 6 francs pendant les trois mois suivants :

3° Le secours est dû en cas d'accident de travail, alors même que le patron ou une compagnie paierait tout ou partie du salaire.

Art. 31 *bis*. — La société remettra à la famille de chaque sociétaire décédé un secours extraordinaire de 30 francs.

Art. 32. — N'auront droit à aucun secours :

1° Les sociétaires dont la maladie se déclarerait moins de trois mois après leur admission provisoire ;

2° Ceux dont la maladie serait le résultat de rixe, ivresse, orgie, débauche ;

3° Ceux qui entreraient, durant leur maladie, dans quelque cabaret, cantine ou buvette ;

4° Les malades qui sortiraient de chez eux après le coucher du soleil.

Art. 33. — Toute rechute qui surviendrait moins de trois mois après la fin d'une maladie, serait considérée comme une suite de cette maladie.

ART. 34. — Tout sociétaire atteint d'une maladie qui revêtira un caractère chronique, cessera d'avoir droit aux secours de la société, et conséquemment de payer ses cotisations ; mais il pourra, s'il est dans le besoin, avoir part à l'allocation prévue à l'article suivant.

ART. 35. — Le bureau syndical fixera chaque année, sur la proposition du bureau central, la partie du reliquat destinée à venir en aide aux veuves et orphelins de sociétaires, ainsi qu'aux sociétaires qui se trouveraient dans l'un des cas prévus par l'article 1er, et il en réglera la répartition.

NOTE. — Les sociétaires se rappelleront que les frais de funérailles sont à la charge du syndicat mixte dont ils font nécessairement partie.

CHAPITRE VI

Fonds de réserve

ART. 36. — Les fonds laissés disponibles en fin d'année constitueront le fonds de réserve de la société. Ils seront placés par les soins du bureau syndical au mieux des intérêts de la société.

CHAPITRE VII

Des assemblées

ART. 37. — Toute séance commence et se termine par la prière.

ART. 38. — Au bureau syndical, au bureau central et aux conseils d'usine, les statuts seront lus une fois chaque année.

ART. 39. — L'assemblée générale se tiendra le 2e dimanche de février.

Il y sera rendu compte de la situation morale et financière de la société.

On y signalera les points défectueux des statuts, et l'on invitera les sociétaires à transmettre leurs observations au bureau central dans le courant de l'année.

Aucune motion ne sera autorisée pendant la séance, si elle n'a été déposée au bureau central un mois à l'avance et portée à l'ordre du jour.

Cette motion ne sera discutée qu'à la séance suivante.

CHAPITRE VIII

Dispositions générales

ART. 40. — Les ouvriers, membres du syndicat avant le 1er juin 1889 et faisant partie de sociétés de secours mutuels établies dans les usines où ils travaillent, seront admis de plein droit dans la présente société.

Toutefois le bureau syndical prendra en charge les recettes et les dépenses de ceux d'entre eux qui ne pourraient ou ne voudraient adhérer aux présents statuts.

Tous leurs droits cesseraient à leur sortie de l'usine où ils travaillent actuellement, et il ne serait admis ni réadmis aucun membre dans cette catégorie.

ART. 41. — Il est interdit aux membres participants, à peine d'exclusion, de faire partie d'une autre société de secours mutuels.

ART. 42. — Les restrictions de temps et d'âge posées à l'article 4, ne sont pas applicables aux ouvriers ayant adhéré au syndicat avant le 1er juin 1889 et entrant dans la société de secours mutuels au moment de sa constitution.

Pendant le trimestre suivant, la limite d'âge sera portée de 45 à 50 ans.

ART. 43. — Toute modification devra être approuvée par l'assemblée générale et à la majorité des deux tiers des membres présents.

ART. 44. — La société sera dissoute de plein droit en cas de dissolution du syndicat.

ART 45. — Hors ce cas, la société ne peut se dissoudre que pour insuffisance constatée de ses ressources.

ART. 46. — La dissolution ne peut être prononcée qu'en assemblée générale, convoquée à cet effet, huit jours à l'avance, et à la majorité des deux tiers au moins des membres présents.

ART. 47. — La convocation portera en tête et intégralement, à peine de nullité, les articles 45 et 46 ci-dessus.

ART. 48. — En cas de dissolution, l'encaisse de la société sera divisée en deux parties, au prorata des sommes versées depuis la fondation, par les membres participants d'une part, par les patrons et membres honoraires de l'autre.

La première sera répartie entre les membres participants : la seconde sera attribuée à une œuvre de charité de la ville, désignée par la majorité des membres honoraires et patrons syndiqués.

Art. 49. — La fête de la société est fixée au premier dimanche d'octobre, fête de la Confrérie de Notre-Dame de l'Usine. Tous les membres participants et honoraires seront invités à assister à une messe qui sera célébrée ce jour pour tous les sociétaires vivants et défunts.

Les présents statuts ont été adoptés en assemblée générale à Tourcoing, le 25 mai 1889.

SUPPLÉMENT AUX STATUTS
Adopté en assemblée générale, le 27 juin 1890

INSTRUCTIONS DIVERSES

En cas de maladie, le sociétaire doit, autant que possible, aller consulter le médecin chez lui, il est prié de se munir de son livret pour se faire reconnaître.

Quand le sociétaire ne peut se transporter chez son médecin, il le fait prévenir en lui envoyant son livret.

En cas de cessation de travail, le sociétaire doit, pour avoir droit à l'indemnité fixée dans l'art. 31 des statuts, obtenir du médecin un billet indiquant la date de la suspension du travail et remettre ce billet dans les 24 heures à l'usine.

Chaque samedi, le sociétaire malade doit, pour toucher son indemnité, demander au médecin un billet attestant son incapacité, puis le remettre à l'usine avec son livret sur lequel on inscrira le nombre de journées et la somme payée, et à la fin de sa maladie, une attestation de sa guérison.

Le premier jour de maladie n'est pas compté, les paiements commencent le lendemain. Le dimanche n'est pas payé, mais il compte comme premier jour de maladie.

Le sociétaire malade a le droit de se faire traiter à ses frais par tout autre médecin que celui de la société, mais dans ce cas il n'aura pas droit aux médicaments et pour toucher l'indemnité, il devra chaque semaine se faire visiter par son médecin de la société afin d'obtenir un billet attestant son incapacité.

Pour tout sociétaire ayant été malade sans interruption pendant six mois, l'art. 34 des statuts lui sera appliqué. Il continuera

néanmoins à avoir droit aux soins du médecin ; et pourra demander sa réintégration dans la société à condition d'être accepté de
nouveau par le médecin et de faire un stage de trois mois.

Le sociétaire quittant une usine syndiquée peut continuer à
faire partie de la société de secours mutuels, à condition de payer
au bureau central (rue des Poutrains, 46) une cotisation de
0 fr. 30 par semaine.

Les sociétaires choisissent leur médecin parmi les docteurs
agréés par la société. Ce choix les engage pour deux années. Cette
période terminée, tout sociétaire n'ayant pas fait connaître son
nouveau choix est supposé conserver le même médecin pour la
même période.

SOCIÉTÉ DE CONSOMMATION SAINT-JOSEPH

Fondée le 29 mars 1890 (1)

STATUTS

CHAPITRE PREMIER

But de la société

ARTICLE PREMIER. — Une société de consommation est établie
au siège du Syndicat de l'Industrie Tourquennoise en faveur des
ouvriers dudit syndicat qui adhéreront aux présents statuts.

Elle a pour but :

1° De procurer à ses membres à plus bas prix, moyennant
paiement comptant chez des fournisseurs désignés, les objets de
consommation.

2° D'obvier, autant que possible aux gênes momentanées au
moyen d'une réserve que chacun des membres devra, pour son

(1) Du 29 mars 1890 au 1er janvier 1898, la société a compté en moyenne
313 adhérents.
Elle leur a fait réaliser un bénéfice total de 13.751 fr. 30.

compte, constituer par une retenue sur ses bénéfices. Les conditions de remboursement de cette réserve sont indiquées à l'art. 25.

CHAPITRE II

Admission et exclusion.

ART. 2. — La société se compose de membres participants ou sociétaires et de membres honoraires.

ART. 3. — Pour faire partie des membres sociétaires, il faut en faire la demande et donner de suffisantes garanties d'honorabilité.

ART. 4. — L'admission et l'exclusion sont prononcées par le conseil d'usine si les candidats appartiennent aux usines syndiquées ; par le bureau central s'ils sont étrangers aux usines du syndicat.

ART. 5. — L'admission et l'exclusion ne sont d'ailleurs définitives qu'après ratification du bureau syndical.

ART. 6. — Les membres exclus ou démissionnaires peuvent être réintégrés dans la société, s'ils en expriment le désir, mais seulement au bout d'un an, et à la condition de déposer en rentrant une somme égale à celle qui leur avait été remise au moment de leur sortie.

CHAPITRE III

Administration

ART. 7. — La société est administrée, sous le contrôle du bureau syndical, par des conseils d'usines et un bureau central.

ART. 8. — Le conseil d'usine comprend : le patron, comme président, et à son défaut son syndic employé; un vice-président et six assesseurs choisis parmi les sociétaires.

ART. 9. — Tout membre du conseil, quittant son usine sera remplacé à la prochaine réunion du conseil.

ART. 10. — Le bureau central se compose d'un directeur choisi par le bureau syndical parmi les membres du syndicat, ou même en dehors du syndicat, s'il y a lieu, et des ouvriers vice-présidents des conseils d'usine.

ART. 11. — Le bureau central admet ou exclut directement

les ouvriers qui feraient groupe syndical en dehors des groupes d'usines syndiquées.

Il reçoit communication des désirs et des réclamations relatifs au but proposé, par l'intermédiaire des conseils d'usine.

Il détermine les marchandises pour lesquelles on usera de fournisseurs privilégiés, sauf approbation du bureau syndical.

Il traite avec les fournisseurs pour déterminer le prix et la qualité des marchandises.

Il tient les comptes généraux de la société et approuve les comptes particuliers des conseils d'usine.

Il sert d'intermédiaire entre les groupes d'usine et le bureau syndical pour l'admission et l'exclusion définitives des sociétaires, et dans toutes les circonstances où le bureau syndical trouverait à exercer son contrôle.

Le bureau central se réunit au moins une fois tous les trois mois.

ART. 12. — Les conseils d'usine se réunissent tous les mois.

Ils admettent et excluent provisoirement les sociétaires de leurs usines respectives.

Ils reçoivent et transmettent au bureau central les demandes et réclamations des sociétaires de l'usine.

ART. 13. — La durée du mandat, tant pour le bureau central que pour les conseils d'usines est de quatre ans. Les membres sont renouvelables par moitié de deux ans en deux ans.

Ils sont rééligibles. Le sort désignera la première série des membres sortants.

CHAPITRE IV

Fonctionnement de la société

ART. 14. — Les fournisseurs sont désignés par le bureau central qui tiendra compte des désirs et des recommandations des conseils d'usines.

ART. 15 — Les fournisseurs discutent avec le représentant du syndicat les conditions de vente et le taux de la remise à faire par eux à la société de consommation.

ART. 16. — Pour répondre aux besoins des achats journaliers, les fournisseurs achètent au bureau central des jetons qui représentent l'escompte accordé.

ART. — 17. Les consommateurs doivent payer comptant. Leurs versements seront inscrits sur un livret dont ils seront porteurs. Ils recevront du marchand un jeton d'une valeur déterminée quand l'importance de leurs achats aura atteint le chiffre correspondant à cet escompte.

ART. 18. — Les jetons seront rapportés au siège du syndicat et serviront à établir le compte des bénéfices des sociétaires.

ART. 19. — Pour les matières sujettes aux approvisionnements, les membres du syndicat reçoivent de leur patron un *bon* leur donnant droit de pourvoir aux achats d'une marchandise déterminée. Le paiement en ce cas est effectué par le patron qui s'entend avec chaque ouvrier pour le remboursement de cette dépense.

ART. 20. — Le bureau central établira tous les ans *(au premier octobre)* les bénéfices de chaque sociétaire.

ART. 21. — A la répartition des bénéfices, la moitié, 50 %, de ce qui revient aux sociétaires leur sera ou versée par l'intermédiaire du comptable de leur établissement respectif, ou portée en compte à la caisse d'épargne de l'établissement.

ART. 22. — Le surplus, jusqu'à concurrence de cent francs, restera au bureau central pour former une réserve.

ART. 23. — En aucun cas, alors même que les sociétaires en témoigneraient le désir, cette réserve ne pourra excéder la somme de cent francs. Les sociétaires ne pourront la constituer que par la retenue prélevée sur les bénéfices. Ils seront admis cependant à la compléter plus promptement par l'abandon d'une plus grande part de leurs bénéfices.

ART. 24. — La réserve produira intérêt à 4 %.

ART. 25. — Les sociétaires momentanément malheureux pourront, pour continuer les paiements comptants, recevoir tout ou partie de cette réserve, mais seulement après décision favorable du conseil d'usine.

ART. 26. — S'ils exigeaient le remboursement en dehors de ces conditions, ils seraient considérés comme démissionnaires.

ART. 27. — La société sera dissoute de plein droit en cas de dissolution du syndicat.

Les présents statuts ont été acceptés en assemblée générale le 20 mars 1890.

ALLOCATIONS DIVERSES DU SYNDICAT

1° Mariages

Depuis 1890, les ouvriers faisant partie du syndicat depuis deux ans au moins, reçoivent à leur mariage un buffet, une commode ou toute autre pièce de ménage d'une valeur de 50 fr.

2° Naissances

Depuis 1890, les pères de famille faisant partie du syndicat depuis deux ans au moins, reçoivent 10 fr. à la naissance du deuxième enfant, si le premier est vivant ; 15 fr. à la naissance du troisième, si les deux premiers sont vivants ; 20 fr. à la naissance de tout autre enfant, si la famille compte au moins trois enfants vivants.

La naissance doit être constatée au livret de mariage. On doit, si on le demande, fournir un certificat attestant que l'enfant a vécu.

3° Militaires

Depuis 1895, quand un père de famille, faisant partie du syndicat depuis deux ans au moins, est appelé à une période de 28 jours, sa famille reçoit 10 fr. si elle a un enfant, 20 si elle en a deux, 30 si elle en a trois.

4° Familles nombreuses

Depuis 1892, 5 fr. par mois sont alloués aux pères de famille, membres du syndicat depuis deux ans au moins, s'ils ont cinq enfants vivants dont l'aîné n'a pas 13 ans, six dont l'aîné n'a pas 14 ans, 7 dont l'aîné n'a pas 15 ans.

De même aux veufs, faisant partie du syndicat depuis au moins deux ans, et aux veuves des membres qui ont fait partie du syndicat pendant un an, s'ils ont quatre enfants vivants dont l'aîné n'a pas treize ans.

Enfin, aux membres faisant partie du syndicat depuis au moins trois ans, qui ont quatre enfants vivants dont l'aîné n'a pas 13 ans et un ascendant âgé d'au moins 68 ans et à la charge de la famille.

5° **Vieillesse**

Depuis 1892, une rente viagère de 200 fr. par an est accordée à un certain nombre d'ouvriers âgés faisant partie du syndicat depuis quatre ans au moins et devenus incapables de travailler dans les usines.

Une rente viagère de 100 fr. est accordée dans les mêmes conditions à ceux qui, ayant au moins 70 ans, ne peuvent se livrer à un travail régulier.

Enfin, les membres du syndicat entrant à l'hospice, reçoivent une rente de 24 fr. par an.

6° **Funérailles**

Depuis 1889, le syndicat fait célébrer un service de quatrième classe pour ses membres défunts (1).

SOCIÉTÉ CIVILE IMMOBILIÈRE

Fondée au mois de juin 1891 par un groupe de patrons du syndicat.

Siège social : *rue des Poutrains, 16*

La société a un double but : 1° Construire des **habitations ouvrières** dans d'excellentes conditions d'hygiène, de morale et de bon marché ; 2° Offrir à l'**épargne ouvrière** des membres du syndicat un placement sûr et rémunérateur.

Outre les souscriptions patronales, pour lesquelles elle ne verse aucun intérêt, elle reçoit donc des souscriptions ouvrières, auxquelles elle sert un intérêt de 4 % nets de tous impôts.

Les souscriptions ouvrières sont reçues sous forme d'obligations

(1) Depuis l'origine jusqu'au 1ᵉʳ janvier 1898, le total de ces allocations s'est élevé à la somme de 8.800 fr. pour les mariages ; de 14.015 fr. pour les naissances ; de 730 fr. pour les militaires ; de 22.435 fr. pour les familles nombreuses ; de 12.016 fr. 10 pour les vieillards ; de 3.007 fr. 10 pour les funérailles.

de 100 francs, remboursables tous les cinq ans, avec prévenance réciproque de 6 mois à l'avance.

La société promet que le montant de ces obligations ne dépassera jamais la moitié du prix coûtant des immeubles; en sorte que l'épargne ouvrière et ses intérêts jouissent d'une garantie absolue.

Les membres du syndicat sont seuls admis à souscrire. Les habitations sont louées à tous indistinctement. Cependant les locataires syndiqués bénéficient d'une diminution de 2 fr. par mois sur le prix de location, qui est de 20 fr., 16 fr. 50 et 16 fr. par mois selon les divers types de maisons.

Afin que les obligations, qui sont toutes nominatives, restent entre les mains des ouvriers, la société s'est réservé le droit de les rembourser au pair, en cas de vente ou de dation en gage (1).

STATUTS

ARTICLE PREMIER

Objet de la société. — La société a pour objet la construction, l'acquisition et l'exploitation de tous immeubles et principalement la construction, l'acquisition et l'exploitation de maisons d'ouvriers dans les deux cantons de Tourcoing.

ARTICLE 2

Durée de la société. — La société est formée pour une durée de trente ans qui prendront cours le jour de sa constitution définitive.

Faute par l'assemblée générale d'avoir, un an avant l'expiration des trente années, prononcé la dissolution de la société, celle-ci continuera de plein droit pour une nouvelle période de trente années et ainsi de suite indéfiniment.

ARTICLE 3

Dénomination de la société. — La société prendra la dénomination de *Société civile immobilière de Tourcoing.*

(1) Au mois de mai 1898, la société avait émis 1.200 obligations représentant *120 000 francs d'épargne ouvrière.*
Elle possédait 65 maisons : 14 rue d'Armentières ; 22 rue du Brun-Pain ; 6 rue de l'Epine et 17 rue de l'Epinette.

ARTICLE 4

Siège social. — Le siège social est à Tourcoing, rue de Lille, n° 51 *bis*.

Il peut être transféré en tout autre lieu de la même ville par décision de l'assemblée générale (1).

ARTICLE 5

Capital social. — Le capital social est fixé à la somme de vingt-six mille francs qui a été à l'instant versé par sommes égales par tous les comparants aux mains de M.*** qui le reconnait.

ARTICLE 6

Bénéfices et pertes. — Les bénéfices et pertes se partageront également entre les associés.

Néanmoins chaque associé ne sera tenu des dettes sociales que jusqu'à concurrence de sa mise, sans pouvoir être aucunement tenu sur ses biens personels.

Les bénéfices seront répartis annuellement.

Le chiffre en sera souverainement fixé par l'assemblée générale qui pourra faire tous les prélèvements et opérer toutes les réserves qu'elle jugera utiles à la bonne marche de la société.

ARTICLE 7

Administration. — La société est administrée par quatre administrateurs nommés par l'assemblée générale, lesquels choisissent entre eux un président.

En cas de partage des voix, celle du président est prépondérante.

Un membre du conseil d'administration sort chaque année.

Il est rééligible. Le premier roulement s'établit par le sort.

Le conseil d'administration a les pouvoirs de gestion les plus étendus.

Il peut notamment faire toutes conventions relatives à la jouissance des immeubles appartenant à la société.

Il peut, en outre, acquérir tous immeubles, y ériger toutes constructions. Il peut également accepter tous les legs qui seraient

(1) Il a été transféré rue des Poutrains, 46, au mois de juillet 1895.

faits à la société purement et simplement et sans aucune charge ni condition.

Le mandat donné par la société aux administrateurs leur confère uniquement le droit d'engager l'actif social.

En conséquence les administrateurs lorsqu'ils contracteront seront tenus, à péril d'être réputés avoir agi sans mandat, d'énoncer dans l'acte que les associés ne seront tenus qu'à concurrence de leur mise sans pouvoir être obligés sur leurs biens personnels.

ARTICLE 8

Inventaires. — Chaque année, dans le courant du mois de juin, il sera fait par les soins des administrateurs un inventaire général des forces et charges de la société, lequel sera présenté à l'assemblée générale suivante.

ARTICLE 9

Assemblées générales. — Il sera tenu, chaque année, une assemblée générale dans le courant du mois de juin.

Chaque associé y aura une voix et pourra se faire représenter par un mandataire associé qui ne pourra représenter plus de deux mandats.

L'assemblée générale, à la majorité des deux tiers des voix des membres composant la société, pourra apporter aux statuts toutes modifications qu'elle jugera utiles, notamment autoriser à hypothèques les immeubles sociaux et même dissoudre la société.

La modification, pour devenir définitive, devra être votée deux fois, la deuxième lecture ne pouvant avoir lieu que deux mois après la première.

Dans la huitaine du vote définitif, tout membre aura le droit de se retirer de la société en abandonnant sa part à ses coassociés.

L'assemblée générale, à la majorité des deux tiers des voix des membres présents à l'assemblée, pourra admettre de nouveaux associés ; elle réglera les conditions de leur admission.

Le conseil d'administration ou cinq sociétaires pourront toujours exiger une réunion de l'assemblée générale.

ARTICLE 10

Remplacement d'associé. — En cas de décès d'un associé, la société no sera pas dissoute, mais ses héritiers ou ayants droit no le remplaceront pas non plus do plein droit. Dans co cas, le conseil d'administration aura le droit do présenter un acquéreur auquel les dits héritiers ou ayants droit seront tenus do vendre la part do leur auteur, moyennant un prix fixé par l'assemblée générale.

Dans tous les cas où un associé perdrait la disposition ou l'administration de ses biens ou serait sous le coup do poursuites do la part do créanciers qui prétendraient exercer ses droits ou saisir sa part dans la société, le conseil d'administration aura le même droit à l'égard dudit associé et de ses représentants ou créanciers.

Toutes notifications à cet égard seront valablement faites au nom et au dernier domicile do l'associé, fût-il décédé.

ARTICLE 11

Cession de part. — Un associé ne pourra céder sa part dans la société que du consentement du conseil d'administration et à une personne agréée par lui.

ARTICLE 12

Scellés. — Il no pourra, dans le cours do la société, être apposé de scellés sur les biens et valeurs do la société, ou être requis d'inventaires autres que ceux prévus par l'article 8 ci-dessus.

ARTICLE 13

Publications. — Quoique la société ne soit pas tenue à publication, tous pouvoirs sont cependant donnés au porteur d'une expédition ou d'un extrait des présentes pour la publier, sans que cette publication puisse altérer en rien le caractère purement civil do la société, les comparants voulant uniquement, par ce moyen, porter leurs conventions à la connaissance des tiers.

ARTICLE 14

Élection de domicile. — Les associés seront tenus de faire une élection de domicile à Tourcoing, s'ils n'y sont domiciliés, à défaut de quoi toute signification leur sera valablement faite au siège social.

CAISSE D'ÉPARGNE

de la Maison LEGRAND et Cⁱᵉ

Fondée en 1896

RÈGLEMENT

1° Versements. — Les versements se feront le samedi de 4 heures à 4 heures 1/2, dans la salle du syndicat au-dessus du bureau.

Les versements seront de 1 fr. minimum et de 20 fr. maximum par déposant.

Les versements seront constatés par l'émargement du patron sur le livret individuel.

2° Intérêts. — L'intérêt annuel est fixé à 5 % se capitalisant tous les ans le 31 décembre. Ce taux sera susceptible d'être modifié si les circonstances le demandaient, mais les déposants en seraient toujours avertis trois mois d'avance.

3° Retraits des fonds. — Les retraits de fonds se feront le samedi de 4 heures 1/2 à 5 heures, au même local que les versements.

Pour retirer tout ou partie du dépôt, il faudra qu'une demande soit faite par écrit le vendredi avant midi.

Les retraits de fonds seront constatés par l'émargement du déposant sur le registre de comptabilité de la caisse.

4° Limite des dépôts. — Lorsqu'un dépôt aura atteint ou dépassé la somme de 300 fr., il devra, à la première émission d'obligations de la Société civile immobilière, être transformé en 3 obligations. Si le déposant préfère un autre placement, il devra demander le retrait de 300 fr. la semaine qui suivra l'annonce par affiche de l'émission.

5° Ouvriers quittant l'usine. — Le compte de tout ouvrier quittant l'usine est arrêté le jour de son départ et cesse de produire intérêt.

6° Perte du livret. — Si un ouvrier perd son livret, il est tenu d'en informer immédiatement la caisse, qui prendra ses dispositions pour mettre opposition sur le livret perdu.

CAISSE DE PRÊT GRATUIT

de la MAISON LEGRAND et Cie

Etabli en octobre 1896

Même règlement que dans la maison Louis Cordonnier frères et Léon Scrépel, de Roubaix (1).

BULLETIN SYNDICAL

Depuis le 9 janvier 1898, le *Dimanche,* bulletin des corporations lilloises est distribué aux abonnés du syndicat de Tourcoing avec une couverture spéciale, mentionnant les nouvelles de la semaine qui intéressent le syndicat.

Le *Dimanche,* avec ce commencement de *Bulletin Syndical Tourquennois,* est adressé gratuitement aux syndics et aux dizainiers du syndicat ; il est affiché dans la plupart des usines syndiquées.

Caisses d'épargne et de prêts gratuits. — Pensions de retraite pour les vieux ouvriers. — Caisses de secours. — Ecoles ménagères. — Vestiaire de première communion, distribuant des vêtements aux enfants de la première communion et à leurs parents.

Ces institutions existent, sous des formes diverses, sans autres règlements que des usages anciens, dans la plupart des usines du syndicat (2).

---

(1) Voir plus haut page 121.

(2) Dans la maison Tiberghien frères une caisse de secours alimentée par la caisse patronale est mise à la disposition du conseil d'usine.

ÉCOLE INDUSTRIELLE DE TOURCOING

PLACÉE SOUS LE PATRONAGE DE LA CHAMBRE DE COMMERCE

66, rue du Casino (1)

PROSPECTUS

Organisation et but. — L'Ecole industrielle de Tourcoing a été créée en 1889 pour donner satisfaction aux exigences de l'industrie locale de la Filature et du Tissage.

Depuis, il a été ajouté aux programmes un Enseignement commercial.

La création de l'école est due à l'initiative de la Chambre de Commerce de Tourcoing, mais avec le concours d'un syndicat d'industriels et de négociants de la ville, constitué en société anonyme sous le titre de *Société civile de l'Ecole industrielle de Tourcoing.*

Le conseil d'administration est composé par moitié de membres de la Chambre de Commerce et par moitié d'industriels ou négociants souscripteurs.

Le Président de la Chambre de Commerce est de droit président du conseil d'administration.

Il y a, en outre, une commission des études chargée d'inspecter le travail des élèves et de présider aux divers examens de fin d'année.

L'école poursuit un double but :

1° Donner aux fils de fabricants, industriels et négociants l'instruction technique complète, théorique et pratique, qui doit leur permettre de seconder efficacement leurs parents dans la conduite de leurs affaires, et les prépare à en assumer plus tard l'entière direction ;

(1) Directeur, M. Théodore Bon. Les cours de filature, mécanique et électricité sont faits par M. l'abbé Courquin.

Les patrons du syndicat mixte participent à la direction de l'école et versent plus de la moitié de la somme annuellement requise pour son fonctionnement.

2° Fournir aux jeunes ouvriers et employés l'instruction théorique et pratique qui leur manque pour devenir de bons contremaîtres, chefs mécaniciens d'usines, chefs de fabrication en filature et tissage, comptables, chefs de bureau et de correspondance, etc.

A cet effet, le programme de l'école comprend, pour chaque branche de l'enseignement, deux séries de cours :

Cours du jour,

Cours du soir.

Des salles de cours sont affectées à chacune des spécialités.

L'enseignement pratique est donné dans des ateliers pourvus de machines et outils provenant des meilleures maisons de construction françaises et étrangères, et installés avec force motrice, éclairage électrique, etc.

Des collections d'échantillons de matières brutes et ouvrées, de filés et tissus de toutes natures, ainsi qu'une bibliothèque technique et d'importantes séries de dessins, sont à la disposition des élèves.

COURS DU JOUR

Régime des études. — L'enseignement de l'école comprend quatre sections ou branches différentes.

1° Filature ;

2° Service mécanique des usines (Physique industrielle et machines) ;

3° Tissage ;

4° Commerce.

L'horaire des cours, en ce qui concerne les classes de jour, est combiné de façon à permettre aux élèves de suivre à la fois les cours de plusieurs sections.

En dehors des heures de cours et des travaux pratiques, les élèves sont libres, mais ils peuvent fréquenter la bibliothèque.

L'école n'admet que des élèves externes.

Les élèves dont les parents n'habitent pas Tourcoing trouveront à l'école les adresses de familles recommandables dans lesquelles ils peuvent prendre pension complète.

Durée des études. — Les études des sections de filature, service mécanique des usines et commerce, ne durent qu'une année ; celles de la section de tissage durent normalement deux années, mais peuvent être accomplies en une seule année, grâce à des cours supplémentaires.

Les élèves peuvent donc, selon le temps dont ils disposent et les branches qu'ils veulent étudier, adopter une combinaison leur permettant de faire leurs études en une ou plusieurs années.

En raison de l'importance des programmes, l'enseignement complet de toutes les branches réunies ne peut être suivi en moins de deux années.

L'année scolaire commence le 1er octobre et se termine du 15 au 20 juillet.

Conditions d'admission. — Aucune limite d'âge n'est imposée. Toutefois il ne semble pas qu'on puisse suivre les cours de l'école avant d'avoir atteint l'âge de 16 ans, vu l'importance des études, la somme de travail imposée aux élèves, et la maturité nécessaire pour suivre les cours avec fruit.

Les élèves doivent posséder les connaissances suivantes :

Arithmétique complète, algèbre élémentaire, géométrie plane, notions de mécanique, principes de dessin, physique et chimie élémentaires.

Le nombre d'élèves est illimité ; mais en cas d'encombrement les élèves domiciliés à Tourcoing auront la préférence sur les autres, et les Français sur les étrangers.

La demande d'admission, signée par l'élève et par son père ou tuteur, doit être adressée au directeur de l'école, du 20 au 30 septembre.

Cette demande implique, de la part de l'élève, l'engagement de se conformer au règlement intérieur de l'école.

Rétributions scolaires. — La rétribution est fixée à 300 fr. par an pour les élèves qui suivent seulement les cours de l'une des sections.

Les élèves qui suivent à la fois les sections de filature et de tissage ont à payer 400 fr. par an.

Ceux qui suivent la section de commerce et l'une des autres, 450 fr.

Les élèves qui suivent l'une des sections de filature ou tissage peuvent suivre, sans aucun supplément de prix, les cours de la section de service mécanique des usines.

Les élèves qui accomplissent leurs études de tissage en une seule année ont à payer 400 fr.

12

Il est exigé en outre, pour la section de tissage, 6 fr. par année de cours pour frais d'échantillons et divers.

Les conditions ci-dessus s'appliquent aux élèves de nationalité française.

Pour les élèves de nationalité étrangère la rétribution est de 600 fr. par an pour une seule section, 800 fr. pour les sections combinées de filature et tissage, 900 fr. pour la section de commerce combinée avec l'une des autres.

Pour les deux années de tissage combinées en une seule, 800 fr.

Les sommes fixées sont exigibles par moitié au commencement de chaque semestre.

Les fournitures classiques sont à la charge des élèves. Les cahiers de relevé des cours, carnets de croquis, porte-feuilles de dessins, classeurs d'échantillons, livres de comptabilité, doivent être du modèle adopté par l'école ; les élèves peuvent les trouver à l'école même.

Examens. — A la fin de chaque trimestre, les élèves subissent un examen pour chaque cours ; les notes obtenues comptent avec l'examen final.

A la fin des études, les élèves subissent un examen de sortie, à la suite duquel il est délivré des diplômes de capacité pour les différentes branches.

HORAIRE DES COURS DU JOUR

Filature

Filature de Coton, Peignage et Filature de Laine

Cours de théorie. — Lundi, mardi, mercredi, vendredi et samedi, de 8 h. 1/2 à 9 h. 1/2.

Travaux pratiques. — Lundi, de 9 h. 1/2 à midi.

Service mécanique des usines

Construction, Mécanique appliquée, Physique industrielle, Electrotechnique, Dessin de machines. — Mardi, mercredi, vendredi et samedi, de 9 h. 1/2 à 10 h. 1/2.

Tissage

Cours de Théorie et Décomposition, 1re année. — Mardi, mercredi et vendredi, de 10 h. 1/2 à midi.

Cours de Théorie, Décomposition et Fabrication, 2e année. — Mardi, mercredi, vendredi et samedi, de 8 h. à 9 h. 1/2.

Dessin de Fabrique (esquisse et mise en carte). — Lundi, de 2 h. à 4 h. 1/2.

Cours d'Etude des filés. — Samedi, de 10 h. 1/2 à midi.

Travaux pratiques aux métiers à bras et mécaniques. — Lundi, de 4 h. 1/2 à 7 h. 1/2.

Commerce

Cours de Comptabilité. — Mardi, de 5 à 6 h.

Cours de Droit Commercial et Industriel. — Mercredi et jeudi, de 5 à 6 h.

Cours de Commerce et Marchandises. — Samedi de 5 à 6 h.

Cours facultatif de Sténographie et Dactylographie. — Vendredi, de 6 h. 3/4 à 7 h. 3/4.

N. B. — Les élèves peuvent être autorisés à se livrer aux travaux pratiques dans les ateliers, en dehors des heures fixées ci-dessus ; mais à la condition expresse que le contremaître de la section puisse s'y trouver en même temps qu'eux.

COURS DU SOIR

Régime et durée des études. — L'enseignement est divisé en quatre branches ou sections comme pour les cours du jour et chaque branche en un certain nombre de cours.

La durée des études ne peut avoir de limites précises ; chaque élève fréquentant les cours qui lui conviennent, et préférablement ceux qui correspondent le plus à sa profession. En général, il est conseillé de ne pas suivre annuellement plus de deux cours.

Conditions d'admission. — Dans la plupart des cours, il n'y a pas de limite d'âge. Toutefois il est loisible au directeur, d'accord en cela avec chaque professeur, de refuser l'accès d'un cours à tout élève jugé trop jeune ou trop âgé pour pouvoir le suivre avec fruit.

Pour les cours de filature, notamment, les limites d'âge sont fixées à 18 et 25 ans.

Tout élève qui ne possède pas une instruction primaire suffisante peut être également refusé.

Les élèves de la section de commerce, entre autres, ont à subir un examen d'entrée portant sur l'écriture, l'orthographe et le calcul, et à produire un certificat constatant qu'ils ont fait des études suffisantes.

Le nombre d'élèves de chaque cours est limité au nombre de places disponibles. Ce nombre varie de 30 à 50 suivant le cours.

Pour les demandes d'admission, mêmes prescriptions que pour les cours du jour. Toutefois, en ce qui concerne les élèves majeurs, la signature des parents n'est pas exigée.

Rétributions scolaires. — Les cours du soir sont, en principe, gratuits pour les élèves habitant ou travaillant dans l'une des communes du canton de Tourcoing. Toutefois, dans certains cours, une rétribution variant de 1 fr. à 6 fr. est exigée au moment de l'inscription, pour frais d'échantillons, expériences et divers. Les élèves étrangers au canton de Tourcoing ont à payer une rétribution de 10 fr. par mois pour suivre les cours du soir quels qu'ils soient.

Pour les fournitures scolaires, mêmes prescriptions que pour les cours du jour.

Examens. — Pour chaque cours il est fait un examen à la fin de chaque mois ou de chaque trimestre suivant le cours; et un examen final, ensuite duquel il est donné des prix et médailles aux élèves les plus méritants.

Les élèves qui ont achevé de suivre tous les cours d'une branche peuvent, si leurs notes d'examens sont satisfaisantes dans tous ces cours, obtenir le diplôme de capacité pour cette branche.

HORAIRE DES COURS DU SOIR

Filature

Filature de Coton, Peignage et Filature de Laine

Cours de 1re année. — Mardi et mercredi, de 8 h. 1/4 à 9 h. 1/2.

Cours de 2e année. — Jeudi et vendredi, de 8 h. 1/4 à 9 h. 1/2.

Service mécanique des usines

(Physique industrielle et Machines)

Cours d'électricité (appliqué à l'industrie textile). — Lundi, de 8 h. 1/4 à 9 h. 1/2. — (Une rétribution de 3 fr. est exigée pour frais d'expériences).

Cours de Chauffeurs-Conducteurs de machines (Générateurs de vapeur et Moteurs divers). — *1re et 2e Sections.* — Dimanche, de 10 h. 3/4 à 11 h. 3/4.

Cours de Dessin géométrique appliqué aux machines. — Samedi de 8 h. 1/4 à 9 h. 3/4.

Tissage

Cours de Théorie et Décomposition, 1re année. — Mardi et vendredi, de 8 h. 1/4 à 9 h. 3/4.

Cours de Théorie et Décomposition. 2e année. — Lundi et jeudi, de 8 h. 1/4 à 9 h. 3/4.

Cours de Théorie, Décomposition et Fabrication, 3e année. — Dimanche, de 10 h. à midi.

Cours de Dessin de Fabrique (esquisse et mise en carte), 1re et 2e année. — Mercredi, de 8 h. 1/4 à 9 h. 3/4.

Cours d'Etudes des Filés. — Samedi, de 8 h. 1/4 à 0 h. 3/4.

Travaux pratiques aux métiers à bras et mécaniques. — Samedi, de 8 h. 1/4 à 9 h. 1/2.

Il est exigé, pour frais d'échantillons et divers, une rétribution de 3 fr. pour les cours de théorie de 1re et 2e année ; 4 fr. pour théorie 3e année ; 2 fr. pour le cours de dessin ; 1 fr. pour le cours d'études des filés.

Commerce

Cours de comptabilité. — Mardi, de 8 h. 1/4 à 0 h. 1/4.

Cours de Droit Commercial et Industriel. — Jeudi, de 8 h. 1/4 à 0 h. 1/4.

Cours de Commerce et Marchandises. — Samedi, de 8 h. 1/4 à 0 h. 1/4.

Une rétribution de 0 fr. est exigée des élèves de la section de commerce, quel que soit le nombre de cours qu'ils fréquentent.

Cours facultatif de Sténographie et Dactylographie. — Dimanche, de 10 h. 3/4 à 11 h. 3/4.

Une rétribution de 3 fr. est exigée des élèves qui ne seraient pas déjà inscrits à l'un des cours de la section de commerce.

MATÉRIEL DONT L'ÉCOLE DISPOSE EN SON LOCAL

Peignage et Filature de Laine

Carde	Deletombe.
Carde avec chargeuse	Walker.
Gill-box	Skène et Devallée.
Peigneuse système Offerman	Société
Étirage en gros (4 têtes)	Alsacienne
» intermédiaire (10 têtes).	de construction
» en fin (10 têtes)	mécanique.
Renvideur 240 broches.	

Bobinoir préparatoire, 8 bobines, système Martinot; des Ateliers de Bitschwiller.

Filature de Coton

Carde à chapeaux tournants.	Platt.
Carde à 7 hérissons	
Banc d'étirage (3 têtes)	Mason
Bancs à broches en gros (32 bobines).	de Rochdale.
» » en fin (56 bobines)	
Métier à filer continu (48 broches)	
Métier à filer continu (68 broches)	Howard et Bullough.
Métier renvideur (120 broches)	Dobson et Barlow.
Dévidoir (15 broches)	Rappicault.

Tissage

12 métiers à bras, montés diversement en uni, armures, piqué, velours, gaze anglaise, façonnés à une ou plusieurs chaînes, tapis, etc.; mouvements à marches, à mécaniques d'armures de divers systèmes, à mécaniques Jacquard, Vincenzi et Verdol.

1 métier mécanique à boîtes simples, avec armure Nuyts.

1 métier mécanique à 4 boîtes montantes, à duites paires, de la Société Alsacienne de Construction mécanique.

1 métier mécanique à 6 boîtes (Revolver) à duites paires. . . . . . Nuyts.

1 métier mécanique à boîtes montantes, duite à duite, 7 navettes, Snœck à Ensival.

1 Bobinoir circulaire à pédale (12 broches).

1 Bobinoir mécanique (20 broches).

1 Ourdissoir.

Électricité

11 Machines-dynamo, à courants continus, alternatifs, monophasés, diphasés et triphasés.
1 Batterie d'accumulateurs, des systèmes Tudor et Dujardin.

Divers

Un moteur à gaz Crossley, de 8 à 10 chevaux.
Etau et matériel d'ajusteur.
Tour à métaux. . . . . Templeu.
Laboratoire de chimie pour le peignage.
Instruments de précision pour le titrage et l'épreuve des filés.

RÈGLEMENT

ARTICLE PREMIER. — Tout élève, en entrant à l'école, prend l'engagement de se conformer au présent règlement et de s'abstenir de tout ce qui peut troubler l'ordre et le travail.

ART. 2. — La présence des élèves est constatée par le professeur à l'ouverture de son cours. Des avis sont envoyés aux parents ou aux correspondants des élèves absents.

ART. 3. — Les portes de l'établissement sont fermées cinq minutes après l'heure fixée pour l'ouverture des cours.

ART. 4. — Les élèves en retard ne sont admis qu'à la classe suivante.

ART. 5. — Un élève qui s'est absenté ne peut rentrer à l'école qu'avec un certificat de ses parents ou de son correspondant.

ART. 6. — Aucun élève ne peut quitter l'école pendant les heures de cours sans une permission spéciale du directeur.

ART. 7. — Il est défendu aux élèves de fumer dans les salles de l'établissement, de se livrer à des manifestations bruyantes, de faire aucune inscription sur les murs, de graver leur nom sur les tables ; en un mot de faire aucun acte pouvant porter préjudice à la bonne discipline et aux études.

ART. 8. — Chaque professeur a la police de son cours ; il fait sortir tout élève qui est une cause de trouble et en réfère au directeur. Le directeur prononce le renvoi temporaire de l'élève ; le renvoi définitif appartient à la commission.

ART. 9. — Il est interdit de toucher au moteur, aux métiers ou aux machines en l'absence du professeur ou du contremaître.

Chaque élève est responsable des dégats qu'il commet. Lorsque l'auteur est inconnu, la réparation est faite au compte de tous les élèves.

ART. 10. — L'école ne peut, dans aucun cas, être rendue responsable des accidents qui pourraient arriver aux élèves pendant le travail pratique.

ART. 11. — Aucun étranger ne peut être introduit dans l'école sans l'autorisation écrite d'un membre du bureau de la commission. Il est défendu de copier ou de laisser copier toute machine offerte à l'école.

ART. 12. — La salle des machines ne sera ouverte que dix minutes avant l'ouverture des cours. En tout autre moment l'élève ne pourra y pénétrer qu'avec l'autorisation écrite du directeur.

ART. 13. — Les élèves doivent tenir leurs cahiers de relevé des cours, carnets de croquis, portefeuilles de dessins, classeurs d'échantillons, livres de comptabilité, etc., en ordre et constamment à jour.

Ils doivent les présenter au professeur toutes les fois que celui-ci l'exige.

ART. 14. — Les notes des élèves se résument à la fin de chaque trimestre, et plus souvent s'il y a lieu ; elles sont remises au président et à la commission.

ART. 15. — Les examens de fin d'année, dont les jours sont déterminés par le directeur, auront lieu du 15 juin au 5 juillet.

ART. 16. — Dans ses réunions, la commission juge des progrès des élèves et prononce sur le maintien ou le renvoi de chacun d'eux.

PROGRAMME DES COURS

COURS DE FILATURE

Introduction. — Classification, caractères distinctifs et modes de travail des divers textiles.

Peignage des laines. — Manutention des laines brutes à l'usine.

Epuration chimique. — Désuintage. — Fabrication des potasses et savons. — Lavage, méthodes diverses. Récupération des graisses. — Séchage. Ensimage.

Epuration mécanique. — Echardonnage. Epaillage. — Cardage, cardes simples et doubles. — Peignage, divers types de peigneuses. — Machines de préparation avant et après peignage.

Apprêts du ruban. — Lissage et Gill-boxage. Charges sur ruban de peigné et blanchiment.

Filatures de laine. — Définitions. Division en filature de laine peignée, cardée et renaissance.

Préparation. — Matières premières. — Théorie du travail. — Organes essentiels pour le travail des laines en rubans. — Agencements généraux des organes travailleurs. — Numérotage et échantillonnage. — Lois et formules de l'étirage et du doublage. — Composition d'une préparation de filature.

Etudes des machines d'un assortiment. — Types pour chaque spécialité.

Théorie du travail de chaque type de machine. Schéma d'entraînement des organes.

Application à chaque type. — Calculs. Production.

Analyse des principes de mécanique relatifs à chaque type.

Travail des machines d'un assortiment. — Modèle d'un tableau de préparation. — Mélanges. — Calcul des numéros à chaque machine. — Réglage pour un type. — Essais du travail. — Nature et poids des déchets.

Données de construction et de marche d'un assortiment. — Division des métiers en tables et têtes. — Cylindres d'entraînement. — Organes de propreté. — Relation entre pignons et laminage.

'— Poignes. — Buffles. — Compteur. — Défauts du travail. — Mise en rapport des machines au calcul des têtes d'un assortiment. — Cycle des opérations. — Résultat.

Filature de coton cardé. — *Le coton.* — Propriétés de la fibre. — Qualités au point de vue de la filature. — Manutention et mélanges.

Préparation. — Modes de travail de la fibre de coton.

Epuration mécanique. — Ouvrage et battage. Vitesse et production. Réglage et rendement. — Cardage. — Description des divers types de cardes, vitesses, production. — Doublage et laminage combinés. Bancs d'étirage et bancs à broches. Etude des principaux types. Assortiments.

Métiers à filer. — Laine et coton. — *Le métier à filer Self-acting ou renvideur.* — La matière première et théorie du travail. — Organes essentiels, succession des mouvements. — Commandes des organes. — Description des principaux types. — Etude spéciale du renvideur pour laine cardée. — Régulateur. — Etude du renvidage.

Travail des renvideurs. — Torsions admises pour les divers numéros, laine cardée et coton — Epure et éléments de construction. — Calculs pour la mise en route. — Changement de numéro ou de genre de filé.

Le métier continu à filer à anneaux. — Caractères du travail ou analyse du fonctionnement. — Organes essentiels. — Description d'un continu pour filer la laine ou le coton. — Différences du renvideur et du continu.

Caractères des fils de laine et de coton. — Leur emploi ultérieur. — Exigences de la fabrique. — Vaporisage.

Retorderie. — Doublage des fils. — Métier à retordre à anneaux pour laine et coton. — Renvideur à retordre e coton. — Retordage à l'eau et à sec. — Types de métiers. — Fonctionnement. — Production. — Moulineuse à retordre pour bonneterie. Relations entre la retorderie et la préparation de tissage. — Chaîne et trame. — Vaporisage.

Conditionnement des textiles. — But et création des conditions publiques. — Conditionnement. — Titrage et numérotage. — Essais chimique des filés. — Essais physiques.

COURS DE MÉCANIQUE APPLIQUÉE ET PHYSIQUE INDUSTRIELLE

Aménagements intérieurs des usines. — Plans et projets d'installations.

Force motrice. — *Chaudières à vapeur.* — Combustibles. -- Appareils de sûreté et d'alimentation. — Réchauffeurs. — Correction des eaux. — Désincrustant.

Machines à vapeur. — Classification au point de vue de leur forme et du travail de la vapeur dans le cylindre. — Analyse des organes d'une machine de la petite industrie, de la grande industrie, à grande vitesse pour électricité. — Distribution. — Régulation. — Graissage. — Mesure du travail de la vapeur. — Diagrammes. — Consommation et force développée. — Monographie des machines des principaux systèmes.

Moteurs à gaz. — Propriétés des gaz combustibles brûlés en vase clos. — Mode de fonctionnement d'un moteur à gaz. — Monographies. — Installations.

Transmissions de mouvement. — *Composition des transmissions.* — Arbres. — Paliers. — Chaises. — Poulies. — Organes de traction. Cordes. Câbles. Courroies. Chaînes.

Applications aux diverses parties ou machines de l'usine. — La transmission mécanique et électrique.

Hydraulique des usines. — *Principes généraux : Pompes de divers systèmes.* — Organes. — Calculs.

Pulsomètres, injecteurs.

Moteurs à eau et compteurs d'eau.

Service d'alimentation et d'incendie.

Manutention des fardeaux et marchandises. — Appareils de pression, de perage, de levage, de transport.

Atelier de réparations. — Notions de métallurgie. — Machines pour le travail à chaud et à froid.

Outillage et machines à travailler les bois.

Chauffage industriel. — Propriétés au point de vue du chauffage, de l'air, de l'eau et de la vapeur. — Utilisation de la vapeur d'échappement. — Examen des organes d'un chauffage. — Applications diverses.

Ventilation. — Thermique ou mécanique. — Modes d'application aux salles d'atelier, séchoirs, à l'extraction des poussières et buées. — Types de ventilateurs divers. — Rendements.

Humidification des salles d'usines. — L'air et la vapeur d'eau. — But de l'humidification. Méthodes. — Projections de vapeur, d'eau pulvérisée. — Montage de chaque système. — Résultats pratiques.

COURS D'ÉLECTRICITÉ INDUSTRIELLE

Principes généraux d'électricité. — Lois. — Etude des dynamos à courant continu. — Génératrices et électro-motrices. — Reversibilité. — Accumulateurs et transformateurs rotatifs. — Tableau de distribution et montage de circuits d'éclairage par arc et incandescence.

Etudes des alternatrices et motrices à courants polyphasés. — Tableau de distribution et montage de circuits d'éclairage par arc et incandescence en courant polyphasé.

Transport de force par courant continu et polyphasé.

Applications à l'industrie textile.

Signaux d'usine et téléphonie.

COURS DES CHAFFEURS-CONDUCTEURS DE MACHINES

Ce cours s'adresse, non seulement aux chauffeurs-conducteurs, mais aussi à tous ceux qui peuvent avoir à surveiller et à employer des chaudières et des machines.

Le cours, essentiellement pratique, peut être suivi avec fruit sans aucune préparation spéciale.

Les matières traitées sont les suivantes ;

Etudes des gaz et des vapeurs. — Etudes des combustibles. — Détermination de leur valeur industrielle. — Description des principaux générateurs de vapeur. — Réchauffeurs et Economiseurs. — Conduite et Entretien des générateurs. — Défauts, altérations, accidents, explosions. — Correction des eaux. — Législation et Règlements.

Machines à vapeur et Moteurs à gaz. — Description. — Etude de la distribution. — Conduite et Entretien.

COURS DE DESSIN GÉOMÉTRIQUE APPLIQUÉ AUX MACHINES

Tracé géométrique. — Lignes droites et courbes. — Raccordements.

Polygones. — Cercle et ses divisions. — Calculs des contours et surfaces.

Echelle d'un dessin.

Traits de force. — Moulures.

Projections des lignes, des surfaces, des solides géométriques. — Calculs des volumes.

Elévation. — Plan. — Coupe. — Profils.

Intersections des solides. — Développements des surfaces.

Assemblages des bois.

Vis. — Boulons. Rivets. — Fers spéciaux. — Assemblages des tôles.

Exécution, d'après modèles en nature, de croquis cotés et dessins d'exécution à une échelle donnée, de différentes pièces de détail de machines :

Clefs. — Robinets. — Soupapes. (Calcul des leviers). — Boîtes à étoupe.

Arbres de transmission. — Manchons d'accouplement et d'embrayage. — Paliers. — Consoles. — Chaises pendantes. — Crapaudines. — Boitards.

Etude des principales transformations de mouvement.

Poulies à courroie. — Roues à friction. — Roues d'engrenage droites et côniques. — Calculs des vitesses.

Excentriques et Cames.

Pistons. — Coquilles. — Bielles. — Manivelles.

Pièces diverses de machines de Tissage et Filature.

Dessins de groupes d'organes de machines.

Dessins d'ensemble cotés de machines complètes.

Plans d'installation de machines et d'usines.

COURS D'ÉTUDE DES FILÉS

Caractères distinctifs des principaux textiles. — Explications sommaires sur la filature et la retorderie. — Variétés et combinaisons dans le retordage.

Systèmes divers de numérotage et d'échevettage. — Calculs de conversion.

Emplois des filés dans les différents tissus d'après leurs natures et torsions.

Etablissement par chaque élève d'un Livre des matières contenant environ 600 échantillons de filés divers : Soie, Schappe, Bourrette, Coton, Ramie, Lin, Chanvre, Jute, Aloès, Coco, Alfa, Laine, Mohair, Cuivre, Argent et Or, à l'état de filés, retors, moulinés, câblés, ondés, frisés, bouclés, boutonnés, écrus ou teints, glacés, jaspés, fantaisie, etc.

COURS DE THÉORIE DE TISSAGE, DÉCOMPOSITION ET FABRICATION

Préliminaires. — Historique du tissage. — Révision succincte des matières employées dans les tissus. — Conditionnement. — Teinture.

Opérations préparatoires du tissage. — Dévidage ou Bobinage. — Ourdissage. — Dressage. — Parage et Encollage. — Rentrage ou Remettage. Combinaisons diverses. — Passage au rot. — Cannettage.

Étude du métier à bras. — Organisation générale du métier à tisser. — Disposition de la chaîne sur le métier. — Rouleau de chaîne ou Ensouple de derrière et son appareil de tension ou Bascule. — Calcul d'une Bascule. — Mouvements des lames. — Armures du métier. — Marchage. — Mécaniques d'armure. — Piquage de cartons d'armure. — Battant ou Chasse. — Navette. — Templet. — Rouleau de l'étoffe et son appareil d'enroulement ou Régulateur. — Calcul d'un régulateur.

Étude du métier mécanique. — Principaux systèmes. — Dispositions générales des mouvements. — Modifications dans les pièces essentielles du métier à bras pour leur adaptation au métier mécanique. — Mouvements des lames par excentriques et mécaniques d'armures. — Battants simples et à changement de navettes. — Disposition et Mouvements des fouets de chasse. — Régulateur d'enroulement, positif, négatif, à compensation. — Calcul du pignon de duitage. — Casse-trame. — Buttoir. — Rot à renversement.

Théorie des armures ou grammaire des liages. — Tracé théorique d'exécution d'un tissu. — Signes conventionnels.

Armures primitives. — Toile ou taffetas. — Combinaisons diverses produisant la variété des tissus toile. — Sergés simples. — Satins. — Règles de composition.

Armures dérivées. — Procédés de dérivation.

Dérivés de la toile. — Louisine. — Gros-de-Tours. — Épinglé. — Natté Royale. — Reps et Côtes bombées diverses. — Cannelés à une et deux chaînes. — Ottoman. — Cannetillé.

Dérivés du sergé. — Sergés composés. — Croisés. — Batavia ou Casimir. — Calcul des croisures. — Influence des tors. — Sergés fondus. — Sergés crêpés. — Côtes satinées. — Diagonales diverses. — Sergés brisés. — Sergés contredits. — Chevrons. — Losange. — Armure gaufrée.

Dérivés du satin. — Sablés et Caillouté. — Satins fondus. — Cork Screw.

Armures diverses. — Rayonnés. — Armures fantaisie, etc.

Tissus à disposition. — Tissus à bandes longitudinales, dits Pékins. — Tissus à bandes transversales, dits Barrés. — Tissus à carreaux, ou Damiers. — Quadrillés divers. — Tissus damassés.

Étoffes sans envers ou tissus double face. — Tissus double face, effet de chaîne. — Règle de composition. — Armures sympathiques. — Composition d'étoffes double face avec armures semblables ou différentes.

Tissus double face à trois-chaînes,

Tissu double face à interversion de chaîne.

Étoffe double face par la trame. — Étoffe à trame de doublure. — Navettage à duites paires et impaires.

Étoffes à trois trames, à trames multiples, à trame lancée.

Doubles étoffes. — Double étoffe tubulaire. — Tissus poche. — Doubles étoffes liées. — Règles d'assemblage. — Composition de doubles étoffes liées à proportions diverses en chaîne et trame. Triples étoffes. — Étoffes multiples.

Piqués et matelassés. — A côtes, à losanges, à figures et proportions variées.

Tissus veloutés et bouclés. — Tissus floconnés. — Velours coton par la trame, dit Velvet et Velveteen. — Velours au sabre. — Linge-éponge.

Velours proprement dit. — Métier à velours. — Velours frisé. — Velours coupé, poil à cheval et poil lié. — Peluche. — Moquette — Velours tissé en double pièce.

Gazes. — Gaze anglaise, simple, armurée. — Lisière anglaise Divers montages de gazes. — Gazes compliquées de tous genres. :

Rubans. — Métier à rubans. — Lisières rondes. — Picots. — Franges tirées.

Décomposition des étoffes unies et armurées. — Application des principes ci-dessus, à la décomposition d'étoffes unies, armurées, rayées et quadrillées de tous genres : Lainages, Draperies, Cotonnades, Soieries,. Velours. — Analyse de la contexture et recherche des matières. — Disposition complète de mise en travail pour la reproduction d'étoffes semblables.

Théorie des tissus façonnés dits Jacquards. — Distinction entre les étoffes armurées et façonnées. — Principes du montage d'un façonné — Empoutages de tous genres. — Calcul d'empoutage. — Envergeage. — Appareillage. — Colletage. — Montages à corps simple, à corps et lames ordinaires, à plusieurs fils au maillon avec lames de levée et de rabat, à plusieurs cordes au collet avec tringles et encroisures diverses. — Mécanique de tire. — Historique. — Mécanique Jacquard. — Perfectionnements. — Mécaniques Vincenzi, Verdol. — Mise en carte. — Lisage. — Piquage des cartons. — Repiquage. — Lisage accéléré.

Décomposition des façonnés. — Analyses d'étoffes façonnées de tous genres et dispositions de mise en travail. — Tissus flottés, liserés, lancés, brochés. — Brillantine. — Cachemirienne. — Châles. — Damas deux lacs et bout à bout. — Brocart. — Tissus lainages et Mohair à effets variés pour robes et confections. — Tissus plissés et bosselés. — Etoffes à deux chaines, effet broderie. — Tissus à bandes et à poil trainant. — Mexicaine. — Piqués et Matelassés pour lingerie, gilets, manteaux et couvertures. — Epinglé grand façonné. — Reps broché, genre Aubusson. — Tapisseries et Tentures simple et double face, effets chaîne ou trame, à dessins semblables ou différents. — Damas sans envers ou Damassés pour Ameublement et Linge de table. — Lampas. — Brocatelles pour robes et pour ameublement. — Velours de différents genres et Tapis velours à une ou plusieurs grilles ou corps de poil. — Gazes façonnées pour modes, confections et rideaux.

Echantillonnage. — Création d'étoffes diverses, unies, armurées, rayées, façonnées, à combinaisons variées d'effets et de coloris. — Montage et exécution. — Livres de références.

Comptabilité industrielle du tissage. — Livres de commissions, des matières brutes, de teinture, de bobinage, d'ourdissage, de tissage. — Calculs des poids et prix des matières nécessaires pour l'exécution d'un tissu. — Façons diverses. — Frais généraux. — Prix de revient.

Installation des usines de tissage. — Complément d'explication sur les métiers à tisser mécaniques. — Avantages comparés et applications particulières des divers systèmes de métiers. — Choix des métiers et projet d'installation d'une usine de tissage en vue d'une fabrication donnée.

COURS DE DESSIN DE FABRIQUE

PREMIÈRE PARTIE

Perspective. — Ombres propres. — Ombres portées. — Ornements simples à contours géométriques. — Ornements divers d'après planches, modèles en relief, et d'après nature. — Études d'ornements variés, fleurs, feuillages et motifs divers, d'après des matériaux des différentes époques. — Études d'arrangements et de groupes à rapports suivis, contredit, semés diversement. — Composition d'esquisses pour tissus de tous genres, à motifs isolés et continus.

DEUXIÈME PARTIE

Pointage des différentes armures sur papier de mise en carte. — Armures fondues. — Lignes obliques et courbes diverses. — Calcul du papier de mise en carte. — Report de l'esquisse sur la carte. — Principes d'arrêtage. — Peinture de la carte. — Emploi des couleurs différentes suivant les effets. — Translatage. — Mise en carte pour tissus de tous genres.

COURS DE COMPTABILITÉ COMMERCIALE

PREMIÈRE PARTIE

Théorie. — Utilité et nécessité de la comptabilité en général. Explication des termes employés.
Partie simple et Partie double. Leur mécanisme.

13

Livres principaux et accessoires.
Comptes généraux et courants. — Balances.

Pratique. — Ouverture d'une comptabilité et tenue des livres nécessaires à la pratique de cette comptabilité pendant une durée de deux mois et demi.

Établissement des comptes-courants de banque, différents moyens, examen et critique.

Clôture de l'exercice par un inventaire général avec explication et preuve.

COURS DE DROIT COMMERCIAL ET INDUSTRIEL

Notions générales de droit civil. — *Des Personnes.* — Droits civils. — Nationalité. — Actes de l'Etat-civil. — Paternité et Filiation. — Minorité. — Majorité.

Des Biens. — Meubles et Immeubles. — Propriété et possession. — Servitudes. — Successions. — Donations. — Contrats et Obligations.

Notions générales de droit public. — *Pouvoirs.* — Législatif. Exécutif. Judiciaire. — Organisation des Tribunaux. — Juridictions commerciales. Représentation commerciale.

Droit commercial. — Des Commerçants. — Capacité. — Actes de commerce. — Livres de commerce. — Patente. — Election. Eligibilité. — Bourse de commerce.

Agents de change.

Contrats et obligations.

Gage civil et commercial. — Magasins généraux.

Contrat de transport.

Sociétés.

Effets de commerce.

Faillites. — Liquidation judiciaire. — Banqueroute.

Droit industriel. — Brevets d'invention. — Modèles et Dessins de fabrique. — Marques de fabrique. — Nom commercial. — Concurrence déloyale.

Etablissements dangereux, insalubres et incommodes.

Législation ouvrière. — Contrat de travail. — Salaire. — Participation aux bénéfices. — Saisissabilité.

Contrat d'apprentissage. — De louage de services. — De louage d'industrie.

Réglementation et mesures protectrices du travail. — Liberté du travail. — Protection du travail national.

Surveillance, hygiène et sécurité du travail.

Accidents du travail. — Responsabilité civile du patron.

Associations ouvrières. — Internationales. — Coopératives. — Syndicats professionnels.

Institutions de prévoyance et de solidarité.

Conflits entre patrons et ouvriers. — Conseils de prud'hommes. — Juges de paix. — Coalitions et grèves. — Conciliation et arbitrage facultatifs.

COURS DE COMMERCE ET MARCHANDISES

Echanges. — Echanges en nature. — Echange commercial. — Achat et vente au comptant ou en compte. — Art d'acheter ou de vendre ; Connaissance des marchandises, des besoins, des marchés et des débouchés.

Documents relatifs aux échanges. — Ordre d'achat, de vente : Facture.

Règlement des échanges. — De la monnaie métallique et fiduciaire.

Transports. — Par voiture et par chemin de fer, par eau.

Emballage des marchandises. Expéditions. Lettres de voiture. Connaissement. — Tarifs divers d'expédition.

Douanes. — Documents divers.

Entrepôts. — Docks : Magasins généraux.

Banquiers. — Opérations usuelles. — Escompte et encaissement des effets. — Dépôts. Avances sur titres et sur marchandises. — Coupons. Ouvertures de crédit.

Caisse de liquidation.

Bourses. — Fonctionnement. — Bourses de marchandises. — Opérations au comptant et à terme. — Filières. — Courtiers en marchandises.

Assurances diverses.

Etudes des marchandises. — Eau. — Houille. — Gaz. — Fer. — Chaux et Calcaires. — Textiles : Laines, Coton, Soie, Jute, Chanvre, Lin, Ramie, etc.

Géographie commerciale. — Etude sommaire de la géographie économique. Produits des divers pays. Agriculture. — Elevage du bétail. — Produits manufacturés. — Centres d'industrie. Monnaies et échanges.

COURS DE STÉNOGRAPHIE ET DACTYLOGRAPHIE

Sténographie. — Méthode Prévost-Delaunay. — Etude des signes. — Procédés d'abréviation. — Combinaisons des divers procédés. — Exercices de dictées de plus en plus rapides.

Dactylographie. — Machine à écrire, système Remington. — Manœuvre du clavier. — Entretien de la machine.

PETITES-SŒURS DE L'OUVRIER

En 1882, les patrons du syndicat appelèrent de Grenoble, où était établie leur maison-mère (1), des Petites-Sœurs de l'Ouvrier pour faire le catéchisme aux enfants de moins de 16 ans, s'occuper des ouvriers et ouvrières, apprendre à ces dernières la couture, panser les blessés, visiter les malades, porter des secours aux familles nécessiteuses (2), assister aux funérailles, diriger des associations pieuses, etc.

Les Petites-Sœurs de l'Ouvrier exercent leur apostolat dans 9 usines, dont 2 ne font pas partie du syndicat (3).

Dans plusieurs usines elles sont chargées de la caisse d'épargne, soit pour les jeunes filles seulement, soit pour tous les ouvriers et ouvrières indistinctement.

Leur communauté est établie rue Nationale, 81.

---

(1) La maison-mère des Petites-Sœurs de l'Ouvrier a été transférée depuis à Voreppe (Isère).

(2) En 1897, les secours distribués par l'intermédiaire des Petites-Sœurs de l'Ouvrier se sont élevés à 15.630 fr.

(3) D'autres usines reçoivent la visite des Sœurs de la Présentation.

QUATRIÈME PARTIE

INSTITUTIONS DE FOURMIES

SYNDICAT MIXTE DE L'INDUSTRIE FOURMISIENNE

Fondé le 9 février 1889 (1)

STATUTS

ARTICLE PREMIER

Constitution. — Un syndicat professionnel est fondé dans la ville de Fourmies et le canton de Trélon, entre les patrons et les employés d'une part et les ouvriers d'autre part, tous appartenant, à des titres divers, à l'industrie de la laine, ou au négoce en tissus et en matières premières, ou à toute autre industrie et profession connexe ou similaire.

Sa dénomination est : *Syndicat professionnel des Patrons et Ouvriers de l'Industrie de la Laine* et son siège social est provisoirement fixé rue du Marais.

ARTICLE 2

Durée. — La durée est illimitée.

ARTICLE 3

But. — Le *Syndicat de l'Industrie de la Laine* a pour but

---

(1) En 1898, le syndicat comprenait les cinq maisons industrielles suivantes: P. Demoulin, E. Droulers (peignage et filature); Jacquot père, fils et Cie (peignage, filature et tissage); les fils de Louis Legrand, (filature et tissage); P. Legros, à Wignehies (filature et tissage); L. Levasseur et Cie (filature et retordage).

Il comptait, au 1er janvier 1898, 157 membres.

d'assurer une union cordiale entre ses membres, patrons et ouvriers, en associant leurs efforts pour l'étude et la sauvegarde des intérêts moraux, professionnels, économiques du groupe entier, et, plus spécialement, des membres ouvriers.

En conséquence, le syndicat cherchera à créer, au mieux des circonstances et dans la mesure de son pouvoir, toutes les institutions qui pourront aider au développement moral intellectuel et professionnel de ses membres, ainsi qu'à l'amélioration de leur condition matérielle. Il s'efforcera notamment :

1° De procurer à ses membres les moyens d'accroître leur savoir professionnel ;

2° D'améliorer leur situation matérielle par des institutions économiques ;

3° De développer chez eux le goût de l'épargne par des institutions qui la leur rendent facile ;

4° De leur venir en aide dans les diverses nécessités de la vie par des œuvres de prévoyance ;

5° De leur ménager des conseils utiles et un appui moral dans leurs affaires litigieuses ;

6° De les aider à placer leurs enfants selon leur capacité, pourvu qu'ils soient d'une conduite irréprochable ;

7° De s'occuper plus particulièrement encore du placement et de la surveillance des orphelins ;

8° De renseigner ceux de ses membres, qui seraient momentanément sans travail, sur les emplois vacants chez les patrons syndiqués.

ARTICLE 4

Admission et exclusion. — Nul ne peut entrer dans le syndicat sans avoir été agréé par le conseil syndical.

Le conseil syndical d'autre part a toujours le droit de prononcer l'exclusion d'un membre pour des raisons graves, dont il est seul juge.

Le membre exclu perd tous ses droits sur le capital que pourrait posséder le syndicat sous réserve du droit qui lui est conféré par le § 2 de l'article 7 de la loi du 21 mars 1884 (1).

(1) Toute personne qui se retire d'un syndicat conserve le droit d'être membre des sociétés de secours mutuels et de pensions de retraites pour la vieillesse à l'actif desquelles elle a contribué par des cotisations ou des versements de fonds.

Les femmes sont admises à faire partie du syndicat, mais avec cette restriction qu'elles ne peuvent participer à l'administration du syndicat.

ARTICLE 5

Démission. — Conformément à la loi, tout membre peut toujours donner sa démission par une simple lettre adressée au président du conseil. Il perd, par ce fait, tous ses droits sur le patrimoine syndical, sous réserve du droit qui lui est conféré par le § 2 de l'article 7 de la loi du 21 mars 1884.

ARTICLE 6

Le syndicat est administré par un conseil composé d'un syndic patron, d'un syndic employé et d'un syndic ouvrier, par usine ou maison de commerce où l'association compte des membres patrons, employés et ouvriers. Toutefois, le syndic employé faisant partie du groupe patronal, ne participera pas au vote lorsque son patron sera présent aux séances du conseil ; mais, en cas d'absence de son patron, il votera en son lieu et place.

Les ouvriers syndiqués n'appartenant pas à des établissements faisant partie du syndicat, pourront, lorsque leur nombre sera suffisant, avoir un délégué pour les représenter au conseil syndical où il aura voix consultative.

Pour mieux assurer la représentation des usines les plus importantes ou maisons de commerce au conseil syndical, il sera en outre pourvu à la nomination d'un syndic suppléant par catégorie : patrons, employés et ouvriers.

La présidence du conseil appartient de droit à un patron. En cas de partage, la voix du président est prépondérante.

Tout syndic, patron, employé ou ouvrier qui cessera de faire partie de la maison de commerce ou de l'atelier qu'il représente au conseil, cessera par le fait même d'être syndic.

Il sera, dans ce cas, pourvu dans le mois courant à son remplacement, par la maison de commerce ou l'atelier qu'il représente, par la voie ordinaire du vote.

En cas de décès ou de démission d'un syndic patron, employé ou ouvrier, il sera également pourvu à son remplacement dans le mois qui suivra le décès ou la démission.

Le conseil syndical choisit dans son sein un bureau de six membres, pris moitié dans le groupe patronal, moitié dans le groupe ouvrier. Les membres du bureau, patrons et ouvriers, sont élus séparément par la fraction du conseil qu'ils représentent. En outre, le président du conseil fait de droit partie du bureau et le préside.

Le bureau achève de se constituer en nommant deux vice-présidents, un secrétaire et un trésorier.

Le mandat de syndic a une durée de deux ans. Le bureau est nommé par le conseil pour le même laps de temps. Les membres sortants sont toujours rééligibles.

Le syndicat, ainsi constitué, s'assure le concours de souscripteurs ou membres honoraires disposés à aider l'association en lui apportant l'appui de leurs conseils et de leurs services.

Ces membres honoraires peuvent concourir dans la mesure autorisée par la législation à l'administration des institutions économiques établies en faveur des associés.

ARTICLE 7

Attributions du conseil et du bureau. — Le conseil syndical est investi des pouvoirs les plus étendus pour la gestion et l'administration du syndicat. Il le représente dans ses rapports vis-à-vis des tiers, et prend toutes les mesures qu'il juge utiles à ses intérêts ; mais il doit justifier devant l'assemblée générale que les dépenses ordonnées par lui n'excèdent pas les ressources du syndicat. Il a donc qualité pour :

1º Statuer, après sérieuse information, sur l'admission ou la radiation des membres ;

2º Avertir les membres qui compromettraient par leur conduite l'honneur du syndicat;

3º Assurer la rentrée des cotisations ;

4º Dresser le bilan et le budget annuels ;

5º Acheter et vendre ;

6º Ester en justice si les circonstances l'exigent;

7º Organiser les institutions et procurer les avantages prévus par l'article 3.

Le conseil syndical délègue à son bureau ses pouvoirs, pour l'accomplissement de ses fonctions. Le bureau peut avoir recours à des auxiliaires agréés par le conseil et choisis soit parmi les membres du syndicat, soit en dehors. Ces auxiliaires pourront être rétribués.

Article 8

Réunions du conseil. — Assemblées générales. — Le conseil syndical se réunit régulièrement tous les mois sur convocation portant un ordre du jour arrêté par le président. Le bureau lui rend compte de sa gestion. Le président peut toujours le convoquer en séance extraordinaire. Il peut convier aux séances, mais à titre consultatif, toute autre personne dont le concours peut être utile au syndicat.

Les membres du syndicat sont convoqués tous les trois mois en assemblée générale. Cette réunion est obligatoire, et se tiendra au siège social. Les sociétaires doivent être convoqués au moins dix jours auparavant.

Il est rendu compte par le conseil de la gestion du syndicat. Les femmes ne peuvent faire partie du conseil syndical.

Toute motion ou proposition à faire en assemblée générale doit être déposée, vingt jours au moins avant cette assemblée, entre les mains du président, qui décide, après avoir pris l'avis du bureau, s'il y a lieu ou non de la porter à l'ordre du jour.

Peuvent seules être soumises à l'assemblée générale les questions qui sont portées à l'ordre du jour. Cet ordre du jour est fixé par le président, après avoir été soumis par lui à l'approbation du bureau.

Article 9

Patrimoine syndical. — Le patrimoine syndical est un bien commun inaliénable, destiné à assurer la perpétuité et l'indépendance du syndicat, ainsi que le fonctionnement des institutions qui en dérivent.

Il est composé des dons ou cotisations des membres du syndicat, patrons et ouvriers.

L'administration de la caisse est confiée au conseil, sous la surveillance de l'assemblée générale.

Ce patrimoine inaliénable est la propriété exclusive du syndicat. Il servira spécialement :

1° A couvrir les frais généraux d'administration ;

2° A acquitter le loyer et les frais d'entretien des locaux nécessaires au syndicat, ou à les acquérir ;

3° A subvenir aux frais des institutions d'intérêt général telles que : bureaux de placement, cours professionnels, bibliothèques, etc., qui pourraient être créées au bénéfice des membres ouvriers ;

4° A constituer un fonds de réserve, qui permette de parer à toutes les éventualités

ARTICLE 10

Dissolution. — Le syndicat ne pourra être dissous que si les trois quarts de ses membres ouvriers en formulent la demande.

En cas de dissolution, la part de la caisse provenant des apports des ouvriers sera versée par le conseil, au profit des membres ouvriers et employés, au prorata de leurs versements personnels, à la Caisse des Retraites de l'Etat, capital réservé. La part provenant des cotisations des patrons sera versée par le conseil, à telles institutions charitables que les patrons désigneront.

ARTICLE 11

Tout cas non prévu par les présents statuts est laissé à l'appréciation du conseil, qui en sera seul juge.

Et seront les présents statuts constitutifs du *Syndicat de l'Industrie Fourmisienne*, déposés en double exemplaire à la mairie de Fourmies avec déclaration des noms des administrateurs.

Le récépissé du dépôt sera conservé dans les archives du syndicat.

Ce double dépôt sera renouvelé au changement de la direction ou des statuts.

RÈGLEMENT INTÉRIEUR

ARTICLE PREMIER

Les conditions à remplir pour être admis sont :

1° Avoir dix-huit ans ;

2° Appartenir comme patron, négociant, employé ou ouvrier à l'industrie fourmisienne et jouir d'une honorabilité parfaite ;

3° Etre présenté par deux membres du syndicat à l'acceptation du conseil.

En outre, le syndicat trouvant dans les pratiques religieuses et la moralité de ses membres les plus sûres garanties pour atteindre le but qu'il se propose, en fait une condition d'admission. Le syndicat, véritable corporation, est donc essentiellement chrétien dans son esprit et dans son but. Il a un aumônier nommé par Mgr l'Archevêque de Cambrai.

ARTICLE 2

Les causes ordinaires d'exclusion sont les suivantes :

1º L'inconduite ou l'irréligion notoires ;

2º L'infraction grave ou habituelle aux statuts du syndicat ou aux règlements intérieurs ;

3º L'absence sans motifs valables à deux réunions successives de l'assemblée générale ;

4º Une condamnation judiciaire entraînant une peine infamante.

ARTICLE 3

Chacune des institutions fondées par les soins du syndicat restera sous la surveillance du conseil syndical et aura un règlement spécial approuvé par lui.

ARTICLE 4

Les cotisations des associés sont fixées comme suit :

1º Pour les ouvriers, 50 centimes par mois ;

2º Pour les patrons : 50 centimes par mois et par chacun de leurs ouvriers faisant partie du syndicat ;

3º Pour les employés : 12 francs par an.

ARTICLE 5

Pour assurer la facilité des services, le syndicat est divisé par groupe d'atelier.

Chaque groupe est divisé par fraction de dix membres ayant à leur tête un dizainier ou une dizainière, désignés, de concert avec le patron, par les membres de la dizaine.

Les dizainiers et les dizainières veillent à l'honneur et aux intérêts du syndicat. Ils reçoivent les demandes et les observations des sociétaires, et les transmettent au syndic patron ou au syndic ouvrier, pour qu'ils en fassent part au conseil syndical.

Ils perçoivent les cotisations des membres de leur dizaine, et ont à cet effet un livre de recettes, qu'ils remettent tous les mois au trésorier avec le montant des sommes perçues.

ARTICLE 6

Le syndicat assure à ses membres des funérailles religieuses convenables, en leur garantissant un service de troisième classe.

ARTICLE 7

Les fêtes du syndicat sont la Saint-Louis et celles qui seront fixées par l'assemblée générale.

Une messe solennelle sera célébrée chaque année pour tous les confrères vivants ou défunts. Le syndicat y assistera en corps, reconnaissant ainsi que, dans l'ordre temporel comme dans l'ordre éternel, Dieu est l'auteur de tous les biens.

CAISSE DES MALADES

Fondée le 1er mai 1890 (1).

ARTICLE PREMIER

Son but est de venir en aide aux sociétaires ouvriers malades en leur procurant une indemnité pécuniaire et journalière pendant leur maladie dans les conditions déterminées ci-après.

ARTICLE 2

Les membres seuls du Syndicat Chrétien ont droit aux secours qui seront distribués par la caisse. Tout membre du syndicat *qui n'aura pas trois mois de présence ou qui pendant deux mois consécutifs n'aura pas fait le versement de sa cotisation ne pourra bénéficier des secours accordés.*

En ne faisant plus partie du syndicat pour quelque cause que ce soit, on cesse de ce fait de participer aux avantages de la caisse.

ARTICLE 3

Les ressources du syndicat seront affectées en partie à alimenter la caisse.

ARTICLE 4

La caisse accorde au sociétaire malade et obligé de cesser son

(1) Du 1er mai 1890 au 1er janvier 1898, il a été accordé plus de 7.000 fr. de secours.

travail une indemnité de un franc par jour pendant trois mois (1), dimanches et fêtes exceptés ; et, si à l'expiration de ce terme, le malade n'est pas en mesure de reprendre son travail, le conseil d'administration de la caisse des malades décide, suivant l'état de la caisse et la situation du malade si une certaine indemnité peut être continuée.

ARTICLE 5

Une indisposition de cinq jours, non compris les dimanches et fêtes, ne donne pas lieu à une indemnité. Une maladie de moins de quinze jours, y compris les dimanches et fêtes, ne donne pas droit à l'indemnité dès le premier jour ; on décompte les cinq jours comme ci-dessus.

Pour une maladie de plus de quinze jours, le malade a droit à l'indemnité à partir du premier jour.

ARTICLE 6

Tout malade rencontré hors de chez lui, sans y être autorisé, celui qui fait usage de liqueurs alcooliques, cessent de recevoir l'indemnité en argent.

Les secours en argent cessent également d'être accordés au malade qui est trouvé exerçant sa profession ou tout autre travail lucratif.

ARTICTE 7

Aucun secours ne sera accordé pour maladies causées par la débauche ou l'intempérance, ni pour blessures reçues dans une rixe, lorsqu'il est prouvé que le sociétaire a été l'agresseur, ni pour blessures reçues dans une émeute à laquelle il aurait pris une part volontaire.

Les accidents survenus pendant le travail soit du fait de l'ouvrier, soit de celui du patron qui l'emploie ne seront pas considérés comme maladie et ne donneront pas lieu à indemnité.

ARTICLE 8

En cas de décès d'un membre du syndicat, il sera alloué à sa famille une somme de 20 francs qui, avec l'abandon gracieux de leurs honoraires personnels fait par MM. les Curés de Wignehies,

(1) Une décision du 9 novembre 1893 a porté la durée du secours à 4 mois.

de Fourmies et de Trieux, assurera des funérailles religieuses convenables à chaque ouvrier de l'association.

ARTICLE 9

La caisse des malades est administrée par le conseil syndical.

En dehors du conseil, mais se rattachant à lui, tous les syndics et dizainiers du syndicat sont chargés du fonctionnement de la caisse et de signaler les malades, de les visiter, de s'assurer de la sincérité de leur déclaration, de leur porter chaque semaine l'indemnité pécuniaire et de s'assurer de l'exécution des obligations de la société à leur égard.

Tous les cas de contestation qui pourraient survenir, de quelque nature qu'ils soient, seront soumis au conseil syndical qui en sera seul juge. Tous les membres du syndicat déclarent s'en rapporter sans appel aux décisions du conseil.

CAISSE D'ÉPARGNE EN PARTICIPATION

Fondée en 1890

RÈGLEMENT

ARTICLE PREMIER

Il est établi pour les membres de notre syndicat qui voudront en profiter une Caisse d'Epargne à participation de bénéfices.

ARTICLE 2

Elle a pour but d'acquérir au moyen de cotisations hebdomadaires le plus grand nombre possible d'obligations à lots garanties par l'Etat ou les Villes (valeurs de tout repos) dont le capital et les intérêts seront partagés, ainsi que les lots s'il y a lieu, entre tous les membres de la même série, au prorata du nombre de parts de chacun d'eux.

ARTICLE 3

Cette caisse fonctionnera au moyen de séries qui se renouvelleront chaque année ; la première série commençant le 1er mai 1890, finira le 30 avril 1891 ; la deuxième série commencera le 1er mai 1891, pour finir le 30 avril 1892 et ainsi de suite.

ARTICLE 4

La cotisation nécessaire pour posséder une part de série est fixée à 0,50 centimes par semaine ; chaque série comprendra autant de parts qu'il y aura de ces versements hebdomadaires ; le même membre peut avoir autant de parts qu'il le désire.

ARTICLE 5

Tout versement en retard est passible d'une indemnité de 0,10 centimes par mois et par part, et tout adhérent qui aura supprimé ses versements pendant l'espace de trois mois sera réputé démissionnaire et remboursé de toutes les sommes versées, sans intérêt.

ARTICLE 6

Dans le courant d'une série en cours, de nouveaux membres peuvent cependant être admis, mais à condition de verser autant de fois 0,50 centimes qu'il y aura de semaines écoulées depuis le commencement de la série, plus 0,10 centimes par mois pour les intérêts ; toutefois, aucun nouveau membre ne pourra plus être admis, si l'une des obligations constituant l'avoir de la série venait à gagner un lot avant sa clôture.

ARTICLE 7

On pourra en tous temps demander le remboursement des sommes versées : mais si on l'exige avant l'expiration de l'année réglementaire, on n'aura droit à aucun intérêt pour la série en cours et quant aux séries closes, les parts seront réglées sur les bases arrêtées fin de l'exercice précédent.

ARTICLE 8

En cas de décès, l'héritier sera remboursé comme l'aurait été le défunt, au cours du jour du décès ; toutefois, il lui sera loisible d'attendre l'expiration de l'année réglementaire avant de demander le remboursement.

ARTICLE 9

Tous les ans le compte de chaque série sera arrêté, et la valeur de chaque part définitivement fixée d'après le cours du jour, en bourse, des obligations en portefeuille afférentes à chacune d'elles; les intérêts produits par ces obligations, tout aussi bien que les lots qu'elles pourraient rapporter seront intégralement affectés à l'achat de nouveaux titres.

ARTICLE 10

Les titres et fonds seront déposés entre les mains du trésorier du syndicat.

ARTICLE 11

La caisse sera administrée par une commission de sept membres choisis annuellement parmi ses adhérents par le bureau syndical du syndicat professionnel ; ils éliront eux-mêmes leur président qui aura voix prépondérante ; les opérations décidées par les administrateurs seront effectuées par le trésorier, qui leur en rendra compte chaque fois avec pièces à l'appui.

ARTICLE 12

Les réunions générales de tous les adhérents auront lieu aussi souvent que les administrateurs le jugeront nécessaire, mais elles seront obligatoires au moins une fois l'an pour entendre le rapport des administrateurs et juger du bon fonctionnement de la caisse.

ALLOCATIONS DIVERSES

1° Naissances

Depuis le mois d'octobre 1897, un secours est alloué par le bureau syndical à la naissance d'un enfant dans les familles nombreuses, si l'aîné des enfants n'a pas plus de 13 ans.

L'allocation est de 5 fr. au 3e enfant, de 10 fr. au 4e, de 15 fr. au 5e, de 20 fr. au 6e, de 25 fr. au 7e.

2° Militaires

Depuis 1897, les ouvriers faisant partie de l'armée active et les réservistes reçoivent une allocation proportionnée à leur situation et aux ressources du syndicat.

ACHATS ÉCONOMIQUES

La caisse syndicale prête sans intérêts aux groupes de syndiqués les sommes qui leur sont nécessaires pour des achats en commun.

SŒURS D'USINE

Des religieuses sont attachées à trois usines du syndicat (1).

Elles visitent les malades, s'occupent des jeunes ouvrières, spécialement pendant les repas, leur enseignent le catéchisme, leur donnent des leçons de couture et de cuisine.

---

(1) A l'usine de la maison L. Levasseur et Cie, à Fourmies, et aux usines de la maison P. Legros, à Wignehies.

CINQUIÈME PARTIE

INSTITUTIONS D'ARMENTIÈRES

DE DORIGNIES-DOUAI ET DE WATTEN

I

INSTITUTIONS de la Maison A. DUTILLEUL

d'ARMENTIÈRES

SOCIÉTÉ DE SAINT-CHARLES

Établie le 8 décembre 1884

RÈGLEMENT

ARTICLE PREMIER

But de la société. — Cette société, établie avant tout dans un but de religion et de sanctification, se propose :

1° De procurer à ses membres des récréations honnêtes et innocentes, afin de leur faire passer sans danger les soirées des lundis et des jours où leur vertu pourrait être en péril ;

2° D'entretenir ou de développer en eux les sentiments de piété qu'ils ont reçus dans leur jeune âge ;

3° De leur donner des amis vertueux, afin qu'ils puissent se soutenir et s'entr'aider dans la pratique du bien et donner aux autres le bon exemple en toute occasion ;

4° De faciliter par les réunions le rapprochement du patron et des ouvriers, de manière à établir entre eux les liens d'affection et de confiance qui doivent exister entre patron et ouvriers chrétiens.

ARTICLE 2

Organisation de la société. — 1° La société est administrée par le patron, un directeur spirituel, un président, un vice-président, un secrétaire-trésorier et des commissaires.

2° Quand il s'agira d'élire un nouveau commissaire ou de pourvoir au remplacement d'un ancien, cette nomination sera faite par le conseil.

3° Les membres du conseil se réuniront au moins tous les quinze jours pour s'entretenir des intérêts et des besoins de la société, pour discuter les demandes d'admission et pour modifier ou compléter au besoin les différents articles de ce règlement.

ARTICLE 3

Conditions d'admission. — 1° Pour faire partie de la société il faut travailler à l'usine depuis au moins 3 mois et offrir en même temps des garanties suffisantes de religion, de moralité et de bonne conduite. Il faut aussi faire partie d'un patronage.

Seraient par conséquent inadmissibles : ceux qui mènent une vie scandaleuse, ceux qui ne remplissent pas leurs devoirs de chrétiens, et, en général, tous ceux dont la présence pourrait être un déshonneur ou un danger pour la société.

2° Toute demande d'admission devra être adressée au conseil par l'entremise d'un commissaire ; celui-ci fera part de la demande au conseil qui décidera.

3° Si le candidat est admis, il ne le sera qu'à titre d'aspirant, et son admission définitive comme sociétaire ne pourra être prononcée par le conseil que 6 mois après.

4° A partir de son admission, l'aspirant devra verser une cotisation ainsi fixée: dix centimes par semaine pour les jeunes gens au-dessus de 16 ans, cinq centimes pour ceux au-dessous de cet âge.

5° Tout aspirant devra faire connaître au président son nom, son prénom, son âge, afin d'être inscrit sur le registre de la société.

6° L'admission n'est accordée qu'à la condition expresse de se rendre assidûment aux réunions et d'observer tous les articles du présent règlement.

Règle de discipline. — 1° Il est expressément défendu à un sociétaire d'amener au cercle un camarade ne faisant pas partie de la société.

2° Aucun ouvrier étranger ne pourra être reçu dans la salle des réunions.

3° Il est défendu d'introduire dans la société d'autres jeux que ceux qui s'y trouvent établis, à moins de les avoir fait agréer par le conseil.

Le jeu de la ligne ou jeu de sous est spécialement interdit.

4° La même défense s'applique aux livres; tout livre étranger à la bibliothèque devra être approuvé par le directeur spirituel. Il est défendu aussi de lire d'autres journaux que ceux mis à la disposition des sociétaires.

5° Toute absence de la réunion doit être motivée; s'absenter deux fois, sans prévenir, mériterait un avertissement qui, s'il était répété trois fois, entraînerait le renvoi de la société.

6° Il est interdit aux sociétaires de s'occuper de politique; les blasphèmes et les conversations contraires à la charité, à la chasteté et aux autres vertus chrétiennes, ne sont pas tolérés.

7° Lorsque dans les jeux il s'élève quelque contestation, c'est au président et, à son défaut, à l'un des commissaires, à trancher la difficulté. Dans tout les cas, la décision est sans appel.

8° Les sociétaires doivent se montrer dociles et respectueux envers le directeur spirituel, le patron et les dignitaires ; celui qui se montrerait inconvenant à leur égard, serait déféré au conseil qui prendrait les mesures nécessaires.

9° Lorsque les sociétaires se réuniront pour la prière ou pour la réunion générale, il leur est défendu de fumer, de crier et même de parler dans la salle destinée à cet exercice.

10° A la mort d'un sociétaire, tous seront avertis du jour et de l'heure de ses funérailles, et ils seront invités à s'y rendre en grand nombre. Toutefois, comme leurs occupations pourraient en empêcher plusieurs, et afin que la société soit toujours représentée, une délégation de 10 membres sera nommée à tour de rôle par le conseil, en commençant par les plus anciens; cette délégation portera, si le temps le permet, la bannière de la société.

Si l'un des membres désignés ne pouvait se rendre aux funérailles il devrait payer une amende fixée à 25 centimes.

11° La société fera célébrer à ses frais une messe pour le repos de l'âme du sociétaire décédé. Cette messe sera dite un dimanche et tous seront invités à y venir joindre leurs prières pour leur confrère défunt.

12° Il est instamment recommandé aux sociétaires de ne jamais profiter de ces circonstances funèbres pour aller s'amuser à l'estaminet et faire disparaître ainsi la différence qui doit toujours exister entre l'Association St-Charles et certaines autres sociétés.

13° Les sociétaires devront sanctifier d'une manière toute spéciale le saint jour du dimanche. Ils assisteront à la grand'messe et aux vêpres de leur paroisse, autant que leurs occupations le leur permettront ; ils s'efforceront de donner le bon exemple par leur recueillement et leur piété.

ARTICLE 5

Dispositions particulières. — 1° Chaque année on célébrera la fête de St-Charles, patron de la société. Les associés seront invités à s'approcher des sacrements, ce jour-là, ainsi qu'aux belles fêtes de Pâques et de la Noël.

2° Chaque sociétaire recevra un insigne qu'il sera tenu de porter aux communions générales, aux processions, et toutes les fois que la société sortira du cercle.

Nul ne pourra être admis dans ces circonstances sans porter cet insigne.

3° Chacun sera responsable de son insigne; celui qui le perdra devra le remplacer à ses frais. Si quelqu'un se présentait avec un insigne sali ou en mauvais état, le président pourrait l'obliger à s'en procurer un autre.

4° Chaque année, la société assistera aux processions du Très Saint Sacrement. Tous les sociétaires portant leur insigne se feront un devoir et un honneur d'escorter leur divin Maître ; ils occuperont la place qui leur aura été assignée et se montreront particulièrement édifiants. Celui qui serait empêché de s'y rendre devrait en avertir le directeur spirituel, le patron ou le président, et donner les motifs de son absence.

Article 6

Des cotisations. — 1° Tout sociétaire versera chaque semaine la cotisation fixée plus haut ; chaque commissaire désignera ses hommes pour aller la recevoir tous les samedis.

2° Tout sociétaire qui, pendant trois semaines, s'abstiendrait de verser sa cotisation sans motif suffisant, serait considéré comme démissionnaire.

3° Tout sociétaire malade sera, à partir du jeudi soir, exempt de sa cotisation, pendant toute la durée de sa maladie.

4° Un sociétaire qui aurait quitté la fabrique dans de bonnes conditions et qui y rentrerait au bout d'un certain temps pourrait encore, sur sa demande, faire partie de la société.

5° On formera au moyen des cotisations versées par le patron et les ouvriers, un capital qu'on appellera *Caisse de prévoyance* (1), et qui servira à venir en aide aux sociétaires chargés de famille.

Article 7

Secours aux sociétaires. — 1° Les sociétaires mariés, pères de 4 enfants légitimes, recevront un secours de la société.

2° Les sociétaires sous les drapeaux recevront chaque année un cadeau de la société qui agira d'après ses ressources et sans que le sociétaire puisse élever aucune réclamation.

3° Les intérêts du capital et au besoin une partie des cotisations seront appliqués à la distribution de ces secours.

4° Le conseil décidera chaque année, au 31 décembre à la discussion du budget, les secours qui seront donnés aux sociétaires, pères de 4 enfants.

Il pourra être accordé un supplément de secours à ceux qui auraient plus de 4 enfants.

5° Les enfants arrivés à l'âge de 17 ans, devenant un aide pour la famille ne comptent plus pour l'obtention du secours.

6° Les pères de famille secourus, qui font partie du conseil, ne pourront prendre part à la discussion qui fixera les secours.

7° Tout père de famille secouru, quittant l'association ou renvoyé de l'usine, perd tout droit aux secours qu'il recevait.

(1) La contribution du patron est égale au total des cotisations versées par les sociétaires.

Il en est de même des sociétaires sous les drapeaux, pour les secours que la société leur envoie.

ARTICLE 8

Cas d'exclusion. — Un membre indigne pouvant détruire ou paralyser en partie le but que la société veut atteindre et pouvant également porter atteinte à la réputation d'une société qui doit demeurer honorable, on a jugé bon d'établir les cas d'exclusion suivants :

Seront exclus :

1º ceux qui se seront absentés trois fois sans avoir averti ou fait avertir le président ;

2º ceux qui dans les réunions se permettront de blasphémer, de dire ou de chanter des paroles obcènes;

3º ceux qui se mettront dans le cas d'être poursuivis par la justice ;

4º ceux qui se permettraient de tourner en ridicule les pratiques de la religion ;

5º ceux qui manqueraient gravement et d'une manière scandaleuse à l'accomplissement de leurs devoirs religieux ;

6º ceux qui fréquenteront les bals ou qui se livreront aux divertissements coupables du carnaval ;

7º ceux qui se feraient remarquer au régiment par leur mauvaise conduite ou qui passeraient en Conseil de guerre ;

8º ceux qui maltraiteraient ou insulteraient gravement les dignitaires.

De plus, le conseil se réserve le droit d'exclusion pour d'autres motifs que ceux prévus par ce règlement, chaque fois qu'il jugera la chose utile aux intérêts de la société.

Tout sociétaire quittant l'association ou renvoyé de l'usine n'a aucune revendication à exercer en raison des cotisations versées. Il déclare par avance en faire l'abandon complet à la société et sans retour possible.

Chaque sociétaire recevra une copie du présent règlement et devra, pour être admis, signer sur une liste que lui présentera le secrétaire, qu'il accepte tous les articles indistinctement du règlement.

Le présent règlement sera lu de temps en temps, afin d'ôter tout prétexte d'ignorance ou d'oubli, à ceux qui l'enfreindraient.

De plus, une copie de ce règlement sera remise à chaque sociétaire qui, à son départ de la société, devra la rendre ainsi que son insigne.

SOCIÉTÉ DE SECOURS MUTUELS SAINT-JOSEPH

Etablie le 26 septembre 1886

STATUTS

CHAPITRE PREMIER

ARTICLE PREMIER. — La société a pour but :

1° De donner aux sociétaires malades les soins du médecin et les médicaments ;

2° De leurs payer une indemnité pendant le temps de leur maladie ;

3° De pourvoir à leurs frais funéraires ;

4° D'accorder des secours aux sociétaires devenus absolument incapables de tout travail, après six ans de présence dans la société.

Ces secours seront distribués dans les limites suivantes, à savoir : la totalité des secours à distribuer ne pourra dépasser 3 francs par semaine, quel que soit le nombre des sociétaires à secourir, et aucun d'eux ne pourra recevoir plus de 1 franc par semaine.

CHAPITRE II

ART. 2. — La société se compose de membres participants et de membres honoraires, ou associés libres. des deux sexes.

Les sociétaires participants du sexe féminin, ne peuvent en aucun cas s'occuper d'administration, non plus qu'être admises aux réunions de la société ; elles ne participent en aucune manière aux délibérations.

ART. 3. — Les sociétaires participants sont ceux qui ont souscrit l'engagement de se conformer aux présents statuts et règlements et qui participent aux avantages de l'association.

ART. 4. — Les membres honoraires sont ceux qui par leurs conseils et leurs souscriptions contribuent à la prospérité de l'association, sans participer à ses avantages.

CHAPITRE III

Conditions et mode d'admission et d'exclusion

ART. 5. — Les sociétaires sont admis par le bureau d'administration ; leur admission ne sera définitive que trois mois après leur inscription et si elle est confirmée par le bureau.

Il n'y a pas de minimum d'âge ; le maximum est fixé à 50 ans. Les sociétaires admis avant l'âge de 16 ans doivent passer une deuxième visite du médecin à l'âge de 16 ans, afin d'être admis définitivement dans la société.

Au cas où le sociétaire ne serait pas admis lors de la deuxième visite, il n'aurait aucun droit au remboursement de ses cotisations.

Pour être admis il faut faire partie du personnel de l'usine, être valide et d'une conduite régulière. Pour être admis comme membre du bureau, il faut faire partie de la corporation.

Le sociétaire doit verser ses cotisations dès son admission provisoire.

A la fin de son stage, si son admission n'est pas confirmée, ses versements lui sont restitués.

Le bureau peut admettre sans le délai fixé par l'article 20, le membre sortant d'une autre association, sur la présentation d'un certificat du président de cette association.

ART. 6. — Les membres honoraires sont admis sans condition d'âge ni de domicile.

ART. 7. — Cessent de faire partie de la société, 1° les membres qui viennent à quitter l'usine pour une raison quelconque volontairement ou non ; 2° les membres qui n'ont pas payé leurs cotisations depuis quinze jours ; mais il peut être sursis à la radiation du sociétaire, lorsqu'il est justifié que le retard de paiement a été occasionné par des circonstances indépendantes de la volonté du sociétaire.

L'exclusion d'un sociétaire est prononcée par le bureau :

1° Pour condamnation infamante ;

2° Pour préjudice causé volontairement aux intérêts de la société ;

3° Pour conduite déréglée et notoirement scandaleuse ;

4° Pour refus réitéré de services commandés par le bureau.

La radiation et l'exclusion ne donnent droit à aucun remboursement.

Sauf le cas de condamnation infamante, le sociétaire dont l'exclusion est prononcée sera invité à se présenter devant le bureau pour être entendu sur les faits qui lui sont imputés ; s'il ne se présente pas au jour fixé, il sera passé outre.

Aucune exclusion ne peut être prononcée par le bureau sauf le cas de condamnation infamante, si le nombre de ses membres présents n'atteint pas les deux tiers.

CHAPITRE IV

Administration. — Service médical et pharmaceutique

ART. 8. — L'administration est confiée à un bureau composé d'un président, d'un vice-président, d'un secrétaire-trésorier et de deux administrateurs.

Le bureau est renouvelable par quart chaque année.

A la fin de chacune des quatre premières années, il sera tiré au sort la sortie d'un membre du bureau.

A partir de la cinquième année, les sorties auront lieu par ancienneté.

Les membres sortants sont rééligibles.

ART. 9. — Le chef de l'établissement est président de droit.

ART. 10. — Les autres membres du bureau sont élus par les sociétaires réunis en assemblée générale, sur convocation régulière et pris parmi les membres actifs.

ART. 11. — Le président surveille et assure l'exécution des statuts.

Il est chargé de la police des assemblées ; il signe tous les actes, arrêtés ou délibérations.

Le vice-président remplace au besoin le président qui peut lui déléguer tous ses pouvoirs.

Le bureau administre la société.

Le secrétaire-trésorier est chargé de la rédaction des procès-verbaux, de la correspondance et de la conservation des archives ; il fait les recettes et les paiements de la société ; il paie sur mandats visés par le membre du bureau délégué à cet effet ; il délivre aux sociétaires au moment de leur admission des cartes ou livrets sur lesquels il constate le paiement des cotisations.

Le secrétaire-trésorier inscrit en outre régulièrement les recettes et les dépenses sur un livre de caisse, coté et paraphé par le président.

Il tient aussi un grand livre, ainsi qu'un contrôle des sociétaires et des membres honoraires.

A chaque assemblée générale, il présente le compte-rendu de la situation financière.

ART. 12. — Le bureau peut être secondé par des visiteurs chargés de visiter les malades et d'assurer à leur égard l'exécution du règlement.

Les visiteurs sont choisis et nommés par le bureau.

ART. 13. — La société se réunira en assemblée générale au moins deux fois l'an, dans le courant de janvier et de juillet, pour entendre les rapports sur la situation et se prononcer sur les questions qui pourraient lui être soumises par le bureau. Le président peut en outre convoquer en tout temps des assemblées générales extraordinaires. Il devra toujours le faire lorsque le bureau lui en fera la demande.

ART. 14. — Le bureau se réunit tous les mois à jour fixe et chaque fois qu'il est convoqué par le président.

ART. 15. — Le règlement prononce des amendes contre celui qui aurait troublé l'ordre dans une réunion ;

Contre celui qui, étant encore détenteur de sa feuille de maladie aurait repris ses travaux ;

Contre celui qui se refuserait à un service imposé par le bureau ;

Contre celui qui n'aurait pas répondu à l'appel de son nom dans une assemblée générale.

L'importance des amendes sera déterminée au règlement intérieur d'administration.

ART. 16. — Le service médical et pharmaceutique est réglé par le bureau.

Le bureau choisira le ou les médecins de la société et réglera la question d'honoraires.

Dès qu'un sociétaire est blessé ou malade, il envoie sa carte au médecin, s'il ne peut aller à la consultation, et fait prendre une feuille de visite chez le secrétaire-trésorier. — Le médecin inscrira sur la feuille de visite autant que possible:

1° La nature de la maladie ou de la blessure du sociétaire;

2° Les circonstances principales qui les accompagnent ;

3° Les prescriptions et ordonnances essentielles ;

4° La permission ou la défense de sortir ;

5° Les infractions aux prescriptions ordonnées ;

Toute feuille portera la date du jour où le sociétaire a dû cesser ses travaux, celle du jour où il peut les reprendre, le tout arrêté par la signature du médecin.

Les feuilles de visite doivent être conservées par les sociétaires et soumises aux visiteurs toutes les fois qu'ils les demandent.

A l'issue de la maladie, elles doivent être remises au secrétaire-trésorier, qui en inscrit la rentrée.

Le bureau prendra des arrangements avec un ou plusieurs pharmaciens, pour la fourniture des médicaments.

CHAPITRE V

Des obligations envers la société

Art. 17. — Les sociétaires s'engagent à payer une cotisation hebdomadaire :

Pour les hommes : de 20 centimes ;

Pour les femmes : de 15 centimes;

Pour les enfants jusqu'à 16 ans : 5 centimes;

Et à s'acquitter avec zèle et exactitude des fonctions qui leur sont déléguées par le bureau ou l'assemblée.

Les sociétaires devront, au jour et heures indiqués par le règlement, payer au secrétaire-trésorier leur cotisation ; ils peuvent anticiper les époques de leurs versements pour tout le temps qu'ils jugent convenable.

Le règlement d'administration intérieure pourra fixer un droit d'entrée.

Ce droit calculé d'après l'âge de l'individu pourra être converti en cotisation périodique versée en sus de la cotisation ordinaire.

Art. 18. — Les membres honoraires paient une souscription annuelle dont le minimum est fixé à six francs.

CHAPITRE VI

Des obligations de la société envers ses membres

ART. 19. — Les soins du médecin et les médicaments sont donnés aux sociétaires malades pendant tout le cours de la maladie quelle qu'en soit la durée:

L'indemnité est fixée par jour, pendant les trois premiers mois de la maladie :

Pour les hommes, à 1 franc;

Pous les femmes, à 50 centimes.

Pendant les trois mois suivants :

Pour les hommes, à 50 centimes ;

Pour les femmes, à 25 centimes.

Les enfants au-dessous de seize ans ne recevront aucune indemnité.

Ils n'ont droit qu'aux soins du médecin et aux médicaments.

Si la maladie se prolonge plus de six mois, le bureau décide s'il y a lieu de continuer à accorder une indemnité ; il en fixe le chiffre et la durée.

Les accouchements ne donnent droit aux secours de la société qu'autant qu'il s'ensuive une maladie.

Le temps des couches est fixé à neuf jours, passé ce terme, si l'accouchée n'est pas rétablie, les secours lui sont dus.

Ce droit n'existe qu'à partir du dixième jour.

ART. 20. — Le sociétaire n'a droit aux avantages de l'association que trois mois après son premier versement.

ART. 21. — Aucun secours n'est dû pour les maladies causées par la débauche ou l'intempérance, ni pour blessures reçues dans une rixe, lorsqu'il est prouvé que le malade a été l'agresseur.

ART. 22. — La société assure aux sociétaires un enterrement convenable dont tous les frais sont à sa charge.

ART. 23. — Dans le cas de décès d'un sociétaire une députation de dix membres est convoquée pour assister aux obsèques.

CHAPITRE VII

ART. 24. — Le fonds social se compose :

1° Des versements des sociétaires participants ;

2° De ceux des membres honoraires ;

3° Des dons et legs particuliers ;

4° Des fonds placés ;

5° Du produit des amendes prononcées en vertu du règlement.

ART. 25. — Toute modification aux statuts doit être soumise d'abord au bureau qui juge s'il doit y donner suite.

Aucune modification ne peut être admise qu'à la majorité des membres présents, en assemblée générale.

RÈGLEMENT INTÉRIEUR

CHAPITRE PREMIER

ARTICLE PREMIER. — La société prend pour titre : *Société de Secours Mutuels de Saint-Joseph.*

CHAPITRE II

Des admissions

ART. 2. — Tout sociétaire paiera à titre de droit d'entrée :
Au-dessous de 16 ans, un franc ;

De 16 à 25 ans, deux francs ; | De 35 à 40 ans, quatre francs;
De 25 à 35 ans, trois francs ; | De 40 à 50 ans, cinq francs.

' Les femmes paieront la moitié, suivant l'échelle proportionnelle ci-dessus.

La somme à payer sera versée, selon la convenance du sociétaire, en un seul paiement à la réception, ou en paiements périodiques ; en ce dernier cas, toutefois, le délai de rigueur est de dix semaines.

Les sociétaires qui entreront dans la société avant le 31 décembre 1886, n'auront à payer aucun droit d'entrée.

ART. 3. — Aucun sociétaire ne peut faire partie d'une autre société de secours mutuels.

ART. 4. — Tout sociétaire quittant l'usine, peut à son retour rentrer dans la société, sur décision du bureau, si, préalablement, il avait rempli toutes les obligations envers la société. Il n'aura droit toutefois aux secours qu'après le premier mois de sa rentrée.

ART. 5. — Le sociétaire qui a quitté volontairement la société, sans pouvoir alléguer les motifs de l'article précédent, peut s'y représenter, mais aux conditions des nouveaux sociétaires.

CHAPITRE III

Obligations des sociétaires

Art. 6. — Tout sociétaire est tenu de se rendre aux réunions et de s'acquitter avec zèle et exactitude de toute mission qui lui est confiée ou imposée par le bureau.

Art. 7. — Les sociétaires des deux sexes sont tenus à veiller leurs confrères malades et d'assister à leur inhumation. Le secrétaire-trésorier tiendra à cet effet un registre où il inscrira les services rendus par les sociétaires à tour de rôle.

Les sociétaires ne peuvent être appelés à veiller que des malades de leur sexe.

Les membres du bureau sont seuls exempts des veillées chez les malades.

Art. 8. — Il est défendu au sociétaire appelé à veiller, de rien demander ni exiger chez le malade ; il doit se pourvoir de ce qui lui est nécessaire pendant la nuit.

Le sociétaire appelé à veiller peut se faire remplacer par telle personne que ce soit, pourvu qu'elle soit agréée par le malade.

Art. 9. — Tout sociétaire malade est tenu de suivre ponctuellement les prescriptions du médecin ; l'infraction à cet article est soumise au bureau qui décide, suivant la gravité du fait, s'il y a lieu de retenir tout ou partie des secours pécuniaires, sans que cette retenue puisse excéder la somme de cinq francs, pour la première infraction ; s'il y avait récidive l'amende pourrait être doublée, mais seulement dans le cas où cette circonstance se présenterait dans le cours de la même maladie.

Quant aux secours ou visites du médecin et médicaments, ils ne peuvent jamais être retirés, sauf le cas d'exclusion de la société.

Art. 10. — Si un sociétaire, après avoir rapporté sa feuille de visite, retombe malade dans les trente jours qui suivent la guérison, cette rechute sera considérée comme faisant partie de la première maladie et le temps et la quotité des secours pécuniaires comptés conformément à l'article 19 des statuts, en déduisant toutefois l'intervalle entre les deux maladies.

CHAPITRE IV

De l'administration et des séances

ART. 11. — Le bureau se réunit tous les premiers lundis du mois, sur convocation.

Dans le cas où, pour quelque cause que ce soit, la réunion ne pourrait avoir lieu le premier lundi, elle serait remise au lundi suivant.

ART. 12. — Le bureau ne pourra délibérer que si la moitié des membres se trouvent présents ; en cas de partage des voix, celle du président donne la prépondérance.

CHAPITRE V

Des cérémonies

ART. 13. — Il y aura tous les ans un obit pour les sociétaires décédés ; tous les sociétaires sont tenus d'y assister.

ART. 14. — La société accorde aux sociétaires décédés, le cercueil, une croix portant inscription et un enterrement de troisième classe. Les sociétaires participants faisant partie du bureau au moment de leur décès, ont droit à un enterrement de seconde classe.

ART. 15. — Une députation de dix membres est convoquée pour assister au convoi d'un sociétaire ou d'un membre honoraire décédé.

Toute députation est accompagnée par un membre du bureau à tour de rôle et pris parmi les membres participants.

ART. 16. — La société peut en outre assister à d'autres cérémonies civiles ou religieuses lorsque la demande en a été faite au président et accordée par le bureau.

CHAPITRE VI

Des amendes

ART. 17. —Les sociétaires sont passibles des amendes suivantes :

15 centimes pour absence aux réunions générales de janvier et de juillet;

50 centimes pour absence de l'obit de l'an;

10 centimes pour absence de toute autre assemblée générale faite pour quelque motif que ce soit ;

50 centimes pour trouble apporté dans une réunion;

20 centimes pour tout membre du conseil, sociétaire ou membre honoraire, qui manque à une réunion du bureau, sans avoir prévenu le président et en avoir obtenu la permission de s'absenter;

20 centimes pour infraction à l'article 8 du présent règlement, concernant les veillées ;

50 centimes pour refus d'assister à un enterrement.

Pour tout ce qui n'est pas prévu par le présent règlement, le bureau a pleins pouvoirs et mission de juger et de punir suivant la gravité des circonstances.

BOULANGERIE

Etablie en 1867 (1)

RÈGLEMENT

ARTICLE PREMIER. — Toutes les opérations de la boulangerie se faisant au nom et avec les capitaux du patron, cette boulangerie ne constitue nullement une société entre les ouvriers, mais reste une affaire propre et personnelle au patron et par suite ne peut donner lieu à aucune revendication ni à aucune réclamation de la part des ouvriers.

ART. 2. — La boulangerie sera administrée par un conseil d'administration choisi par le patron qui en sera de droit le président. Ce conseil aura pleins pouvoirs, pour prendre toutes délibérations concernant les intérêts de la boulangerie pour fixer le prix du pain et aussi pour recevoir, examiner et juger les plaintes et réclamations qui pourraient être faites.

ART. 3. — Tous les achats faits à la boulangerie de l'établissement seront payés au comptant ou retenus intégralement chaque semaine sur le salaire de l'ouvrier.

ART. 4. — A la fin de chaque semestre, un inventaire sera

(1) L'usine appartenait alors à MM. Ed. et Eug. Dufour.

15

dressé par les soins du conseil d'administration et le bénéfice réalisé sera partagé entre les clients de la boulangerie au *prorata* du nombre de pains achetés par chacun d'eux (1).

ART. 5. — Tout ouvrier qui aura quitté l'établissement avant le partage des bénéfices, soit que son départ ait eu lieu par sa propre volonté ou par suite de renvoi, perdra tous ses droits au partage quand même il aurait été employé dans l'établissement au jour de l'arrêt des comptes. La part revenant aux ouvriers sortis sera partagée entre les ouvriers admis au partage et dans les proportions de leurs droits respectifs.

ART. 6. — Les bénéfices du premier semestre seront distribués le samedi de la semaine de la kermesse d'Armentières. Le bénéfice du second semestre sera partagé dans le courant du mois de janvier.

ART. 7. — Le patron se réserve le droit de supprimer immédiatement la boulangerie si pour une raison ou pour une autre cette institution lui paraissait avoir perdu son utilité ou présenter des inconvénients.

Il existe dans les usines de la maison A. Dutilleul, plusieurs autres institutions, telles que caisse d'épargne (2), caisse de retraites (3), caisse de secours, sociétés coopératives pour les tissus et pour le charbon, etc.

---

(1) Les bénéfices distribués aux clients ont été de 4.972 fr. 95 dans le premier semestre de 1897.

(2) Au 1er janvier 1897, le total des dépôts s'élevait à 48.233 fr. 59 pour 55 livrets.

(3) L'avoir de la caisse, au 31 décembre 1896, était de 47.076 fr. 32.

II

INSTITUTIONS de la Maison CARDON-MASSON L. et FAUVERGUE

à ARMENTIÈRES

CAISSE DES LOYERS

Établie le 18 janvier 1896 (1)

RÈGLEMENT

1° Le but de cette caisse est de fournir aux ouvriers chargés de famille le moyen d'avoir un logement où les enfants des deux sexes habitent des chambres séparées.

2° La caisse est administrée par une commission composée du patron comme président, de trois ouvriers mariés, choisis par le patron, et d'un employé faisant fonctions de secrétaire.

Elle est alimentée par la caisse patronale.

3° Tout ouvrier qui a trois personnes à sa charge (enfants ou vieux parents incapables de travailler), reçoit 0 fr. 75 par personne à sa charge et par mois, s'il travaille depuis cinq ans dans l'usine.

4° L'allocation n'est accordée que lorsque deux ouvriers de la commission ont visité la maison de l'ouvrier et constaté qu'il y a trois chambres à coucher distinctes.

5° La commission décide si l'ouvrier peut se suffire ou s'il doit être aidé.

6° L'allocation est remise le dernier samedi de chaque mois au propriétaire de la maison où loge l'ouvrier secouru.

7° L'ouvrier qui désire quitter sa maison pour en prendre une convenable, peut emprunter gratuitement à la caisse la somme qui lui est nécessaire pour se libérer.

---

(1) Les allocations atteignent environ 400 fr. par an pour 100 métiers.

CAISSE DE CHARITÉ

Établie en 1891

RÈGLEMENT

1° Le but de la société est de venir en aide aux ouvriers malades et aux familles nombreuses.

2° Elle est administrée par une commission analogue à celle de la Caisse des loyers.

3° Elle est alimentée par une quête faite librement, le samedi, dans les ateliers par un ouvrier membre de la commission et par un ouvrier de l'atelier.

La caisse patronale double le produit de cette quête.

4° Les dons aux familles nombreuses consistent en pains.

La caisse fait célébrer une messe pour chacun des ouvriers décédés; elle accorde en outre un secours à la famille du défunt.

ÉCOLE MÉNAGÈRE

Les jeunes filles des usines sont envoyées à tour de rôle passer une journée à l'École ménagère annexée à l'École libre de filles, rue de la Crèche.

Elles y apprennent à coudre, à faire la lessive, à repasser et à faire la cuisine.

Le tour de chacune d'elles revient environ tous les huit jours.

La journée d'école ménagère est payée comme une journée de travail à l'usine (1).

---

(1) Les usines de la maison Cardon-Masson L. et Fauvergue ont encore d'autres institutions, telles que société de secours mutuels, caisse de secours pour les veuves, œuvre des layettes, etc.

III

INSTITUTIONS de la Maison DUBOIS et CHARVET-COLOMBIER

à ARMENTIÈRES

ÉCOLE POUR LES APPRENTIS

et COURS DE COUTURE

Établie en 1893

1º Deux cours sont faits, chaque jour de la semaine, de six heures à huit heures du matin, pour les jeunes garçons de 13 à 16 ans.

On y enseigne le catéchisme, la lecture, l'écriture, l'orthographe, un peu de style et le calcul (1).

2º Chaque jour, les jeunes filles de 13 à 16 ans, par groupes de 15 à 30, apprennent pendant une heure, à coudre et à raccommoder (2).

CAISSE DE SECOURS

Une caisse de secours, alimentée par la caisse patronale, permet au *Conseil d'usine* de venir en aide aux malades.

Tout père de famille de 4 enfants qui est seul à gagner, reçoit chaque semaine un bon de pain par enfant jusqu'à ce que l'aîné travaille.

---

(1) En 1898, ces cours étaient suivis par 53 jeunes gens.

(2) En 1898, 100 jeunes filles environ ont suivi ces cours.

IV

INSTITUTIONS COMMUNES A PLUSIEURS USINES

d'ARMENTIÈRES

JARDINS OUVRIERS

Depuis 1895, un comité composé d'ouvriers et présidé par l'Aumônier des Œuvres ouvrières, prend en location des terrains, les divise en portions d'une contenance de 3 ou 400 mètres carrés chacune et les sous-loue au prix modique de 6 fr. 50 par an, si la portion est de 300 mètres carrés, de 8 francs par an, si elle est de 400 mètres carrés.

Le sous-locataire du jardin s'engage à ne pas travailler le dimanche.

Dans chaque groupe de 10 jardins environ, un des ouvriers sous-locataires est désigné pour représenter ses camarades.

Il y avait, en 1898, 45 jardins.

Le profit net de chaque jardin est d'environ 100 francs par an.

RELIGIEUSES

DITES

SŒURS SERVANTES DU SACRÉ-CŒUR

En 1888, quatre patrons appelèrent à Armentières des Sœurs Servantes du Sacré-Cœur pour faire le catéchisme dans les usines, visiter et soigner les malades, porter des secours aux ouvriers indigents.

Ces religieuses exercent leur apostolat auprès des familles ouvrières de huit usines.

V

INSTITUTIONS de la Maison J.-P. DELATTRE Frères et Cⁱᵉ

à DORIGNIES-DOUAI

CONFRÉRIE DE N.-D. DE L'USINE

Fondée en novembre 1888

RÈGLEMENT

ARTICLE PREMIER. — Un confrérie est établie dans l'usine de MM. J. P. Delattre frères et C°, pour réunir dans une pieuse confraternité les patrons et les ouvriers chrétiens. Elle porte le nom de Confrérie de Notre-Dame de l'Usine. Elle a son siège dans l'église Notre-Dame d'Espérance à Dorignies. Le curé de cette paroisse en est le directeur.

ART. 2. — Cette confrérie est affiliée à l'archiconfrérie canoniquement érigée dans la Basilique de St-Remi, à Reims. Elle participe à toutes ses indulgences et aux avantages spirituels qui lui ont été accordés par le Saint-Siège.

ART. 3. — La confrérie de Notre-Dame de l'Usine est ouverte aux patrons et aux membres de leur famille, à leurs employés, à leurs ouvriers et à leurs ouvrières.

ART. 4. — Tous les membres, patrons et ouvriers, sont unis par les liens d'une charité plus étroite. Ils se rendent mutuellement les services qui sont en leur pouvoir. Ils ont à cœur de remplir eux-mêmes chrétiennement leur devoir, soit de patron, soit d'ouvrier, et ils s'efforcent avec zèle de répandre partout autour d'eux le bon esprit.

ART. 5. — Les membres de la confrérie s'engagent, mais non sous peine de péché, à réciter chaque jour trois *Ave Maria* avec l'invocation : *Notre-Dame de l'Usine, priez pour nous.*

ART. 6. — Pour être admis dans la confrérie, il faut pratiquer la religion, jouir d'une bonne réputation et travailler dans l'usine.

L'inconduite notoire et l'absence réitérée des réunions sont des cas d'exclusion.

ART. 7. — Tous les membres de la confrérie se partagent en dizaines ayant chacune à leur tête un dizainier ou une dizainière désignés par le patron, au choix du directeur.

Les dizainiers et les dizainières forment le conseil de la confrérie.

ART. 8. Tous les mois et plus souvent si cela est nécessaire, il y a une réunion des dizainiers ou des dizainières pour statuer sur les admissions et sur les radiations ; en général pour délibérer sur tout ce qui intéresse la confrérie.

ART. 9. — Les dizainiers s'entendront entre eux pour que les malades soient régulièrement visités.

Au décès des membres de la confrérie, il sera dit une messe pour le repos de leur âme.

ART. 10. — Tous les trois mois, dans l'église Notre-Dame d'Espérance, à Dorignies, un salut, précédé d'une instruction, sera chanté aux intentions de la confrérie.

ART. 11. — La fête patronale de la confrérie est fixée au premier dimanche de juin, mois consacré au Sacré-Cœur.

N. B. — Pour subvenir aux dépenses de la confrérie, il sera perçu une cotisation de dix centimes par mois pour les ouvriers dont le salaire est inférieur à 4 fr. 50 par jour et de vingt centimes pour ceux dont le salaire est supérieur à cette somme.

La cotisation des employés sera aussi de vingt centimes par mois.

Les patrons verseront chaque mois, dans la caisse de la confrérie, une somme égale au montant des versements des ouvriers et des employés.

SOCIÉTÉ DE SECOURS MUTUELS

Les membres de la confrérie de Notre-Dame de l'Usine, tous unis déjà par la charité chrétienne pour se soutenir et s'entraider dans leurs besoins religieux et moraux, désireux d'étendre le bénéfice de leur association au soulagement des souffrances corporelles, ont résolu de créer entre eux une société de secours-mutuels dont les *statuts* suivent :

ARTICLE PREMIER

Ressources et charges. — Les ressources de la société sont les suivantes :

1º Une retenue faite au bureau de un centime par franc du montant de la quinzaine;

2º De versements faits à titre gracieux et sans engagement par les patrons, égaux à la moitié de la totalité versée chaque quinzaine ; ces versements seront en remplacement des dix centimes précédemment versés;

3º Des dons et des legs qui pourraient être faits.

Les charges sont :

1º Les honoraires des médecins;

2º Les frais de maladies (les remèdes restant à la charge des malades);

3º Le paiement des indemnités ;

4º Les frais divers de l'association de Notre-Dame de l'Usine déjà établi.

ARTICLE 2

Indemnités. — Ces versements par chaque associé étant faits, et sous réserve de l'article ci-après, donnent droit, après paiement des cotisations pendant six quinzaines :

1º Aux soins du médecin.

2º A 50 % du salaire en cas de maladie.

ARTICLE 3

Réserves. — Les dimanches et jours fériés ou de chômage même accidentel ne sont pas payés.

Les trois premiers jours de maladie ne sont pas comptés pour l'indemnité.

Les membres de la société qui sortiraient de l'établissement n'ont droit à aucune indemnité pour leurs versements.

Ceux qui sont en huitaine cessent d'en faire partie, dès le jour de leur prévenance.

ARTICLE 4

Administration. — La société est représentée par un conseil composé de deux sections : la section des dizainiers et la section des dizainières.

Ces deux sections se réunissent séparément, chaque année, dans la quinzaine de Pâques. Chacune d'elles nomme, à la majorité relative des voix et au scrutin secret, un comité de cinq membres qui administrent la société. Il est nommé en outre par les dizainiers un secrétaire et un trésorier.

Tous les membres, élus pour un an, peuvent être réélus.

Le patron est président de droit.

ARTICLE 5

Visite des malades et indemnités. — Les dizainiers et dizainières sont respectivement chargés de la visite des malades de leur dizaine. Chaque dizainier ou dizainière sera pourvu d'un livret sur lequel chaque membre de sa dizaine devra, sous peine de déchéance à toute indemnité, signer une fois par mois et au besoin consigner ses observations.

Lorsqu'un sociétaire sera malade, il devra faire prévenir son dizainier dans les vingt-quatre heures ; celui-ci préviendra le secrétaire qui délivrera un bon de médecin, détaché d'un livre à souche.

Le solde des indemnités ne pourra être donné que sur un billet du médecin constatant la maladie et fixant le jour où le travail a pu être repris. Ce certificat devra être également signé du secrétaire et du dizainier.

ARTICLE 6

Réclamations. — Toute réclamation devra être adressée soit directement, soit par l'entremise du dizainier, mais seulement à l'heure des séances du comité qui auront lieu, pour les hommes, le lundi qui suivra la quinzaine, à midi précis, et pour les femmes, le mardi à la même heure.

Ces indemnités seront réglées le mercredi suivant de 11 h. 3/4 à midi 1/4.

ARTICLE 7

Maladies chroniques ; exclusions. — Tout malade qui ne pourra dans les trois mois justifier d'un mois entier de travail consécutif sera considéré comme étant dans un état permanent de maladie.

Dans ce cas, comme aussi au bout de deux mois de maladie, l'indemnité sera réduite d'un tiers, de la moitié après trois mois, et supprimée après cinq mois.

N'auront droit à aucune indemnité:

1° Ceux dont on reconnaîtra que la maladie est antérieure à leur entrée dans la société ;

2° Ceux qui seront malades par suite de bataille, ivrognerie ou débauche.

ARTICLE 8

Médecins. — Si un sociétaire croit devoir faire appeler un médecin autre que celui de la société ou délégué par elle, ce sera à ses frais. Mais la maladie devra toujours être constatée par le médecin délégué par la société.

ARTICLE 9

Pour tous les cas non prévus, le comité sous la présidence du patron, tranchera d'une manière définitive.

ARTICE 10

Tout membre de l'association de N.-D. de l'Usine qui ne voudrait pas faire partie de la société de secours mutuels devra en faire la déclaration écrite à son dizainier ou à sa dizainière, et dans ce cas, il continuerait comme par le passé à payer 0,10 c. par mois, mais sans droit à aucun secours ni aucune indemnité en cas de maladie.

ARTICLE 11

Pourront être admis à faire partie de la société de secours mutuels au même titre que les membres de la confrérie de N.-D. de l'Usine, tous les membres des confréries chrétiennes qui pourraient être fondées dans l'usine.

D'autres institutions telles que Cercle — Société ouvrière de Saint-Vincent-de-Paul — Œuvre de fournisseurs privilégiés — Cantine où les ouvriers peuvent prendre leurs repas et même loger — Réfectoire pour les ouvrières — Leçons de couture pour les jeunes filles, etc., existent dans l'usine de la maison Delattre.

VI

INSTITUTIONS de la Maison A. et G^{on} VANDESMET et Cie

à WATTEN

SOCIÉTÉ DE SECOURS MUTUELS

Fondée en 1884 (1)

STATUTS (2)

CHAPITRE PREMIER

Organisation et ressources de la société

ARTICLE PREMIER. — *But de la société.* — Cette société a pour but :

1° De procurer les soins du médecin et les médicaments aux sociétaires malades et à leurs familles (art. 7) ;

2° De leur payer une indemnité pendant le temps de leurs maladies ;

3° De leur payer une indemnité supplémentaire en cas d'accidents ;

4° De pourvoir à leurs funérailles ;

5° De payer les effets classiques dans les écoles de l'usine aux enfants de moins de treize ans, mais seulement sur la décision des commissaires et dans les cas suivants : quand la mère est veuve ; quand il y a cinq enfants, et que la famille est nécessiteuse.

La société s'interdit le droit de s'occuper de matières politiques ou religieuses. Toute discussion de ce genre est sévèrement défendue.

---

(1) Le chiffre des adhérents, en 1898, est d'environ 550. Le total des secours accordés depuis l'origine jusqu'au 1er janvier 1898 s'élève à 50.973 francs.

(2) Ces statuts ont été empruntés à la société de secours mutuels fondée en 1846 par MM. Harmel Frères, au Val-des-Bois (Usine du Val-des-Bois. —Règlements et statuts divers.—Reims, imprimerie coopérative, 1894, p. 25).

Art. 2. — *Membres de la société.* -- Tous les ouvriers sont membres de la société de secours, par cela même qu'ils travaillent à l'établissement. Ils cessent d'en faire partie le jour où ils sont prévenus de huitaine ou de mois *(suivant les conventions)* pour leur sortie de l'établissement.

Les membres de la société qui sortent de l'établissement n'ont droit à aucune indemnité pour leurs versements.

Les patrons sont membres honoraires.

Art. 3. — *Ressources de la société.* — Les ressources de la société se composent :

1º D'un premier versement fait par les ouvriers à l'origine de la caisse, et ensuite par les nouveaux arrivants (art. 8).

2º D'un versement fait par les sociétaires chaque quinzaine ou chaque mois (art. 4, 5 et 6) ;

3º Des amendes ;

4º Des dons faits par les membres honoraires.

Art. 4. — *Cotisations ordinaires.* — Les cotisations sont basées sur le salaire et établies ainsi qu'il suit, sauf pour les femmes mariées :

Gain par jour	Gain par quinzaine	Cotisation par quinzaine	Indemnité par jour
3 fr. 30 et au-dessus	40 fr.	0 75	1 50
2 fr. 50 à 3 fr. 25	30 »	0 60	1 20
2 fr. 00 à 2 fr. 45	24 »	0 50	1 »
1 fr. 50 à 1 fr. 95	18 »	0 35	0 70
1 fr. 00 à 1 fr. 45	12 »	0 25	0 50

Ceux qui sont payés au mois versent 1 fr. 05 par mois et touchent 1 fr. 50 par jour de maladie.

Cette cotisation donne droit :

1º Au médecin et aux médicaments, suivant les articles 7, 32 et 33 ;

2º A une indemnité de maladie, suivant les articles 29 et 30 ;

3º A l'indemnité en cas d'accident, suivant l'article 34 ;

4º A la sépulture, suivant l'article 35.

Art. 5. — *Femmes mariées.* — Les femmes mariées, travaillant à l'atelier ou restant à la maison, versent 0,15 cent. par quinzaine. A cette condition elles font partie de la société de secours, et elles ont droit :

1° Au médecin et aux médicaments gratuits, suivant les articles 32 et 33 ;

2° A l'indemnité de couches, suivant l'article 29 ;

3° A l'indemnité en cas d'accident, suivant l'article 34 ;

4° A la sépulture, suivant l'article 35.

ART. 6. — *Enfants au-dessus de treize ans. — Vieux parents.* — Les enfants au-dessus de treize ans, qui ne travaillent pas à l'établissement et qui n'ont aucune autre profession, les vieux parents qui vivent avec leurs enfants, peuvent faire partie de la société de secours en versant 0,15 cent. par quinzaine, ce qui leur donne droit :

1° Au médecin et aux médicaments gratuits ;

2° A la sépulture, suivant l'article 35.

Sauf la mère de famille, on ne peut admettre dans la société une personne qui fait un état indépendant, c'est-à-dire un travail qui n'est pas fourni par l'atelier ou par les patrons.

ART. 7. — *Familles.* — Les familles qui vivent du travail fourni par l'usine ou par les patrons, font partie de la société de secours si tous les membres au-dessus de treize ans paient les cotisations mentionnées aux articles 4, 5 et 6. — Dans ce cas, tous les enfants au-dessous de treize ans ont droit :

1° Au médecin et aux médicaments gratuits ;

2° A la sépulture, suivant l'article 35.

Par dérogation au règlement, et pour des motifs faciles à concevoir, la mère de famille qui reste à la maison pour les soins du ménage peut, en même temps, exercer une profession indépendante sans cesser de faire partie de la société.

ART. 8. — *Première cotisation.* — Le premier versement est double pour chaque série.

ART. 9. — *Cotisation extraordinaire.* — S'il arrivait que, par suite d'un trop grand nombre de malades ou de blessés, la caisse se trouvât épuisée de manière à ne pouvoir satisfaire aux secours accordés par le règlement, la cotisation de chaque semaine pourra être élevée de un cinquième, mais seulement par le conseil général (art. 15).

CHATITRE II

Administration de la société

Art. 10. — *Conseil.* — L'administration est confiée à un conseil composé du président, du secrétaire et de huit membres élus commissaires.

Le chef de l'établissement est président de droit.

Les commissaires sont renouvelés par moitié chaque année dans une séance générale, dont le jour est fixé par le conseil. Les élections ont lieu dans la salle du syndicat le dimanche après la grand'messe.

Les commissaires sortants sont rééligibles,

Ils sont élus à la majorité relative des voix.

Art. 11. — *Electeurs et éligibles.* — Sont électeurs les hommes ayant dix-huit ans. Sont éligibles ceux qui ont vingt-cinq ans d'âge et trois années de présence à l'usine.

Art. 12. — *Composition du conseil.* — Le conseil doit avoir dans son sein au moins un fileur en peigné, un fileur en cardé, un serrurier ou menuisier, et un manœuvre, dégraisseur ou emballeur. Dans le cas où l'un de ces quatre éléments ne serait pas représenté dans le conseil, l'élection du huitième commissaire serait annulée, et on prendrait le neuvième ou le dixième en voix, etc., jusqu'à ce que cette lacune soit comblée.

S'il y a égalité de suffrages, le plus âgé est préféré ; si un membre élu n'accepte pas, celui qui a obtenu le plus de voix est appelé à le remplacer.

Art. 13. — *Démission.* — En cas de démission ou de départ d'un commissaire, il est remplacé par un des trois qui ont eu le plus de voix après le dernier élu, au choix du conseil.

Art. 14. — *Commissaires honoraires.* — Tout membre de la société qui aura rempli six ans les fonctions de commissaire sera par le fait commissaire honoraire. Les commissaires honoraires sont appelés au sein du conseil, où ils ont voix délibérative pour les choses spécifiées suivant l'article 15.

Il signent les procès-verbaux d'élection, et l'état de la caisse tous les semestres.

Art. 15. — *Conseil général.* — La réunion des commissaires

honoraires avec les commissaires en exercice, sous la présidence d'un patron, constitue le conseil général.

Cette réunion a lieu la semaine qui précède l'assemblée générale.

Elle est aussi convoquée pour prendre les décisions extraordinaires, telles que :

Indemnités supplémentaires ;

Achats économiques ;

Elévation des cotisations (art. 9) ;

Modification des statuts.

ART. 16. — *Installation du conseil.* — Le procès-verbal de la nomination du conseil doit être revêtu de la signature du président, des commiss   es sortants, des nouveaux élus et des commissaires honoraires.

ART. 17. — *Nomination et devoirs du secrétaire.* — Aussitôt son installation, le conseil nomme un secrétaire qui remplit en même temps les fonctions de trésorier.

Le secrétaire peut être pris en dehors du conseil ; il inscrit régulièrement les recettes et dépenses sur un livre spécial.

Deux fois par an, il présente le compte-rendu de la situation financière aux membres du conseil général, qui l'approuvent par leurs signatures ; ce compte-rendu est ensuite lu aux assemblées générales et affiché.

A la réunion des élections, le secrétaire donne le résumé de l'année, de manière à mettre chaque sociétaire au courant des opérations de la caisse.

ART. 18. — *Devoirs de commissaires.* — Les commissaires, en acceptant leurs charges, déclarent se soumettre aux conditions suivantes ;

1º Assister scrupuleusement aux réunions de chaque quinzaine, sous peine d'une amende à fixer par le conseil, quand il n'y a pas de cause légitime ;

2º Ne jamais divulguer au dehors ce qui est dit aux réunions et peut occasionner des contrariétés à un collègue ; celui qui est coupable d'infraction à cette règle peut-être exclu du conseil à la seconde infraction ;

3º Visiter les malades.

Un commissaire peut être exclu du conseil si le président et les cinq autres commissaires demandent sa démission pour absence habituelle aux réunions, pour indiscrétion ou pour question d'honneur.

ART. 19. — *Présences.* — A chaque séance, les commissaires signent un registre préparé à cette effet pour constater leur présence.

Le relevé en est fait tous les ans, mais n'est communiqué qu'aux membres du conseil général.

Pour le membre du conseil qui aurait neuf absences durant un exercice, l'année ne compterait pas pour être commissaire honoraire.

ART. 20. — *Droit des commissaires.* — Le conseil administre la caisse, juge en dernier ressort, les statuts, des cas où il y a lieu d'allouer ou de refuser les indemnités, règle les cas non prévus par les règlements.

Il régit seul tout produit de quête faite au profit de n'importe qui dans l'établissement.

ART. 21. — *Ordre des séances.* — Il y a séance du conseil chaque quinzaine, le mercredi qui précède la paie. L'ordre en est ainsi fixé :

Lecture d'une partie du règlement, de façon à le parcourir en deux mois ;

Recettes et dépenses de la quinzaine, et, tous les mois, la situation de la caisse ;

Indemnités aux malades ;

Indemnités aux blessés ;

Réclamations.

ATR. 22. — *Réclamation.* — Tout sociétaire qui a une réclamation à formuler, au sujet d'une décision du conseil, est tenu de s'expliquer devant les commissaires, au lieu et à l'heure des séances, pas autre part. Il se retire aussitôt, pour que sa réclamation puisse être jugée en son absence.

ART. 23. — *Visite des malades.* — Les commissaires visitent les malades, leur portent l'indemnité, s'assurent qu'ils reçoivent exactement les visites du médecin et les médicaments prescrits, enfin signalent au conseil tous les abus et infractions aux statuts ou règlements qu'ils ont pu remarquer pendant le cours de leurs visites. Ces visites se font au moins une fois par semaine.

A chaque réunion, les membres du conseil se distribuent les visites à faire, et ils en rendent compte à la réunion suivante.

ART. 24. — *Nomination du médecin.* — A la réunion du conseil général qui suit les élections, les commissaires sortants

16

et les nouveaux élus, d'accord avec le président, nomment le médecin de la société. Il lui est alloué une somme fixe par an, moyennant laquelle ledit médecin s'engage à passer tous les jours dans un local spécialement désigné pour les consultations, et à visiter les malades aussi souvent que leur état l'exige.

ART. 25. — *Recensement.* — Chaque année, vers le 30 septembre, le conseil dresse la liste des familles qui font partie de la société de secours et des sociétaires isolés. Cette liste reste affichée dans la salle des séances. Le médecin de la société est invité à en prendre note.

CHAPITRE III
Des secours délivrés

ART. 26. — *Formalités à remplir.* — Quand un sociétaire est malade, il doit prévenir ou faire prévenir de suite un des commissaires. Celui-ci fait prévenir le médecin de l'établissement et remet au secrétaire un billet constatant la date de la cessation du travail.

Les indemnités ne peuvent être données que sur un billet du médecin constatant la maladie et fixant, s'il y a lieu, le jour où le travail a pu être repris. Les indemnités sont fixées suivant les statuts par le conseil, chaque quinzaine : elles sont payées sur un bon signé par trois commissaires au moins et par le secrétaire-trésorier.

ART. 27. — *Médecin.* — Le médecin de la société vient tous les jours à l'usine. Un coup de cloche annonce sa présence, et les sociétaires qui en ont besoin peuvent venir à la consultation chez les Sœurs. Ceux qui désirent une visite à domicile se font inscrire chez les concierges. Ceux qui ont prévenu suivant l'article 26 sont également visités.

Si un sociétaire croit devoir faire appeler un médecin autre que celui de la société, c'est à ses frais.

Si le médecin juge nécessaire de faire venir un confrère, lui seul devra l'indemniser.

ART. 28. — *Médicaments.* — Les médicaments sont achetés par le conseil de la société de secours, d'après la proposition du médecin. Ils sont livrés aux malades par le médecin lui-même ou sur un bon signé par lui.

Ne sont pas considérés comme médicaments : l'huile de foie de
morue et les sirops. Le conseil ne peut les fournir à un malade
que comme indemnité extraordinaire.

Pour les bandages, la société paie la moitié.

ART. 29. — *Indemnités*. — Tout sociétaire dont la maladie a
été reconnue, comme il est dit à l'article 28, reçoit l'indemnité
indiquée à la quatrième colonne du tableau.

Les dimanches, les jours fériés ou de chômage général, même
accidentel, ne sont pas payés,

Les trois premiers jours d'une maladie ne sont pas comptés pour
l'indemnité, sauf le cas de blessure à l'atelier durant le travail, et
seulement si cette blessure entraîne l'indemnité spécifiée à
l'article 34.

Sur chaque bon délivré, on retient au préalable la cotisation
habituelle du sociétaire.

ART. 30. — *Maladies chroniques*. — Un malade est réputé
atteint d'un mal chronique quand il est plus de quatre mois sans
travailler.

Tout malade qui ne peut, dans cinq mois, justifier d'un mois
entier de travail, est considéré comme étant dans un état permanent de maladie.

L'indemnité est réduite de moitié à l'expiration du quatrième
mois et supprimée à l'expiration du huitième mois.

ART. 31. — *Couches*. — L'indemnité de couches, accordée aux
femmes mariées, est de quinze francs payés à la sage-femme, qui
s'engage à donner des soins journaliers durant dix jours et quinze
jours si c'est nécessaire.

ART. 32. — *Hôpital*. — Quand un malade est soigné tempo-
rairement à l'hôpital et n'a pas encouru la déchéance de l'article 33,
la société se charge de l'allocation due à cet établissement, sauf à
se rembourser sur l'indemnité du malade.

Si l'indemnité est insuffisante, la société prend le surplus à sa
charge.

ART. 33. — *Exclusion pour l'indemnité*. — N'ont droit à
aucune indemnité :

1º Ceux qui ont soixante ans révolus à leur entrée dans la
société ;

2º Les sociétaires dont le médecin reconnaît la maladie antérieuré à leur entrée dans la société ou provenant d'un accident antérieur ;

3º Ceux qui sont malades par suite de batailles, rixes, ivrognerie ou débauches ;

4º Ceux qui entreraient durant leur maladie dans un cabaret du pays ou des environs ;

5º Ceux qui feraient, n'y étant pas forcés, quelque chose de nuisible à leur guérison.

S'il est prouvé que le malade puisse gagner facilement autant que la caisse lui alloue, la caisse peut être libérée envers lui.

ART. 34. — *Accidents.* — La société a contracté une assurance collective contre les accidents de profession. Les patrons prennent moitié de la prime annuelle à leur charge. Les ouvriers blessés par le fait du travail professionnel accompli pour le compte de MM. Vandesmet reçoivent, en outre de l'indemnité allouée à l'article 29, une indemnité égale à la moitié de leur salaire quotidien. Cependant, cette indemnité n'est pas allouée pendant plus de deux cents jours.

En cas d'incapacité permanente de travail, la rente est basée sur un capital de quinze cents fois le salaire quotidien de la victime, calculé sur un minimum de quatre francs.

En cas de mort, la famille reçoit un capital de six cents fois le salaire quotidien de la victime.

ART. 35. — *Sépultures.* — La société paye les frais de sépulture chrétienne comme suit :

Au-dessus de 15 ans.	38 fr.	»
De 12 à 15 ans.	21	75
De 10 à 12 ans.	19	25
De 8 à 10 ans.	18	25
De 7 à 8 ans.	17	50
De 3 à 7 ans.	12	»
De 1 à 3 ans.	9	75
De 0 à 1 an.	9	25

Ces sommes sont remises à qui de droit :

Pour les sonneries ;

Pour le service religieux (grand'messe au-dessus de 15 ans, messe basse de 12 à 15 ans) ;

Pour le cercueil ;

Pour le creusement et le remplissage de la fosse.

En outre, la famille peut, gratuitement, faire dire une messe basse à la chapelle le jour qu'elle choisit.

ART. 36. — *Messe annuelle.* — Chaque année, en l'église paroissiale, il est chanté une messe de la Sainte Vierge pour la prospérité de l'établissement et de chacun de ses membres en particulier, suivie d'une prière pour le repos des âmes des sociétaires décédés.

Cette messe est chantée le mardi de la Fête patronale.

Tous les sociétaires se font un devoir d'y assister avec leur famille.

CAISSE DE PRÉVOYANCE

ÉPARGNE DES OUVRIERS

Fondée en 1884 (1)

RÈGLEMENT

ARTICLE PREMIER. — Tous les samedis après le paiement, un bureau restera ouvert pour recevoir les sommes que les ouvriers voudront déposer.

Ceux qui peuvent laisser chaque quinzaine une même somme, n'ont qu'à se faire inscrire et on en fera régulièrement la retenue sur leur billet de paiement jusqu'à avis contraire.

ART. 2. — Chaque ouvrier recevra un livret sur lequel on inscrira les sommes au fur et à mesure des versements et des remboursements. Les présentes conditions y seront également mentionnées.

ART. 3. — Ces sommes seront remboursées totalement ou en partie le samedi qui suivra la demande du déposant.

ART. 4. — Les intérêts à 5% l'an, seront comptés et payés les 30 juin et 31 décembre. Il ne sera jamais calculé ni payé d'intérêt

___

(1) En 1898, le total des versements s'élevait à 94.917 fr. 65 pour 125 livrets. Sur cette somme, 9.107 fr. 55 proviennent des bénéfices réalisés par les ouvriers qui font partie d'une *Société de consommation*, fondée dans le même établissement en 1884, dont le chiffre d'affaires, depuis cette époque jusqu'au 1er janvier 1898, s'élève à 515.742 fr.

à d'autres époques, et les remboursements complets ne comprendront alors que la somme marquée au livret, sans pouvoir réclamer les intérêts depuis la dernière distribution.

ART. 5. — Les ouvriers qui ont un dépôt sont tenus de le reprendre en totalité lorsqu'ils quittent l'établissement. Ils recevront le montant contre la remise de leur livret d'inscription.

ART. 6. — Pour la facilité de tous, nous continuerons de faire des avances sans intérêts, aux ouvriers qui présenteront un besoin sérieux, pour les engager à toujours faire tous leurs achats en payant immédiatement et à abandonner le système d'acheter à crédit, en payant longuement à la semaine, ce qui leur coûte énormément plus cher.

Ces avances seront retenues par parties à chaque paiement.

Cette institution a pour but de permettre aux ouvriers :

1° De placer à un intérêt convenable les petites sommes qu'ils parviennent à économiser chaque semaine, tout en pouvant les retirer à volonté et sans dérangement quand ils en ont un emploi utile et avantageux ;

2° De les engager à verser ce qui ne leur est pas momentanément nécessaire, pour qu'ils ne soient pas disposés à dépenser plus qu'ils ne le veulent. Les ouvriers savent bien que, si, à certaines époques de la vie, leurs salaires suffisent à peine, il est des moments où beaucoup d'entre eux peuvent économiser soit :

Avant le mariage pour ceux qui n'ont pas de parents à soutenir ou à assister ;

Au début du mariage alors que l'homme et la femme travaillent et qu'ils n'ont pas ou peu d'enfants ;

Quand les enfants sont grands, qu'ils travaillent presque tous et que l'ensemble des salaires donne plus d'aisance dans la famille ;

Nous engageons vivement nos ouvriers à ne pas laisser échapper ces occasions et d'autres qui peuvent se présenter pour placer leurs économies qui, augmentées des intérêts chaque semestre, produiront avec le temps, une somme bien supérieure qui leur sera d'un très grand secours à l'âge où le travail devient difficile ou impossible.

Si, après avoir économisé une certaine somme, l'ouvrier préfère employer ses économies à l'achat de titres de rentes ou d'obligations, il peut compter sur notre concours.

INSTITUTIONS RÉGIONALES

SYNDICAT DU NORD

CAISSE D'ASSURANCE MUTUELLE

contre les accidents du travail

Fondé le 24 juin 1897; entré en fonctionnement le 1er juillet suivant

STATUTS

CHAPITRE PREMIER

**Dénomination. — Objet. — Durée. — Siège.
Circonscription territoriale**

ARTICLE PREMIER. — Il est formé une société d'assurance mutuelle contre les accidents du travail entre les patrons qui ont adhéré et qui adhéreront aux présents statuts.

Cette société prend le titre de *Syndicat du Nord ; caisse d'assurance mutuelle contre les accidents du travail.*

ART. 2. — Cette société a pour but d'assurer, en cas d'accidents du travail, des indemnités aux ouvriers et aux employés des patrons adhérents et de garantir la responsabilité civile de ces derniers, à raison desdits accidents.

ART. 3. — La durée de la société est fixée à cinquante années, sauf les cas de dissolution ou de prolongation prévus plus loin.

ART. 4. — Le siège de la société est établi à Roubaix, Grande-Rue, 68.

Ses opérations sont circonscrites au département du Nord.

Une décision de l'assemblée générale des sociétaires serait nécessaire pour étendre les opérations aux départements limitrophes.

CHAPITRE II

Conditions de l'engagement. — Indemnités

Art. 5. — L'admission dans la société est constatée au moyen d'une police (ou acte d'adhésion) faite en double et signée par le souscripteur, le directeur et un administrateur de la société.

La police renferme le texte des présents statuts, dont elle donne accusé de réception, et détermine les conditions particulières de l'assurance, et notamment les nom, prénoms, profession et domicile du souscripteur, le montant du fonds de prévoyance à verser, la prise d'effet du contrat et sa durée.

Art. 6. — Sauf stipulation contraire, la police est contractée pour la durée de la société, mais tout sociétaire aura le droit de se retirer tous les cinq ans, en prévenant par lettre recommandée à la poste, au moins six mois à l'avance.

Cette faculté de résiliation est réciproque à l'égard de la société.

Art. 7. — La société ne garantit que les accidents proprement dits, c'est-à-dire, ceux résultant directement d'une cause subite, extérieure, violente et involontaire survenus pendant le travail et à l'occasion du travail.

Conséquemment, elle ne répond pas des maladies, hernies (1), charbons, ulcères variqueux, ni de tous accidents ou aggravations d'accidents provenant de prédispositions morbides. Elle ne répond pas non plus des accidents survenus par suite de contravention flagrante et inexcusable aux lois et règlements ayant pour but la sécurité des personnes.

Elle limite sa garantie à huit jours pour les cas de panaris et lumbagos traumatiques.

Les amendes ne peuvent en aucun cas être mises à sa charge.

---

(1) « Il sera fait, à titre d'essai, une exception pour les hernies récentes, contractées pendant le travail et à l'occasion du travail, sous la condition expresse qu'elles seront reconnues par le médecin comme se produisant pour la première fois.

» Conséquemment, un même ouvrier ne pourra donner lieu à plusieurs réclamations successives par suite de manifestation de hernie ».

(*Circulaire du 3 janvier 1898*).

ART. 8. — Les bases des indemnités à servir aux victimes d'accidents sont les suivantes :

Pour l'incapacité temporaire de travail de plus d'un jour. — La moitié du salaire par jour ouvrable jusqu'à la guérison ou la reprise du travail.

Pour l'infirmité partielle. — Une rente qui ne pourra être inférieure au cinquième, ni supérieure aux deux tiers de la réduction que l'accident aura fait subir au salaire.

Pour l'infirmité complète. — Une rente qui, suivant les circonstances de l'accident et la situation de famille du sinistré, ne pourra être inférieure au cinquième, ni supérieure aux deux tiers du salaire.

Pour la mort. — Indépendamment d'une allocation de 100 francs pour frais de funérailles, il sera servi une pension aux personnes ci-après désignées, à partir du décès, dans les conditions suivantes :

A. — Pour le conjoint survivant, non séparé, ni divorcé, une rente viagère égale à 20 % du salaire annuel de la victime, à condition que le mariage ait été contracté avant l'accident.

B. — Pour les enfants, orphelins de père ou de mère, jusqu'à l'âge de 16 ans, une rente calculée sur le salaire annuel de la victime, à raison de 15 % de ce salaire s'il n'y a qu'un enfant, de 25 % s'il y en a deux, de 35 % s'il y en a trois, et de 40 % s'il y en a quatre ou un plus grand nombre.

Pour les enfants orphelins de père et de mère, la rente est portée, pour chacun d'eux, à 20 % du salaire.

L'ensemble des rentes accordées aux enfants ne peut, dans le premier cas, dépasser 40 % du salaire ni 60 % dans le second. Chacune de ces rentes doit, le cas échéant, être réduite proportionnellement.

C. — Si la victime est célibataire, ou ne laisse ni conjoint, ni enfants, pour les ascendants qui étaient à sa charge au moment de l'accident, une rente viagère à chacun d'eux, égale à 10 % de son salaire annuel, sans que le montant total puisse dépasser 20 %. Les rentes ainsi constituées pourront, soit au moment de l'accident, soit plus tard, à toute époque, en totalité ou en partie, être converties en un capital une fois payé, du moment où les parties se seront mises d'accord sur le taux de cette conversion.

Les employés et ouvriers dont le salaire annuel dépasse

3.000 francs, ne bénéficieront que jusqu'à concurrence de cette somme des indemnités prévues ci-dessus.

La société accorde aux victimes d'accidents les soins médicaux et pharmaceutiques que nécessite leur état.

Art. 9. — Pour les apprentis, ou dans les établissements où le salaire est irrégulier, on pourra prendre comme base de l'indemnité à servir en cas de mort ou d'infirmité, le salaire moyen des ouvriers de la même catégorie pendant l'année qui précède.

Art. 10. — Dans le cas où, à défaut d'entente amiable, il y aurait procès, la société, quelles que soient les condamnations qui pourraient être prononcées contre ses membres, garantira ceux-ci de toutes les conséquences de ces condamnations, indemnités et frais de justice de toute nature.

CHAPITRE III

Obligations des sociétaires. — Règlement des sinistres

Art. 11. — Il y a obligation pour chaque sociétaire de tenir régulièrement un registre de paie indiquant les noms, prénoms, domiciles et salaires de tous les ouvriers et employés soumis à l'assurance. — Ce registre de paie pourra au besoin être contrôlé par le directeur ou l'inspecteur de la société.

Tout sociétaire dont les accidents deviendraient trop nombreux, pourrait être prié de recevoir la visite des inspecteurs agréés par la société pour vérifier l'état de l'outillage, les conditions particulières de l'exploitation, et les mesures prises à l'effet de prévenir les accidents.

A moins de dérogation spéciale autorisée par le conseil d'administration, il y aura obligation pour chacun des membres du présent syndicat d'être abonné à la Société des Industriels du Nord de la France ou à toute autre société similaire pour prévenir les accidents du travail, et à l'Association des propriétaires d'appareils à vapeur du Nord de la France : et de communiquer, au besoin, au conseil d'administration, les rapports des ingénieurs de ces associations.

Une augmentation du taux du tarif pourra être exigée des chefs d'entreprise, qui refuseraient d'apporter à un état de choses reconnu défectueux, les améliorations qui leur seraient demandées, ou chez lesquels la proportion des sinistres serait sensiblement supérieure à la moyenne normale. Toutefois, lorsque l'augmentation demandée dépassera de plus de 25 % le taux primitivemement adopté, le sociétaire auquel cette mesure sera appliquée aura le droit de refuser l'augmentation et de se retirer de la société

ART. 12. — Les cotisations à réclamer des sociétaires étant basées sur le chiffre du salaire payé au personnel et sur l'industrie exercée, tout sociétaire doit déclarer exactement le chiffre de ses salaires, et ce chiffre sera divisé par catégories d'industries dans les établissements exerçant plusieurs industries passibles de cotisations différentes. A cet effet, tout sociétaire recevra, à la fin de chaque trimestre une feuille de déclaration de salaires à remplir, et il sera tenu de la retourner régularisée dans les dix jours qui suivront.

Faute de vouloir remplir cette prescription, ou à défaut de paiement des cotisations échues, et huit jours après l'envoi, par la société, d'une lettre recommandée portant rappel de la prescription ci-dessus ou de l'échéance de la cotisation, l'effet de l'assurance sera suspendu, sans préjudice des droits de la société pour les cotisations échues ou à échoir, et des dommages-intérêts qu'elle pourrait être appelée à demander pour inexécution du contrat.

L'assurance reprendra son effet le lendemain à midi de l'envoi des déclarations de salaires ou du paiement des cotisations arriérées. Tous frais de poursuite et d'enregistrement sont à la charge du sociétaire.

ART. 13. — Si, pendant la durée de la police, la nature du risque vient à être aggravée, l'effet de l'assurance est suspendu aussi longtemps que le souscripteur n'en a pas informé la société et obtenu de cette dernière l'adhésion de continuer sa garantie au risque modifié.

ART. 14. — Les sinistres entraînant la mort ou une infirmité doivent être déclarés de suite à la société, qui se charge de leur règlement. Cette déclaration doit mentionner les nom, prénoms, âge, état-civil et adresse de la personne tuée ou blessée, les causes et circonstances de l'accident, ainsi que le nom et l'opinion première du médecin qui aura été appelé.

Tout sinistre grave, qui n'aura pas été déclaré dans les trois jours de sa date, pourra être rejeté, à moins d'empêchement constaté, ou à moins qu'il ait été possible de se méprendre au début sur la gravité de l'accident.

Pour les accidents entraînant soit la mort, soit une infirmité, la société a seule le droit de transiger concernant l'indemnité à allouer. Toute transaction faite sans son consentement la dégage d'une façon complète.

ART. 15. — Les sinistres de peu d'importance, n'entraînant qu'une incapacité temporaire de travail, sont réglés par l'industriel lui-même, ou, s'il le préfère, par la société, sur la base du 1/2 salaire de la victime au moment de l'accident. Pour les accidents survenus après l'heure de midi, l'indemnité ne part que du lendemain.

Les indemnités payées de ce chef seront remboursées à l'industriel, majorées des frais de médecin et de médicaments, contre remise des quittances y afférentes.

Toutefois, lorsqu'un accident devra entraîner une incapacité de travail de plus de quinze jours, avis devra en être donné à la société. Cette dernière devra également être informée sans retard de toute aggravation d'accident pouvant entraîner des conséquences imprévues au début.

ART. 16. — En cas de procès avec les victimes d'accidents ou leurs ayants droit, la société dirige l'instance judiciaire sous le nom du chef d'entreprise et ce dernier sera tenu, sous peine de déchéance de garantie, d'adresser au siège social, dans les *quarante-huit heures* de leur date, tous les actes judiciaires ou extrajudiciaires qui lui seront signifiés.

ART. 17. — Par le seul fait du règlement de l'indemnité, la société sera subrogée, sans garantie, jusqu'à concurrence des sommes versées ou à verser, dans tous les droits, actions et recours qui pourraient être exercés contre toutes personnes responsables autres que le chef d'entreprise assuré, et sans qu'il soit besoin d'aucune autre cession, transport, titre ou mandat. Cette subrogation pourra, au besoin, être reproduite sur les quittances d'indemnité. Les rentes sont payables aux bénéficiaires par trimestre et d'avance. Les paiements sont faits par l'assuré, qui sera remboursé par la société contre remise des quittances. Ces quittances pour paiement de rentes, si elles ne sont pas contresignées par le chef d'entreprise, personnellement et sous sa responsabilité, devront être accompagnées du certificat de vie.

ART. 18. — Les indemnités non réclamées dans le délai de quatre mois à partir de leur exigibilité sont proscrites au profit de la société.

ART. 19. — Pour assurer le service des rentes annuelles dont il est parlé ci-dessus, il sera formé une réserve spéciale dite *Réserves pour rentes* se composant du maximum d'indemnité auquel la société peut être tenue aux termes des règlements intervenus. Cette réserve pourra être diminuée au fur et à mesure des extinctions de dettes provenant de décès, conversions et autres motifs.

CHAPITRE IV

Fonds de garantie et Fonds de prévoyance.
Charges sociales.

ART. 20. — Tout sociétaire est assureur en même temps qu'assuré ; il participe pour sa quote-part dans le paiement des sinistres que peuvent éprouver ses co-sociétaires, mais dans une proportion qui ne pourra, en aucun cas, excéder le maximum déterminé à chaque sociétaire par les tableaux de classification joints aux présents statuts, suivant la catégorie du risque à laquelle il appartient. Ce maximum constitue le *fonds de garantie*.

ART. 21. — Pour faire face aux charges courantes et au règlement des sinistres, chaque sociétaire doit verser d'avance une certaine portion du fonds de garantie, laquelle constitue le *fonds de prévoyance*. L'importance du fonds de prévoyance est fixée au tiers du fonds de garantie.

Ce fonds de prévoyance, établi sur un tantième pour cent du salaire payé par le chef d'établissement, en raison de la catégorie dans laquelle rentre le risque, est payable dans les quinze jours qui suivent chaque trimestre, soit du 1er au 15 avril pour le premier trimestre, du 1er au 15 juillet pour le deuxième trimestre, du 1er au 15 octobre pour le troisième trimestre et du 1er au 15 janvier pour le quatrième trimestre.

Toutefois, dans les premières années, et en attendant que la société possède un fonds de réserve lui permettant de faire face facilement au paiement des indemnités, la moitié du fonds de prévoyance pourra être perçue d'avance au commencement de l'année, en prenant pour base un chiffre probable de salaires, et la régularisation aura lieu à fin de trimestre ainsi qu'il est expliqué ci-dessus.

Pour les contrats souscrits en cours d'année, on ne percevra d'avance la moitié du fonds de prévoyance que sur le chiffre probable des salaires jusqu'à la fin de l'année en cours.

Il pourra aussi être décidé par le conseil d'administration, si cette mesure est jugée opportune pour le prompt règlement des sinistres, qu'un emprunt sera fait à un taux d'intérêt n'excédant pas 3 % l'an, mais l'importance de cet emprunt ne pourra pas dépasser le complément du fonds de garantie restant à appeler.

ART. 22. — Les charges sociales se composent :

1° D'un forfait passé avec la direction, au moyen duquel celle-ci prend à sa charge les frais de premier établissement, les appointements des directeur, inspecteurs et employés : les imprimés et fournitures de bureaux, le loyer, le chauffage et l'éclairage, les frais de correspondance générale, de publicité, de recouvrement des cotisations, de voyages autres que ceux nécessités par le règlement des sinistres, et les commissions allouées aux agents et intermédiaires pour la réalisation et le gestion des polices ;

2° Des sinistres et des dépenses qui en découlent directement, tels qu'honoraires de médecins, pharmaciens, avocats, frais de procédure, timbres d'acquit, frais de déplacements et de correspondances faits pour le règlement des sinistres ;

3° Des contributions et impôts.

ART. 23. — Le traité passé à forfait avec la direction alloue à cette dernière, en compensation des charges qu'elle s'engage à supporter :

1° 12 % des cotisations perçues à titre de fonds de prévoyance ;

2° 2 francs par chaque police, 1 franc par chaque avenant, et ce, indépendamment des frais de timbre, et 1 fr. 50 par carnet de déclarations de sinistres délivré à tout sociétaire, chaque carnet contenant quarante déclarations.

Les allocations provenant du second paragraphe ci-dessus sont supportées par les sociétaires bénéficiaires des contrats.

Les conditions de ce forfait ne pourront être modifiées que par une décision de l'assemblée générale des sociétaires.

CHAPITRE V

**Groupement des risques. — Comptes annuels.
Emploi des fonds.**

ART. 24. — La société divise ses assurés par groupes de risques identiques.

Le classement des risques est fait par les soins du directeur et du conseil d'administration, conformément au tableau de classification annexé aux présents statuts et revisable chaque année par l'assemblée générale des sociétaires sur la proposition du conseil d'administration.

Les assurances qui, à raison de leurs conditions particulières de risques, ne peuvent être soumises aux cotisations mentionnées au tableau, seront réglées d'après les probabilités et l'expérience.

Toutefois, tous les groupes sont solidaires l'un de l'autre pour le paiement des charges sociales, jusqu'à concurrence du maximum fixé pour le fonds de garantie.

ART. 25. — Il est dressé chaque semestre par les soins de la direction un état sommaire de la situation active et passive de la société. De plus, dans les trois mois qui suivent chaque exercice social, il est établi un inventaire ainsi qu'un compte détaillé des recettes et des dépenses de l'année précédente et du montant des sinistres.

Ces divers documents sont mis à la disposition du commissaire le quarantième jour au plus tard avant l'assemblée générale. Ils sont présentés à cette assemblée.

L'inventaire et le compte détaillé sont également adressés au Ministre du Commerce, de l'Industrie et des Postes et Télégraphes.

ART. 26. — Quinze jours au moins avant la réunion de l'assemblée générale, tout sociétaire peut prendre, par lui ou par un fondé de pouvoirs, au siège social, communication de l'inventaire, de la liste des membres composant l'assemblée générale, et se faire délivrer copie de ces documents.

Cinq jours au moins avant la réunion de l'assemblée générale annuelle, copie du dernier inventaire sera adressée à chaque sociétaire.

ART. 27. — En cas d'insuffisance du fonds de prévoyance pour régler les charges sociales et constituer la réserve des rentes mentionnées à l'article 19, il sera procédé à un appel de fonds supplémentaire proportionné à la cotisation de chaque sociétaire, et ce jusqu'à concurrence du fonds de garantie. Si le fonds de garantie était lui-même insuffisant pour régler tous les frais et sinistres à la charge de l'exercice, les indemnités payées dans l'année seraient réduites proportionnellement.

Art. 28. — Si, au contraire, le fonds de prévoyance appelé laisse à la fin de l'exercice une somme disponible, celle-ci sera répartie de la manière suivante:

25 % au moins pour former une réserve dite *statutaire*. Ce fonds de réserve est destiné à suppléer à l'insuffisance, soit du fonds de prévoyance, soit du fonds de garantie, mais il ne pourra jamais être prélevé plus de la moitié de ce fonds pour un seul exercice.

75 % à porter au crédit du compte des membres qui ont procuré des bénéfices au syndicat pendant l'exercice écoulé, la répartition devant être faite au prorata des bénéfices procurés par chacun d'eux.

A cet effet, il sera tenu, par les soins du directeur, une statistique donnant les résultats de chaque police. A l'actif de chaque compte, figureront les cotisations versées, diminuées de 12 % pour frais d'administration, et au passif de ce même compte, figureront les sommes payées ou mises en réserve pour les sinistres, ainsi que les frais relatifs auxdits sinistres et les pertes provenant des exercices antérieurs.

Les sommes portées comme bénéfices à l'actif des sociétaires produiront intérêt au taux de 3 % l'an. Elles serviront à couvrir les pertes éventuelles auxquelles la police du titulaire pourrait donner lieu.

Au moment de l'expiration de chaque période quinquennale, tout sociétaire pourra demander le remboursement du solde bénéficiaire figurant à son actif.

Les sociétaires devront s'en rapporter, quant à l'évaluation des sommes à mettre en réserve pour le paiement des sinistres, au travail fait par la direction et approuvé par le conseil d'administration, étant expliqué que l'on se basera, pour le calcul des rentes, sur le montant des capitaux qui devraient être aliénés à fonds perdus suivant l'âge des sinistrés, d'après les tarifs et tables de mortalité du Syndicat des Compagnies françaises d'assurances sur la vie. Ils n'auront droit à réclamation pour l'évaluation des

dits sinistres, que pour les erreurs matérielles qui se seraient pro-
duites dans l'évaluation de leur compte, et encore à la condition
que leur réclamation soit faite dans les deux mois qui suivront la
réunion de l'assemblée générale annuelle des sociétaires. En cas
d'erreur reconnue, la rectification figurera au compte de l'exercice
suivant.

Art. 29. — Les fonds de la société, à l'exception des sommes
nécessaires aux besoins du service courant, seront placées en
rentes sur l'Etat, bons du Trésor ou autres valeurs créées ou
garanties par l'Etat, en actions de la Banque de France, en obligations des départements et des communes, du Crédit Foncier de
France ou des Compagnies Françaises de Chemins de Fer qui ont
un minimum d'intérêt garanti par l'Etat. Ces valeurs sont
immatriculées au nom de la société.

Les sommes nécessaires aux besoins du service seront conservées dans la caisse sociale, ou placées chez un banquier agréé par
le conseil d'administration.

CHAPITRE VI

Administration de la société

Art. 30. — La société est gérée par un directeur assisté d'un
conseil d'administration. Le directeur et le conseil d'administration
sont nommés par l'assemblée constitutive de la société.

Art. 31. — Le conseil d'administration est composé de cinq
membres au moins et de quinze au plus, qui doivent être sociétaires pour une somme assurée de *cent mille francs* au moins.

Il est nommé pour trois ans ; les membres sortants sont rééligibles.

S'il se produit une vacance dans le cours de l'exercice, le
conseil peut nommer un remplaçant provisoire jusqu'au moment
de l'assemblée générale, qui procède au remplacement définitif.

Les fonctions des administrateurs sont gratuites.

Art. 32. — Le conseil nomme, chaque année, parmi ses
membres, un président et un vice-président. Il se réunit aussi
souvent que les besoins du service l'exigent, et au moins deux
fois par an.

La présence du tiers au moins des membres du conseil est nécessaire pour la validité de ses délibérations. Les décisions sont

17

prises à la majorité des membres présents ; en cas de partage, la voix du président est prépondérante. Le directeur assiste aux réunions du conseil avec voix consultative, sauf pour les questions qui le regardent personnellement.

ART. 33. — Les délibérations du conseil d'administration sont constatées par des procès-verbaux inscrits sur un registre spécial et signés par le président ou le vice-président et un autre membre. Les noms des membres présents sont constatés en tête du procès-verbal.

Les copies ou extraits de ces délibérations à produire en justice ou ailleurs sont certifiées par le président du conseil ou par un administrateur et le directeur.

ART. 34. — Le conseil d'administration a les pouvoirs les plus étendus pour l'administration de la société.

Il a notamment les pouvoirs suivants, qui ne sont qu'indicatifs et nullement limitatifs :

Il règle la forme et les conditions des contrats et le classement des risques ; il statue sur le règlement des pertes et dommages à la charge de la société ; il en ordonne le paiement ;

Il détermine les modifications à apporter aux tarifs, ainsi que la répartition des excédents à soumettre à l'assemblée générale ;

Il surveille et dirige les opérations de la société et règle l'emploi des fonds disponibles conformément aux prescriptions de la loi ; il autorise tous retraits, transferts ou cessions de fonds, rentes ou valeurs appartenant à la société ;

Il peut traiter, compromettre, transiger et donner toutes mainlevées avec ou sans paiement ;

Il veille à l'exécution des statuts et des décisions de l'assemblée générale ;

Il vérifie les comptes de gestion et dresse tous les ans un rapport à soumettre à l'assemblée générale. Ce rapport résume les opérations de l'exercice écoulé, expose la situation de la société au moment du dernier inventaire et renferme, s'il y a lieu, les propositions et modifications aux tarifs et statuts.

Le président du conseil d'administration, ou à son défaut le vice-président ou un autre membre, signe, conjointement avec le directeur, les polices, les dépôts et transferts de rentes et autres valeurs appartenant à la société, les mainlevées d'inscriptions, les contrats de ventes et d'achats d'immeubles.

ART. 35. — Les administrateurs ne contractent, en raison de leur gestion, aucune obligation personnelle ni solidaire relativement aux engagements de la société ; ils ne répondent que de l'exécution de leur mandat.

ART. 36. — Le directeur administre la société sous l'autorité du conseil d'administration et la représente vis-à-vis des tiers. Il s'occupe de la recherche et de la réalisation des affaires et du règlement des sinistres ; il prend soin du recouvrement des cotisations et du placement des sommes disponibles; il rédige et signe les polices et les avenants, il suit et dirige les actions judiciaires, il peut transiger, compromettre et passer tous accords et conventions en se conformant aux présents statuts et aux instructions du conseil d'administration ;

Il dirige le travail des bureaux, signe la correspondance, ainsi que tous les récipissés ou bons de cotisations, généralement tous les actes passés au nom de la société;

Il tient les registres exigés par la loi et doit présenter une comptabilité régulièrement tenue;

Il assiste avec voix consultative aux réunions du conseil d'administration.

ART. 37. — Le directeur ne contracte aucune obligation personnelle à raison de sa gestion, il n'est responsable que de l'exécution de son mandat.

Sa révocation ne pourra être prononcée que par un vote de l'assemblée générale des sociétaires.

ART. 38. — L'assemblée générale annuelle désigne un commissaire et un commissaire-suppléant, sociétaires ou non, chargés, conformément aux prescriptions de la loi, de faire un rapport à l'assemblée générale de l'année suivante sur la situation de la société, sur le bilan et sur les comptes présentés par les administrateurs.

Le commissaire a le droit, chaque fois qu'il le juge nécessaire dans l'intérêt de la société, de prendre communication des livres et d'examiner les opérations de la société; il peut, en cas d'urgence, convoquer l'assemblée générale.

Il est rééligible.

CHAPITRE VII

Assemblées générales

ART. 39. — L'assemblée générale, régulièrement constituée, représente l'universalité des sociétaires. Ses décisions sont obligatoires pour tous, même pour les absents ou dissidents.

ART. 40. — L'assemblée générale se compose de tous les sociétaires ayant présenté à l'assurance pendant l'exercice écoulé un chiffre de salaires de *cent mille francs au minimum*.

ART. 41. — La convocation de l'assemblée générale a lieu, par les soins de la direction et du conseil d'administration, dans le semestre qui suit la clôture de chaque exercice.

Elle se fait au moyen de lettres de convocation individuelles, adressées au moins 10 jours à l'avance et indiquant le lieu de la réunion. Toutefois, ce délai sera réduit à un jour franc pour l'assemblée générale constitutive.

L'assemblée générale peut également être convoquée extraordinairement par le conseil d'administration et le commissaire.

ART. 42. — Nul ne peut se faire représenter à l'assemblée générale que par un mandataire sociétaire lui-même et ayant le droit d'y assister aux termes de l'article 40 ci-dessus.

Le directeur assiste aux réunions de l'assemblée générale avec voix consultative.

ART. 43. — L'assemblée générale est régulièrement constituée lorsqu'elle réunit comme sociétaires ou mandataires, le quart des membres ayant droit d'y assister.

Si cette condition n'est pas remplie, il est fait une seconde convocation à au moins 15 jours d'intervalle, et les membres présents à la seconde réunion délibèrent valablement, quel que soit le nombre des sociétaires présents ou représentés.

ART. 44. — L'assemblée générale est présidée par le président du conseil d'administration ou par le vice-président, ou à leur défaut, par l'administrateur que le conseil désigne.

Les deux plus forts sociétaires présents, et sur leur refus, ceux qui les suivent dans l'ordre de la liste jusqu'à acceptation, sont appelés à remplir les fonctions de scrutateurs.

Le bureau désigne un secrétaire.

ART. 45. — Les délibérations sont prises à la majorité des voix des membres présents, chacun d'eux ayant une voix jusqu'à 200 fr. de cotisation annuelle, et ensuite autant de voix qu'il paiera de fois 200 fr.. Toutefois aucun sociétaire ne pourra avoir plus de dix voix, tant pour lui-même, quel que soit le montant de sa cotisation, que comme mandataire de sociétaires absents.

ART. 46. — L'ordre du jour de chaque assemblée générale ordinaire et extraordinaire est arrêté par le conseil d'administration ; il n'y sera porté que les propositions émanant de ce conseil et celles qui lui auront été communiquées 20 jours au moins avant la réunion de l'assemblée générale.

Aucune proposition en dehors de l'ordre du jour ne peut être mise en délibération.

ART. 47. — L'assemblée générale entend le rapport du conseil d'administration sur la situation des affaires sociales, ainsi que le rapport du commissaire.

Elle discute, approuve ou rejette les comptes. La délibération contenant approbation du bilan et des comptes est nulle, si elle n'a été précédée du rapport du commissaire.

Elle procède au remplacement du commisssaire et des administrateurs sortants.

Elle prononce souverainement sur tous les intérêts de la société et sur les questions qui lui sont soumises par le conseil d'administration ou le directeur.

Elle fixe tous les 5 ans le montant du fonds de réserve.

ART. 48. — Les assemblées générales qui ont à délibérer sur des modifications aux statuts ou sur des propositions de continuation de la société au delà du terme fixé pour sa durée, ou de dissolution avant ce terme, ne sont régulièrement constituées et ne délibèrent valablement qu'autant qu'elles sont composées de la moitié au moins des sociétaires ayant le droit d'y assister. Toute modification aux statuts est portée à la connaissance des sociétaires dans le premier récépissé de cotisation qui leur est délivré.

ART. 49. — Les décisions de l'assemblée générale sont constatées par des procès-verbaux, inscrits sur un registre spécial et signées par les membres du bureau.

Les copies ou extraits de ces procès-verbaux à produire partout où besoin est, sont certifiés par le président ou vice-président du conseil, ou à leur défaut, par un des administrateurs et le directeur.

Il est tenu une feuille de présence qui contient les noms des membres présents. Cette feuille certifiée par le bureau de l'assemblée, est déposée au siège social et doit être communiquée à tout requérant.

CHAPITRE VIII

Cessation de l'engagement. — Contestations

ART. 50. — Le contrat d'assurance est résilié de plein droit par la cessation définitive de l'industrie en vue de laquelle il a été contracté, ainsi que par la faillite du contractant.

Le décès du souscripteur ne rompt pas le contrat, lorsque l'affaire est reprise ou continuée par ses héritiers ou associés.

En cas de cession, la société a le droit d'opter pour la continuation ou la rupture du contrat. Si elle opte pour la continuation, le cédant sera tenu, sous peine d'une amende équivalant à sa dernière cotisation annuelle, de faire accepter par son successeur la décision de la société.

ART. 51. — Pour toutes contestations qui pourraient survenir, il est fait attribution de juridiction aux tribunaux compétents du lieu où la police aura été contractée.

CHAPITRE IX

Dissolution. — Liquidation

ART. 52. — A l'expiration ou en cas de dissolution de la société, l'emploi du reliquat de la réserve et des autres fonds disponibles sera réglé par l'assemblée générale, sur la proposition du conseil d'administration et soumis à l'approbation du Ministre du Commerce, de l'Industrie et des Postes et Télégraphes.

Pendant toute la durée de la société et après sa dissolution, jusqu'à entière liquidation, ses fonds et autres valeurs seront toujours la propriété de l'être moral et collectif. Ils ne pourront jamais être l'objet de réclamations individuelles ou collectives de la part des sociétaires.

Les obligations réciproques des sociétaires cessent à partir du jour de l'expiration ou de la dissolution de la société, et le compte de chacun d'eux est réglé et soldé par un ou plusieurs liquidateurs hommés par le conseil d'administration et conformément aux dispositions prises par l'assemblée générale.

CHAPITRE X

Conditions de constitution de la société.
Publications

ART. 53. — La société ne sera valablement constituée que lorsqu'elle aura un million de francs de valeurs assurées, et sept adhérents ayant versé ensemble la somme de trois mille francs à valoir sur la cotisation de la première année, et que les formalités prescrites par le décret du 22 janvier 1868 auront été remplies.

ART. 54. — Pour faire publier les présents statuts partout où besoin sera, et opérer les dépôts prescrits par la loi, tous pouvoirs sont donnés au porteur d'une expédition ou d'un extrait.

TABLEAU DE CLASSIFICATION

CLASSE	INDUSTRIE	FONDS DE PRÉVOYANCE formant la cotisation à percevoir. (Voir art. 21 des statuts).	FONDS DE GARANTIE formant le maximum des cotisations pouvant être demandé. (Voir art. 20 des statuts).
		°/₀ des salaires	°/₀ des salaires
I	Tissage, filterie, bonneterie et tullerie	» 25	» 75
II	Filature sans cardes	» 40	1 20
III	Filatures avec cardes blanchiment, teinture et apprêt . .	» 45	1 35
IV	Peignage de laine travaillant le jour seulement	» 60	1 80
V	Peignage de laine travaillant jour et nuit	1 »	3 »

ÉCOLE DES HAUTES ÉTUDES INDUSTRIELLES

SOUS LE PATRONAGE DE SAINT-MICHEL

Rue de Toul, à Lille (1)

But et organisation de l'école. — L'Ecole des Hautes Etudes destinée aux futurs chefs d'industrie a été ouverte à Lille le 12 novembre 1885.

Depuis longtemps on en sollicitait la création. Il existe, en effet, en France et à l'étranger, de nombreuses écoles d'ingénieurs, mais on n'en trouve aucune qui ait pour but de former spéciale- ment les hommes que leur naissance met à la tête d'importantes exploitations, et dont la rôle social est tout autre que celui de leurs agents.

Généralement, les institutions de ce genre localisent leurs élèves dans des cadres particuliers, établis en vue des services de l'Etat ou de quelques carrières indépendantes, mais qui exigent des connaissances spéciales.

Chacun comprend aujourd'hui qu'en dehors de ces cadres, une instruction développée est surtout indispensable à ceux qui, nés dans une situation aisée et dégagés d'inquiétudes personnelles, ont le devoir de consacrer en partie leur vie soit aux intérêts publics, soit à des exploitations industrielles privées.

Or, le chef d'industrie ne peut être uniquement technicien ; encore moins doit-il se contenter d'une certaine habileté *pratique* qui, le ramenant au niveau de ses ouvriers, donne à ceux-ci un élément de comparaison préjudiciable à l'autorité patronale. Il doit posséder une culture générale qui lui permette de surveiller l'ensemble des travaux, de donner l'impulsion aux différents services, de concentrer en lui les directions multiples que peut comporter son entreprise et aussi de prendre part, avec compé- tence et autorité à la discussion ainsi qu'à la conduite des affaires publiques.

Sa responsabilité morale aussi bien que son rôle social l'obligent à avoir des notions exactes de droit, d'économie politique, et, par dessus tout, une solide instruction religieuse qui le protège contre

(1) Directeur, M. le colonel Arnould, ancien élève de l'Ecole polytechnique.

l'envahissement des faux systèmes et des erreurs de l'époque, et qui lui fasse connaître ses devoirs envers ses ouvriers.

L'Université Catholique de Lille, par son organisation et par l'ensemble de ses Facultés, permet de poursuivre efficacement ces divers buts. Son personnel enseignant, ses collections et ses laboratoires d'une part, de l'autre la bonne entente des étudiants, la discipline qui règne parmi eux et l'esprit chrétien qui les anime, sont autant de moyens d'action qui doivent assurer la confiance des familles.

L'école forme donc des *patrons chrétiens ;* elle veut donner à l'industrie des chefs instruits, laborieux, pénétrés du devoir social qu'ils ont à remplir, dévoués au personnel qui coopère à leurs travaux, capables d'exercer dans la vie publique les fonctions dirigeantes que leur impose leur situation.

Elle enseigne l'organisme du travail manufacturier; elle prépare les jeunes gens aux industries diverses, mais sans les retenir sur les détails qui rentrent dans les spécialités, laissant à l'atelier paternel le rôle d'école *d'application* et le soin de donner à chacun la *pratique* de sa profession particulière.

On a évité de surcharger le programme, tendance à laquelle il est souvent difficile de résister. Tout en s'attachant à l'étude des causes, on ne fait intervenir les sciences abstraites que pour fournir l'explication des faits indispensables à connaître. — Ainsi les compléments de mathématiques ne sont donnés qu'en vue des cours de mécanique; le dessin est enseigné comme un moyen d'étude et de représentation *exacte* des objets, ou, pour ainsi dire, comme l'*écriture industrielle.*

On s'est, d'autre part, efforcé de remplir tout le temps disponible dans la journée d'un étudiant, de manière à assurer la variété et la continuité des leçons ou des exercices, et à entraîner au travail les jeunes gens que pourrait retenir dans une fâcheuse indifférence la perspective d'une situation toute créée et d'un avenir en apparence tout assuré.

Le travail des élèves est constaté et stimulé par des interrogations, des examens et des concours, ainsi que par un classement annuel et des bulletins trimestriels.

Diplôme. — Un diplôme leur est décerné après qu'ils ont satisfait aux examens de sortie. Ce diplôme est celui d'*Ingénieur civil* pour ceux qui, après être restés à l'école pendant une troisième année consacrée à des études supérieures et spéciales à l'art de l'Ingénieur, ont passé avec succès un examen particulier sur ces matières complémentaires, notamment sur les *Travaux publics*. Ce brevet, qui peut donner accès à toutes les carrières industrielles, tire sa valeur du témoignage des signataires, qui sont les sommités scientifiques de la région, dont l'assistance aux examens est ainsi certifiée.

Les élèves qui ne recherchent pas le diplôme d'ingénieur, reçoivent, après les deux années d'études normales, un *certificat de fin d'études*, constatant, après examens, qu'ils ont suivi les cours avec fruit.

Licence-ès-sciences et dispense de deux années de service militaire. — Les cours sont organisés de manière que les *bons élèves* puissent se présenter devant les Facultés de l'Etat, à l'effet d'obtenir trois des certificats institués par le décret du 22 janvier 1896 et donnant droit au diplôme de licencié-ès-sciences, qui *procure la dispense de deux années de service militaire*.

Pour atteindre ce but, les cours normaux de l'école suffisent, sans qu'il soit nécessaire de les combiner avec des cours de Facultés. Les élèves n'ont donc pas à craindre de devoir entreprendre des études scientifiques auxquelles ils ne seraient pas préparés ou qui ne seraient d'aucune utilité pratique dans la vie industrielle. L'avantage considérable que l'école retire ainsi, par surcroît, des nouvelles dispositions appliquées au diplôme de licencié-ès-sciences n'est que la conséquence des études qui s'y font depuis sa fondation, en vue de la *forme patronale*, ou de l'*éducation technique* qui convient à la fonction d'ingénieur.

Les résultats recherchés dans cette voie ont été obtenus dès la première année du fonctionnement de ce nouveau régime universitaire et, jusqu'à présent, ceux de nos élèves qui en avaient besoin pour éviter l'obligation de faire trois années de service militaire en ont subi l'épreuve avec succès.

La même dispense s'obtient d'ailleurs, au titre de *dessinateur industriel*, conformément à l'article 23 de la loi militaire.

Maisons de famille. — Les élèves sont soumis à un règlement disciplinaire.

Sauf certaines exceptions qui peuvent être prononcées par décision du Recteur sur la demande écrite des parents ou tuteurs, ceux qui n'habitent pas chez leurs proches parents doivent fixer leur résidence dans une des maisons de famille de l'Université.

Rétribution. — La rétribution annuelle est fixée à 800 francs pour tous frais d'études et de travaux pratiques.

Le prix de la pension dans les diverses maisons de famille varie de 1.000 à 1.200 francs.

Durée des études. — La durée normale des études est de deux années, indépendamment de l'année complémentaire instituée pour les ingénieurs et de l'année préparatoire dont les cours sont établis, comme il est dit ci-dessous, pour les candidats, non bacheliers-ès-lettres mathématiques, qui ne seraient pas à même de satisfaire à l'examen d'entrée.

Conditions d'admission. — Les élèves pourvus du diplôme de bachelier-ès-lettres mathématiques (classique ou moderne) sont reçus sans examen à l'Ecole Saint-Michel, sous la réserve des garanties de moralité exigées pour l'admission dans les Facultés Catholiques,

Mais, pour ne pas priver du bénéfice de cette institution les familles qui n'auraient pas cru devoir donner ces diplômes comme objectif aux études de leurs enfants, les candidats qui n'en sont pas pourvus sont admis à l'école, après avoir satisfait devant une commission, à un examen sur les matières désignées plus loin.

Année préparatoire. — Il est institué un enseignement préparatoire d'une année pour les candidats qui ne se trouveraient pas dans les conditions demandées ci-dessus pour l'admission à l'Ecole industrielle.

Cette préparation est d'ailleurs inévitable pour les jeunes gens qui se sont attachés, dans l'enseignement secondaire, aux études littéraires, en vue du baccalauréat-ès-lettres et qui, par conséquent ne sont pas assez initiés aux matières scientifiques pour suivre les cours techniques.

Les candidats sont admis à suivre les cours de cette année préparatoire moyennant les garanties de moralité exigées pour l'entrée à l'Ecole industrielle.

Ceux qui sont pourvus du diplôme de bachelier-ès-lettres (1re partie) sont acceptés sans examen ; les autres doivent satisfaire à des épreuves portant sur les matières suivantes :

Examen d'admission aux Cours de l'Année Préparatoire

(Pour les candidats non pourvus du diplôme de bachelier-ès-lettres,
1re partie.)

Epreuves écrites. — Une composition littéraire sur un sujet tiré de l'histoire générale.

Epreuves orales. — Etudes des principaux auteurs français. Questions sur l'histoire de France et la géographie.
Questions sur l'arithmétique, l'algèbre et la géométrie (programme des classes de seconde et de rhétorique).

Examen d'entrée à l'Ecoles des Hautes Etudes Industrielles

(Pour les candidats non pourvus du diplôme de bachelier-ès-lettres
mathématiques.)

NOTA. — Les candidats pourvus du diplôme de bachelier-ès-lettres (1re partie) seront exempts des épreuves littéraires.

Epreuves écrites. — Une composition littéraire sur un sujet historique.
Une composition sur des sujets de mathématique et de physique pris dans le programme du baccalauréat ès sciences (lettres mathématiques).

Épreuves orales. — Etude des principaux auteurs français.
Question sur l'histoire et la géographie générales.
Arithmétique : les quatre règles, la racine carrée et les rapports.
Algèbre : équations du 1er et du 2e degré ; maxima et minima.
Géométrie élémentaire : la ligne droite, le cercle, le plan, la sphère, les surfaces cylindriques et coniques.
Trigonométrie rectiligne.
Géométrie descriptive : la ligne droite et le plan.
Physique : la chaleur, la lumière, l'acoustique et l'électricité (programme du baccalauréat ès sciences).
Chimie : nomenclature. — Métalloïdes, métaux et leurs composés.
Langues étrangères (Anglais ou Allemand).

Demandes d'admission. — Les demandes d'admission doivent être adressées au Secrétariat des Facultés Catholiques, boulevard Vauban, 56, à Lille.

Date des examens. — Les candidats ayant à subir des examens doivent se présenter au Secrétariat le 3 novembre.

Date de la rentrée. — La rentrée est fixée au 3 novembre de chaque année.

Les élèves admis devront se présenter avant cette époque au Vice-Recteur des Facultés Catholiques, ainsi qu'au Directeur de l'Ecole, 11, rue de Toul, à Lille.

PROGRAMME DES COURS

ANNÉE PRÉPARATOIRE

Instruction religieuse.
Arithmétique.
Algèbre.
Géométrie.
Trigonométrie.
Géométrie descriptive.
Cosmographie.
Physique.
Chimie.

conformément au programme du baccalauréat ès-sciences (lettres mathématiques).

Manipulations de physique et de chimie.
Applications trigonométriques.
Dessin linéaire.
Indications sur les courbes usuelles et et sur la mécanique.
Langues étrangères (anglais et allemand).
Exercices littéraires.

PREMIÈRE ANNÉE

Morale religieuse et droit naturel.
Compléments de géométrie et d'algèbre.
Géométrie analytique et éléments d'analyse.
Compléments de géométrie descriptive avec application au dessin. — Perspective et ombres.
Technologie : (tissage, filature, etc.)
Littérature.
Physique industrielle.
Géologie et minéralogie appliquées à l'industrie.

Chimie industrielle, études des matières premières.
Comptabilité et tenue des livres.
Eléments de droit civil.
Economie sociale.
Géographie commerciale.
Langues étrangères (anglais et allemand).
Dessin industriel.
Exercices pratiques de physique et de chimie.

DEUXIÈME ANNÉE

Morale religieuse et droit naturel.
Mécanique et machines.
Cours spécial d'électricité et de machines à feu.
Chimie industrielle.
Technologie : (Etudes diverses pouvant varier chaque année suivant les branches de l'industrie auxquelles les élèves se destinent).
Histoire naturelle appliquée à l'industrie.
Principes de construction.

Teinture.
Hygiène industrielle.
Histoire du travail.
Commerce et calcul commercial.
Droit public et administratif.
Droit commercial et industriel.
Langues étrangères.
Dessin industriel et dessin de tissage.
Exercices pratiques de physique et de chimie.

TROISIÈME ANNÉE

(Pour les candidats Ingénieurs)

Travaux publics (mouvement de terre, routes, ponts et canaux).
Chemins de fer.
Constructions métalliques.
Mines et métallurgie.
Teinture (fabrication des matières colorantes).

Résistance des matériaux.
Géologie et minéralogie appliquées à l'art de l'ingénieur.
Topographie.
Chimie analytique.
Levés et projets de bâtiments et de machines.

NOTA. — Les programmes détaillés de tous les cours sont à la disposition des établissements d'enseignement secondaire et des personnes qui désirent en prendre connaissance.

A la fin de chaque année, voyages d'instruction accomplis suivant des programmes déterminés et donnant lieu à des mémoires. Ces voyages ont lieu tantôt en France et tantôt à l'étranger. Ils ont permis d'étudier, dans les années précédentes, l'Angleterre, la Belgique, l'Allemagne, l'Autriche, la Bohême, la Suisse, la Hollande et le Luxembourg.

Dans le cours des deux années, on visite, sous la conduite des professeurs, un certain nombre d'établissements industriels.

ÉCOLE CATHOLIQUE D'ARTS ET MÉTIERS

Rue Auber, à Lille

Ouverte en octobre 1898 (1)

PROSPECTUS

1. Comme toutes les Ecoles d'Arts et Métiers de l'Etat, l'Ecole catholique d'Arts et Métiers de Lille a pour objet de former des ouvriers capables de devenir des directeurs ou des chefs d'atelier versés dans la pratique des arts mécaniques.

2. De plus, en tant qu'école catholique, son but spécial et principal est de former des chrétiens.

3. Elle n'est pas réservée exclusivement à une portion du

(1) Directeur, le R. P. Henri Lacouture, s. j.

territoire, comme l'est chacune des Ecoles d'Arts et Métiers de l'Etat ; elle est fondée pour la France entière. Elle accepte aussi des élèves étrangers.

4. Les jeunes gens qui aspirent à y être admis et conservés doivent offrir, outre les conditions d'aptitude, de docilité et de succès ordinaires aux Ecoles d'Arts et Métiers, des garanties particulières de religion et de moralité.

Enseignement

5. La durée des études est de trois ans.
L'enseignement est théorique et pratique.

6. L'enseignement théorique comprend les matières suivantes :
Compléments d'algèbre ; éléments de calcul différentiel et de géométrie analytique ; trigonométrie rectiligne ; notions de cosmographie, d'arpentage et de nivellement ; géométrie descriptive ; théorie des ombres et des plans cotés ; principes de perspective et de stéréotomie ;
Cinématique ; mécanique pure et appliquée ;
Physique et chimie avec leurs applications industrielles ;
Dessin industriel et technologie;
Leçons de langue française, d'histoire, de géographie, de comptabilité et d'économie industrielles.

7. L'enseignement pratique correspond aux industries qui emploient le fer et le bois ; il se donne dans quatre ateliers spéciaux, savoir : menuiserie et modèles, fonderie, forge et chaudronnerie, ajustage.

8. Nul ne peut passer d'une division à la division supérieure s'il ne possède suffisamment les matières des cours qu'il a suivis et si sa conduite a laissé à désirer.

9. Des brevets sont délivrés, à la suite des examens généraux de sortie, aux élèves de troisième année qui ont satisfait d'une manière complète à toutes les épreuves. Ces brevets confèrent à ceux qui les obtiennent, le titre d'élève breveté de l'Ecole catholique d'Arts et Métiers de Lille.

Conditions d'admission

10. Nul ne peut entrer à l'école que par voie de concours, et nul n'est admis à concourir s'il ne justifie qu'il aura quinze ans

accomplis et moins de dix-sept au premier octobre de l'année du concours.

Aucune dispense d'âge ne peut être accordée.

11. Pour être admis à concourir, il faut en adresser la demande avant le premier mai, au Directeur de l'Ecole, rue Auber, à Lille.

La demande doit être accompagnée de l'adresse du candidat et de sa famille, de l'extrait de naissance dûment légalisé et des trois pièces suivantes, dont les signatures doivent aussi être légalisées:

Un double certificat d'un docteur en médecine : le premier, constatant que le candidat est d'une bonne constitution, et spécialement qu'il n'est atteint d'aucune affection scrofuleuse ou maladie chronique contagieuse, ni d'infirmité l'empêchant de se livrer sans danger au travail manuel; le second, attestant qu'il y a eu revaccination dans l'année du concours, ou que cette opération a été pratiquée avec succès depuis moins de deux ans.

12. Un engagement par lequel le père, la mère ou le tuteur, suivant le cas, s'oblige à payer la pension, ainsi que les 405 francs de frais accessoires indiqués plus loin (24).

Examen des candidats

13. Le concours d'admission comporte des épreuves écrites, des épreuves manuelles et des épreuves orales. Toute note qui n'atteint pas un minimum déterminé entraîne l'élimination du candidat.

Les villes où ont lieu ces épreuves et leurs dates sont notifiées en temps utile aux candidats dont l'inscription a été faite régulièrement avant le premier mai.

14. Les épreuves écrites comprennent : 1º une dictée et une composition française sur un sujet donné; 2º une demi-page d'écriture; 3º une épure de dessin linéaire et un dessin d'ornement à la plume; 4º deux problèmes d'arithmétique et deux de géométrie, en rapport avec les matières de l'examen oral (17).

15. L'épreuve manuelle consiste dans l'exécution d'une pièce de bois ou de fer, au choix du candidat.

16. Les candidats reconnus admissibles à la suite de ces deux séries d'épreuves, sont avisés de l'époque de leur examen oral.

17. L'examen oral porte sur la grammaire française, l'arithmé-

tique théorique et pratique, la géométrie élémentaire, l'algèbre jusqu'aux équations du second degré exclusivement, l'histoire et la géographie dans les limites de l'enseignement primaire (Cours supérieur).

Voir le détail de ces matières dans le *Programme des connaissances exigées pour l'admission aux Ecoles d'Arts et Métiers de l'Etat.* Ce programme se trouve en librairie.

18. A l'examen oral, le candidat doit présenter à la commission : 1° tous les bulletins avec notes et places de l'année scolaire ; 2° un certificat du Chef de l'établissement d'où sort le candidat, appréciant la conduite et le travail de l'élève ; 3° une attestation de M. l'Aumônier de cet établissement ou de M. le Curé de la paroisse de la famille, affirmant que le candidat se trouve dans les conditions voulues de religion et de moralité (4) ; 4° une collection de ses dessins, dont l'authenticité soit dûment constatée par le professeur et qui renseigne sur la méthode suivie dans la préparation.

Admission

19. D'après les résultats des diverses épreuves, le jury, qui s'est transporté dans les différents centres d'examen, dresse l'état du classement. C'est sur la vue de cet état que le conseil de l'école arrête la liste des élèves admis. Leur réception leur est notifiée individuellement.

20. Les élèves admis doivent se rendre à l'école le premier mardi d'octobre.

Les élèves de deuxième et de troisième année, rentrent le jeudi suivant.

Tout élève qui ne s'est pas présenté à la date fixée, est considéré comme démissionnaire, sauf les cas d'impossibilité reconnue.

Rétribution scolaire

21. Tous les élèves sont pensionnaires. Le prix de la pension est de 900 francs par an.

22. Des bourses ou fractions de bourse, peuvent être accordées par le conseil de l'école aux élèves dont les familles ont préalablement fait constater l'insuffisance de leurs ressources. Ces bourses ou fractions de bourse ne sont concédées que pour une année scolaire. Elles peuvent être renouvelées jusqu'à l'achèvement des études.

18

Les demandes de bourses, avec documents à l'appui, doivent être envoyées sur une feuille à part, en même temps que les demandes d'admission au concours, c'est-à-dire avant le 1er mai.

23. La pension se paie en trois trimestres de 300 francs, savoir : à la rentrée, au 15 janvier, au 15 avril. Un trimestre commencé est dû en entier.

Trousseau. — Frais accessoires

24. Indépendamment du prix de la pension, il doit être payé par tout nouvel élève, qu'il soit ou non pourvu d'une bourse :

1° 300 francs pour la valeur du trousseau, qui lui est remis en entrant ;

2° 75 francs destinés à subvenir à l'entretien de ce trousseau pendant les trois années d'études ;

3° 30 francs, formant le prix d'un étui de mathématiques, d'une règle à calcul, de deux planches à dessin et d'un couvert en ruolz fourni par l'école.

Ces 405 francs sont payables à l'entrée à l'école.

Vacances. — Sorties. — Visites

25. Le départ pour les vacances a lieu le premier mardi du mois d'août ; la rentrée, à la date fixée plus haut (20). Aucun élève ne peut rester dans l'établissement pendant les vacances. Il n'y a pas de vacances à Pâques, ni au nouvel an.

26. Le directeur peut accorder une fois ou deux par mois, de sortir l'après-midi du dimanche avec le père, la mère ou le tuteur, quand cette faveur aura été méritée. La maison n'admet pas les correspondants.

27. Les visites aux élèves ont lieu au parloir, sur la demande d'une personne connue ou munie d'une autorisation écrite des parents, et pendant la récréation, c'est-à-dire de midi et demi à une heure et demie.

28. Les lettres et autres objets ne peuvent être reçus ou envoyés que par l'intermédiaire du directeur, qui se réserve d'en prendre connaissance. L'infraction à cette règle est un cas de renvoi.

Les élèves n'ont besoin d'aucun livre pour suivre les cours.

MAISON DE RETRAITES SPIRITUELLES

de NOTRE-DAME DU HAUT-MONT

à Mouvaux (1)

Fondée en 1890

Cette maison de retraites pour hommes est principalement
destinée aux patrons, employés et ouvriers ; elle est dirigée par
des Pères de la Compagnie de Jésus.

Les retraites durent trois jours pleins ; on doit arriver la veille
au soir et ne partir que le lendemain du troisième jour, après la
messe de clôture.

La moyenne des retraitants, du 1er janvier 1891 au 1er janvier 1898, a été de 1.611 par an ; dans ce nombre, la moyenne des
employés et ouvriers a été de de 900 par an.

CONFÉRENCES D'ÉTUDES SOCIALES

de NOTRE-DAME DU HAUT-MONT

Un cercle d'études sociales, composé de patrons, se réunit tous
les deux mois à Notre-Dame du Haut-Mont, pour étudier tout ce
qui concerne le bien religieux, moral et matériel de la classe
ouvrière.

Depuis 1893, les comptes-rendus de ces réunions sont publiés
sous le titre de *Conférences d'Etudes sociales de Notre-Dame du
Haut-Mont* (2).

---

(1) On se rend à Mouvaux :

1° De Lille, par un tramway à vapeur, partant, toutes les heures, de la porte de Gand ;

2° De Roubaix, par un tramway électrique partant, toutes les dix minutes, de la Grand'Place ;

3° De Tourcoing, par un tramway à vapeur partant, toutes les heures, de la station de Tourcoing-les-Francs.

(2) A Lille, chez V. Ducoulombier, 78, rue de l'Hôpital-Militaire.
Pour s'abonner on doit s'adresser au R. P. Supérieur de la maison de retraites.
Prix de l'abonnement : 10 fr. par an pour la France, 12 fr. pour l'étranger.

TABLE DES MATIERES

TROISIÈME PARTIE

Institutions de Tourcoing

QUATRIÈME PARTIE

Institutions de Fourmies

CINQUIÈME PARTIE

Institutions d'Armentières, de Dorignies-Douai et de Watten

1° *Institutions de la maison A. DUTILLEUL d'Armentières*

2° *Institutions de la Maison CARDON-MASSON L. et FAUVERGUE à Armentières*

3° *Institutions de la Maison DUBOIS et CHARVET-COLOMBIER à Armentières*

4° *Institutions communes à plusieurs usines d'Armentières*

5° *Institutions de la Maison J.-P. DELATTRE Frères et Cⁱᵉ à Dorignies-Douai*

SIXIÈME PARTIE

Institutions régionales. — Syndicat du Nord

www.ingramcontent.com/pod-product-compliance
Lightning Source LLC
Chambersburg PA
CBHW070755270326
41927CB00010B/2151